협상론

원칙과 테크닉

6th Edition

협상론

원칙과 테크닉

NEGOTIATION

Roy J. Lewicki • David M. Saunders • Bruce Barry

정희섭 옮김

McGraw-Hill Education Korea

McGraw Hill Education Higher Education

Negotiation: Readings, Exercises and Cases, 6th Edition

1 2 3 4 5 6 7 8 9 10 MHE-KOREA 20 13

Original: Negotiation: Readings, Exercises and Cases, 6/e
By Roy J. Lewicki, David M. Saunders, Bruce Barry
ISBN 978-0-07-353031-4

Korean ISBN 978-89-6055-833-5 93320

Printed in Korea

협상론: 원칙과 테크닉, 6판

발행일	2013년 10월 8일 1쇄 발행
저 자	Roy J. Lewicki, David M. Saunders, Bruce Barry
역 자	정희섭
발행인	Angeline Poh
발행처	맥그로힐에듀케이션코리아(주)
주 소	서울시 마포구 동교로 18길 38, 2-3층(서교동, 지우빌딩)
전 화	(02) 325-2351
등록번호	제2013-000122호(2012.12.28)
ISBN	978-89-6055-833-5
판매처	한경사
문 의	02) 717-7264
가 격	18,000원

저자소개

로이 레위키(Roy J. Lewicki)

오하이오 주립대학교 맥스휘셔경영대학(Max. M. Fisher College of Business)의 교수이고 지금까지 32권의 책을 저술 또는 편집했으며 수많은 협상 및 분쟁해결 관련 연구논문을 발표했다. 국제분쟁관리협회(International Association of Conflict Management)의 회장으로 일해 오고 있다.

데이빗 손더스(David M. Saunders)

2003년 캐나다 퀸스경영대학원(Queen's School of Business)의 학장으로 부임했다. 협상, 분쟁해결, 노동자의 권익보호, 조직 공정성 분야의 논문 등을 공동 집필한 바 있다. 중국유럽국제경영대학원(CEIBS: China Europe International Business School)의 이사회 등에 참여하고 있다.

브루스 배리(Bruce Barry)

밴더빌트 대학교(Vanderbilt University)에서 경영학과 사회학을 강의하는 교수이다. 협상, 영향력, 권력, 그리고 정의에 대한 그의 연구는 수많은 학술지에 실린 바 있다. 국제분쟁관리협회의 회장 등을 역임했다.

저 자 서 문

사람들은 매일 협상을 한다. 평균적으로 하루 동안 아래와 같은 사람들과 협상을 한다.

- 전혀 기대하지 않았던 업무를 할당해주는 직장 상사
- 갑작스러운 야근을 부탁해야 하는 부하 직원
- 원자재의 재고 문제를 협의해야 하는 공급 회사
- 대출 기간을 재조정해야 하는 은행
- 환경 규제 관련 사항을 이야기하기 위한 공무원
- 새로운 창고 부지 임대 계약을 위해 부동산업자
- 애완견 산책시키는 것을 정해야 하는 배우자
- 애완견 산책시키는 것을 정해야 하는 자녀들(위의 경우에서 배우자와 협상에 실패했을 때)

간단히 말해서 협상은 아주 일상적이다. 매일 협상을 하며 상대방에게 영향력을 가하거나 협상을 통해 자신이 얻고자 하는 것을 이룬다. 협상은 아주 일상적이고 살아가는 데 있어 아주 필수적이다. 우리 모두는 상대방으로부터 더 많은 정보, 재원(財源), 협력, 지원이 필요하다. 상대방은 우리에게 호의적일 때도 있고 그렇지 않을 때도 있다. 협상은 상대방으로부터 우리가 필요로 하는 것을 얻어내기 위해 영향력을 행사하는 과정이다. 우리는 필요한 것을 더 많이 얻어내기 위해서 상대방에게 더 많은 영향력을 행사한다. 협상은 비즈니스의 성공을 위해, 또한 성공적인 일상생활을 위해 필수적인 기술이기도 하다.

1985년 로이 레위키(Roy Lewicki)와 조셉 리터러(Joseph Litterer)는 이 책의 첫 번째 판을 발간했다. 첫 번째 판에서 협상을 연구하는 사람들뿐만 아니라 직장에서 실무하는 사람들에게도 기본적인 협상 과정에 대한 깊은 인상을 심어 주었다. 협상을 연구하는 학자들은 이론 분야에만 치중하는 경향이 있어서 실무자들을 위한 책은 거의 없었던 것이 사실이다. 있다 하더라도 외교 분야나 노사 관계 분야를 특화시킨 것에 한정된 것이었다. 갈등과 분쟁은 발생하는 경우의 수가 너무 많아서 여러 가지 상황에서 고려되어야 함에도 불구하고 협상 기법의 연구는 아주 초보적인 단계에 머물렀었다.

지난 25년간 우리가 사는 세상은 엄청난 변화를 겪어왔다. 새로운 전문직 종사자들의 조직도 생겨났다. Society for Professionals in Dispute Resolution과 Association for Conflict Resolution 같은 기관이 대표적이다. 이제 많은 학교에서 협상과 분쟁 관리에 대한 과목을 가르치고 있다. 경영대학과 법대뿐만 아니라 심리학, 공공정책, 사회복지, 교육학 분야에서도 협상 과목을 두고 있다. 협상과 분쟁에 관련된 책, 세미나, 교육훈련 과정도 개설되었다. 그리고 중재 또한 아주 인기 있는 과정이 되었는데 이혼, 지역사회의 분쟁, 토지 사용권과 관련된 소송의 대안이 되었기 때문이다. 실용적인 관점에서 다루어진 이런 모든 추세를 제6판에 반영하였다. 제6판에서는 최근에 이루어진 협상에 대한 연구와 더불어 힘과 영향력에 관련된 주제를 선별하여 넣었으며 분쟁 관리에 대한 글도 포함시켰다. 이 책에 포함된 보다 폭넓고 다양한 글들은 협상을 공부하고 가르치는 사람들에게 큰 도움이 될 것이라고 생각한다.

이 책의 구성을 간단히 설명하면 다음과 같은 순서로 이루어져 있다. (1) 협상을 위한 기본적인 사항들, (2) 협상 밑에 있는 과정들, (3) 협상의 문맥, (4) 개인적인 차이점들, (5) 문화를 내재한 협상, (6) 차이점 극복하기, (7) 요약과 정리.

제6판은 다음과 같은 면에서 크게 달라졌다.

- 이 판의 내용을 구성하는 반 정도의 글이 새로운 것으로 교체되었다.
- 이 책이 발간된 맥그로힐에듀케이션 출판사의 『협상(*Negotiation, Lewicki, Barry, Saunders*)』6판의 목차와 같이 7개의 섹션으로 구성되어 있고, 『협상』의 핵심적인 내용만을 간추려 엮은 『협상의 핵심들(*Essentials of Negotiation*, 2010)』 5판의 내용과도 같은 순서로 이루어져 있어 연계하여 공부할 수 있게 했다.

이 책은 수많은 사람들의 도움이 없었으면 완성될 수 없었다. 다음의 분들에게 특히 깊은 감사를 보낸다.

- 이 책에 글을 실을 수 있게 허락해 준 저자와 출판사 관계자들.
- 이 책을 편집하는 데 큰 영감을 불어넣어 준 협상론 강의자들.
- 맥그로힐에듀케이션 출판사의 실무자, 특히 현재의 편집자 로라 스펠, 존 웨이마이스터, 제인 벡, 트리나 호거 및 여러 관계자들.
- 효율적인 협상에 대해 끊임없이 연구하고 배울 수 있게 시간을 할애해주고 동기부여를 해준 우리의 가족들.

Roy J. Lewicki
David M. Saunders
Bruce Barry

역자소개

정희섭

숭실대학교 경제통상대학 글로벌통상학과에서 국제통상협상론과 무역경영론을 가르치고 있다. 한화그룹 정보통신부문에서 해외영업 업무를 담당했으며 주한덴마크대사관에서 투자담당관(Investment Manager)으로 근무하며 실제로 국내외 글로벌 기업과 수많은 비즈니스 협상을 진행했다. 해외영업과 비즈니스 협상 경험을 토대로 각종 언론 매체에 글로벌 문화에 대한 글을 기고하고 있으며, 한류산업과 다문화시대의 협상 분야에 대한 연구를 지속하고 있다.

역자서문

스마트폰 중고장터 앱에 평소에 입지 않는 옷을 올려보았다. 외국 출장 중에 구입한 유명 브랜드 제품이어서 그런지 반응이 빨리 왔다. “더 자세한 사진을 올려주세요.”, “조금만 에누리 해주시면 안 되나요?”, “배송비가 포함된 가격이면 즉시 구매할게요.” 많은 문자 메시지가 오고 앱에 댓글이 달렸다. 나의 고민은 시작되었다. 배송비를 포함시킨 가격으로 빨리 팔아야 하나, 아니면 배송비보다 적은 금액을 에누리 해줄 수 있다는 메시지를 보낼까 생각해본다. 한시라도 더 빨리 파는 것이 유리한 것인지, 조금 더 시간을 투자하여 상대적으로 큰 관심을 표명한 몇 명과 가격 흥정을 해보는 것이 나은 것인지가 나에게는 관심사이다. 이제 작은 협상의 출발점에 선 것이다.

대학에서 협상론을 가르치다 보니 부지불식간에 나와 상대방의 모든 행동을 협상의 관점에서 볼 때가 있다. 나의 억양과 목소리 톤에 따라 상대방의 반응이 달라진다는 사실에 주목하게 되었다. 그동안 해외 출장 중에 만났던 바이어의 표정과 제스처도 그 순간만큼은 전부 의미가 있었다는 사실을 떠올려본다. 표현을 아주 감정적으로 했던 매니저도 있었고 무슨 생각을 하고 있는지 도무지 알 수 없었던 담당자도 있었다. 인종별, 대륙별로 협상 스타일은 다 달랐고 내가 대응하는 방식도 달랐다. 문화라는 것이 협상에 미치는 영향력을 나는 몸소 체험했다.

이 책은 학교에서 협상론 과목을 수강하는 학생들에게도 실제로 고객을 만나 비즈니스 거래를 성사시키는 실무자에게도 꼭 필요한 책이다. 협상론 분야의 대가들이 여러 저널 등에 기고한 글을 잘 편집해서 엮었으며, 어렵고 복잡하게만 들리는 협상이라는 것이 우리가 로빈슨 크루소처럼 무인도에서 혼자 살아가지 않는 이상 늘 필요한 것이라는 사실을 재미있는 예를 통해 이야기처럼 풀어 나간다. 친구 간의 다툼도 나오고 노동자 측과 사용자 측의 논쟁도 등장한다. 정신적인 장애를 가진 사람들과 거짓말쟁이와의 협상도 소개한다. 책에 소개되는 이야기를 통해서 협상의 기법을 제시하고 협상 안에 내재한 문맥을 어떻게 읽을 것인가에 대한 혜안(慧眼)을 갖게 도와준다.

수십억 달러에 달하는 회사를 인수하는 협상도 있고, 국가 간 관세 등의 제도적 장벽을 철폐하여 자유로운 무역을 장려하는 경제통상 협상도 있다. 수십 년간의 전쟁을 종식시키는 휴전평화 협상도 있고, 우리나라와 같은 분단국가에서는 두 체제가 하나의 나라로 통합되는 통일 협상도 있을 수 있겠다. 그러나 이렇게 신문의 1면을 장식할 것 같은 큰 협상은 우리의 일상에서 멀리 떨어져 있는 협상일지도 모른다. 이 책은 우리에게 가까운 협상, 우리가 매일 은연중에 접하는 협상을 다룬 책이다. 인터넷 중고 사이트에서 물건을 사고파는 일반인들에게, 문화가 전혀 다른 나라로 출장을 간 영업 담당자들에게, 그리고 상대방에게 나의 뜻을 효율적으로 전달하기를 원하는 사람들에게 간결하지만 의미 있는 화두를 던진다.

옴니버스 스타일로 편집된 원서(『*Negotiation: Readings, Exercises and Cases*, 6/e』) 뒷부분에는 연습문제와 몇 건의 실제 협상사례, 그리고 설문지가 이어지는데, 본서에서는 이 부분을 과감히 생략하였음을 알려둔다. 아울러 책을 구성하고 있는 50여 편의 글 중 본인의 오랜 경험에 비추어볼 때 가장 중요하다고 판단되는 24편을 엄선하였음을 밝힌다.

아무쪼록 이 책의 독자들이 협상의 불모지인 우리나라의 곳곳에서 더욱 세련되고 능수능란한 협상의 기법을 구사할 수 있는 능력을 갖추었으면 좋겠다. 협상의 본질은 이기는 것이다. 그러나 상대방이 실의에 빠져 모든 것을 잃고 물러가는 것은 좋은 협상이라고 할 수 없다. 승리한 자는 모든 이익을 취할 수 있지만 모든 이익을 취한다고 해서 그 협상이 성공한 협상이라고 말할 수는 없다. 협상은 상대방이 없으면 출 수 없는 탱고와 같다. 상대방이 게임의 공정한 룰에 동의하고 다음 번 협상에서는 당당이 재기하여 우위를 차지할 수 있다는 자신감을 주는 협상이야말로 우리가 추구해야 할 협상이라고 생각한다. 오늘 단 한 번의 승부가 끝이 아닌 다음 번 승부를 기약할 수 있는 것이어야 한다.

몇 마리의 힘센 사자만이 고기를 독식할 수 있는 아프리카 초원과 협상의 이해 당사자가 모두 만족할 수 있는 인간 세상은 다르다. 그러나 권력을 가진 대부분의 사람들은 우리가 사는 일상을 아프리카 초원으로 만드는 것 같다. 인간 세상이 아프리카 초원과 같이 삭막해질 때 우리는 협상의 부재를 떠올린다. 우리가 협상의 본질을 이해하고 협상의 의미를 생각해야 하는 이유가 여기 있다.

마지막으로 책을 진행하는 동안 인내심을 가지고 큰 조언과 도움을 주신 한국 맥그로힐에듀케이션의 이강록 차장님, 송은영 차장님, 임채경님께 깊은 감사의 마음을 전한다.

길고 무더웠던 2013년 8월
역자 정희섭

차 례

NEGOTIATION

01

SECTION

협상을 위한 기본적인 사항들

Reading 1.1

William L. Ury
Jeanne M. Brett
Stephen B. Goldberg

SECTION 01

분쟁을 해결하는 세 가지 접근 방법:

이익, 옳고 그름, 그리고 힘

도둑맞은 장화 이야기로 시작해 보고자 한다. 광부들은 보통 작업 후 작업복을 바구니에 담아 다음 근무 교대시간까지 탈의실 천장에 매달아 놓는다. 어느 날 밤 한 광부가 자신의 작업용 장화가 사라진 것을 알았다. 장화 없이 일하는 것은 불가능한 일. 화가 난 그는 근무 교대를 담당하는 작업 반장에게 불평을 늘어놓았다. "제기랄, 누군가 내 장화를 훔쳐가 버렸어. 이건 완전히 불공정한 일이야. 왜 내가 장화 때문에 일을 못 해서 일당도 못 받게 되는 거지. 이 모든 것이 회사가 제대로 내 개인물품을 지켜주지 못 했기 때문이야." 그러자 작업 반장이 말했다. "그건 단지 운이 없었던 거야. 회사 규정에 개인 물품 도난에 대한 것은 없어. 규정을 잘 읽어보라고." 장화를 잃어버린 광부는 투덜대며 말했다. "내가 이번 교대시간에 일을 못 하면 그 누구도 할 수 없어." 그는 몇 명의 친한 동료들에게 일하지 말 것을 부탁했고 노동조합에 있던 다른 모든 광부들도 그의 말에 동조했다.

광산의 감독자는 후에 우리에게 말했다. "그때 작업 반장이 작업용 장화를 새로 사준다거나 아니면 당장 쓸 것을 제공해 주겠다고 말했으면 이런 파업

Source: "Three Approaches to Resolving Disputes: Interests, Rights, and Power," from *Getting Disputes Resolved*, by William L. Ury, Jeanne M. Brett, and Stephen B. Goldberg, 1988, pp. 3-19. New York: Jossey-Bass, Inc., a subsidiary of John Wiley & Sons, Inc. Used with permission.

사태는 없었을 거야.” 장화를 잃어버린 광부나 작업 반장의 문제해결 방법은 결코 적절한 것이 아니었다. 과연 어떤 것이, 무슨 이유로 분쟁해결에 더 도움이 된다고 말할 수 있는 걸까?

우리는 여기에서 분쟁을 해결하기 위한 세 가지 방법을 살펴볼 것이다. 그것은 이해 당사자들의 각기 다른 이익을 조정하는 것, 누가 더 옳은지를 결정하는 것, 누가 더 강력한 힘으로 상대방을 제압하는지에 관한 것이다. 우선 거래 비용(transaction cost)이라는 관점에서 분쟁을 해결하는 데 드는 비용을 분석하고, 분쟁해결 결과에 대한 만족도, 관계에 대한 영향력, 분쟁의 재발에 대한 것을 차례로 알아보려고 한다.

분쟁을 해결하는 세 가지 방법

장화로 야기된 분쟁을 잘게 잘라보기

논쟁은 개인(또는 조직)이 다른 이에게 자신의 주장이나 요구를 했으나 그것이 거절당할 때 일어난다. 무언가를 주장한다는 것은 내가 어떤 손해를 입었다는 것을 인지했을 때 또는 간절한 필요나 열망에서 생겨나는 것이다. 이는 광부가 자신의 작업 장화가 도둑맞았다는 것을 인지하는 순간 회사가 분실된 장화에 대해 책임을 지고, 나아가 대책을 만들어 달라는 것과 같다. 이런 주장에 대해 작업반장이 반론을 제기하자 분쟁이 시작된 것이다. 이 장화에 대한 분쟁은 협상을 통해 서로가 동의하였으면 생기지 않았을 일이다. 중재자가 개입해서 협상을 조정하였거나, 광부가 회사의 책임에 대한 주장을 철회하였거나, 아니면 회사에서 새로운 장화를 하나 사주었더라면 분쟁은 없었을 것이다.

논쟁을 하는 과정에서 사람들은 분명히 어떤 이익과 직결된 문제를 가지고 있다. 게다가 공정한 결과를 만들어내기 위한 관련된 기준이나 옳고 그름 같은 것이 존재하는데 이런 것들이 일종의 지침 역할을 한다. 물론 분쟁 당사자들 사이에는 힘의 균형도 존재한다. 즉 이익과 옳고 그름, 힘의 분쟁이 힘의 균형에 대한 세 가지 요소이다. 분쟁을 해결하기 위해서 각 이해 당사자들은 이 세 가지 요소 중에 한 가지 또는 한 가지 이상의 것에 집중한다. 다시 말해

(1) 분쟁에 내재된 이익을 조정하는 것, (2) 누가 더 옳은지에 대한 결정, (3) 이 분쟁에서 누가 더 강한 힘을 가졌는지에 대해 결정하는 것 중 더 선호하는 방법에 집중하는 것이다.

분실된 작업 장화에 대해 회사가 무언가를 해주어야 한다는 주장을 펼친다는 것은 광부가 권리라는 측면에 집중한다는 것을 의미한다. "회사가 내 작업 장화를 제대로 관리해주지 않았기 때문에 나는 내 작업시간을 채우지 못해 일당도 못 받고, 더구나 새로운 장화를 구입해야 한다고." 이런 광부의 주장과 불평에 작업 반장은 광산 회사의 규정을 거론하며 누가 더 옳은지를 이야기했다. 이러한 작업 반장의 말에 광부의 주장은 잠시 힘을 잃는 듯 했지만 광부는 집단행동을 부추기며 힘의 대결로 본인의 관심을 돌려버렸다. "누가 더 옳은지 보여주겠어." 광부는 자신의 동료들과 함께 회사 측에 힘을 보여주려고 한 것이다. 광산에서 광부가 작업하지 않으면 회사가 얼마나 큰 손실을 입는지에 대한 것을 보여주려고 한 것이다.

광산 감독자의 생각으로는 위에서 벌이진 사건을 이익이라는 관점으로만 한정해서 접근했어야 옳았다. 광부의 관심은 단지 작업 장화를 신고 주어진 일을 한 후 일당을 받는 것이었으며, 작업 반장의 관심은 회사의 입장을 대변하는 것뿐이었다. 이런 상황에서 서로의 감정이 개입하여 누가 더 옳은지를 논하게 되고, 누가 더 힘이 센지를 겨루게 된 것이다. 쉽게 풀 수 있는 문제가 복합적인 문제로 확대되어 엉켜버린 것이다.

이익을 조정하기

이익이라는 것은 필요한 것이고, 열망하는 것이고, 관심있는 것이고, 무서운 것이기도 하다. 즉 누군가 좋아하고 원하는 것이다. 누군가 갖기를 원하는 확실하게 존재감이 있는 것이다. 남편과 아내가 새 차 구입에 대해 논쟁한다. 남편이 원하는 것은 구매 비용보다는 친구들에게 확실하게 과시할 수 있는 차를 사고 싶고, 아내는 운송수단으로서의 차의 기능을 우선시한다. 전자 회사의 영업담당 임원은 몇 개의 텔레비전 모델을 생산할 것인지를 두고 생산담당 임원과 논쟁한다. 영업담당 임원은 더 많은 모델을 생산하기를 원한다. 영업담당의 관심은 더 많은 모델을 생산하여 더 많은 고객이 더 많은 텔레비전을 구매하는 것이다. 생산담당 임원은 더 적은 수의 모델을 생산하려고 한다. 더 많은 모델을 생산한다는 것은 그만큼 생산 원가가 더 든다는 것을 의미하기 때문이다.

이렇듯 서로 간의 이익을 조정한다는 것은 쉬운 일이 아니다. 마음 깊이 자리 잡은 관심사를 조사하고, 창조적인 해결책을 궁리하고, 어떤 것을 교환하고 양보해야 할지를 같이 생각해야 하기 때문이다. 이런 것을 하는 가장 기본적인 절차가 바로 협상이다. 주거니 받거니 하며 서로 소통해서 결국은 상대방의 동의를 이끌어내는 행동이다. 또한 협상에서의 절차라는 것은 분쟁 해결을 위해서 쌍방이 서로 만들어 행동이다. 물론 제3자가 개입하여 의견 일치를 만들어내는 중재라는 절차도 있다.

모든 협상(또는 중재)이 이익 조정에 초점이 맞추어진 것은 결코 아니다. 어떤 협상은 누가 더 옳은지를 결정하는 데 초점을 맞춘다. 마치 두 명의 변호사가 법정에서 다투는 것과 같다. 또 다른 협상은 누가 더 강한지에 대해 초점을 맞추기도 한다. 이웃이나 상대방 국가에게 서로 위협을 하는 것이 대표적인 예이다. 협상은 종종 다음의 세 가지 요소를 가지고 있다고 한다. 이익을 만족시키고, 누가 옳고 그른지에 대해서 이야기하고, 상대적으로 누가 더 강한지에 대한 것도 토론한다. 이익에 초점을 둔 협상은 '이익기반 협상'이라고 부르고, 누가 옳은지에 대한 협상을 '정의기반 협상', 그리고 누가 힘이 센지에 대한 협상을 '권력기반 협상'이라고 부를 수 있겠다. 이익기반 협상은 다른 말로 '문제해결 협상'이라고도 한다. 왜냐하면 이해 당사자들끼리 서로의 문제라는 것을 인식하고 벌이는 것과 관련이 있기 때문이다.

논쟁 당사자들은 이익을 조정하는 과정을 시작하기 전에 감정을 가라앉히는 것이 필요하다. 감정은 논쟁에 있어서 큰 독이 된다. 또한 다른 사람의 또 다른 감정을 불러일으킨다. 광부는 작업 반장의 말에 화가 났고 결국은 집단행동을 일으켰다.

감정을 표현하는 것은 해결책을 만드는 협상에 도움이 된다. 상대방이 화를 가라앉히면 상대방도 화를 누그러뜨리게 되고, 서로 간의 감정을 서서히 없애 나가며 정중하게 사과를 제안하는 단계로 넘어갈 수도 있다. 이렇게 감정을 적절하게 표현해서 적대감을 줄이는 것은 본격적인 협상을 시작하기 전에 아주 필요한 과정이다. 감정의 표현은 이익기반 협상이나 중재에 아주 중요한 역할을 한다.

누가 옳고 그른지 결정하기

논쟁을 해결하는 다른 방법은 인지된 합법성이나 공정성이라는 독립적 기준에 의거하여 누가 더 옳은지를 판단하는 것이다. 독립적 기준을 쉽게 표현할 때 우리는 '정의'라는 말을 사용한다. 정의는 종종 법이나 계약에서 규정된다. 또한 사회적으로 용인되는 행동 기준이 된다. 상호 호혜주의 선례, 평등성, 선임자에 대한 배려 등이 그것이다. 위의 작업 장화 논쟁에서 광부는 회사 측에 계약서에 입각한 새로운 장화를 요청할 권리가 없었다. 단지 잃어버린 장화에 대해 회사가 보상을 해주는 것이 옳은 것이라고 혼자 생각할 뿐이었다.

정의는 분명한 것이 아니다. 때때로 적용되는 기준에 따라 모순되기도 한다. 옳고 그름에 대한 쌍방의 협의를 만들어내는 것은 아주 어려운 일이다. 그래서 제3자에게 누가 옳고 그른지를 의뢰하게 만들기도 한다. 전형적인 것은 법원의 판결이다. 논쟁의 당사자가 제시한 증거에 입각해서 제3자가 법률적 효력이 있는 결정을 내리는 것이다(중재에 있어서는 제3자가 논쟁을 결정할 힘은 없기 때문에 법원의 판결과는 다르다). 공적인 판결은 법원이나 행정부처에 의해 이루어지고, 개인적인 판결은 중재자에 의해서 이루어진다.

누가 더 힘이 센지에 대해 결정하기

누가 더 힘이 센지 알아보는 것에 기초하는 것이 세 번째 방법이다. 좁은 의미로 힘, 즉 권력이라고 하는 것은 다른 누군가에게 어떤 일을 강제할 수 있는 능력을 말한다. 힘을 과시하는 방법으로는 상대방을 위협한다거나 어떤 비용을 부과하는 것이 전형적이다. 파업에 있어서 광부는 회사 측에 경제적인 비용을 부담시킴으로써 힘을 과시했다. 힘을 과시하는 것은 두 가지 공통된 형식이 있다. 물리적 공격이나 방해, 파업 같은 행동을 통해서 이익의 발생을 멈추게 하는 것이다.

노사 관계같이 상호 의존적인 관계에서는 누가 상대방에게 덜 의존적이냐라는 질문이 생긴다. 회사가 노동자의 작업이 더 필요한 관계라면 회사는 상대적으로 노동자에게 더 많이 의존하게 된다. 의존 관계에서 누가 더 의존적인가는 만족할 만한 대안을 찾는 데 큰 요소가 된다. 힘의 대결에서는 상대방을 모욕하는 수준에서부터 전쟁의 상황까지 가는 경우도 있게 된다. 공통점은 힘을 행사하거나 과시하여 상대방이 내 뜻대로 움직이게 만드는 데 있다.

결정적으로 파괴적인 힘의 행사 없이 누가 더 힘이 센지를 결정하는 것은 아주 어려운 일이다. 물리적 행사가 없는 힘겨룸은 단순히 개념적인 것이기 때문이다. 재무적 자원 같은 객관적인 힘의 지표가 있음에도 불구하고 상대방이 가진 힘과 내가 가진 힘을 가늠하는 것은 정확하지 않다. 더구나 상대방의 힘을 제대로 파악하지 못함으로 인해서 더 많은 자원을 쏟아 붓는 불필요한 경우도 생기게 된다.

이익과 옳고 그름 그리고 힘의 상관관계

이익과 옳고 그름, 권력의 관계는 다음의 그림 1에 나와 있는 것과 같다. 가장 안쪽에 있는 원은 이익을 나타낸다. 가운데 원은 옳고 그름, 바깥쪽 원은 권력이다. 이익의 중재는 당사자가 판단하는 옳고 그름과 힘의 맥락에서 발생한다. 예를 들어 논쟁의 결과가 법원에서 이루어지거나 파업 같은 형태로 나타난다면 그 상황에 맞는 협상 범위 안에서 해결책을 찾는 것을 규정하는 것이다. 같은 이치로 옳고 그름의 결정은 힘의 맥락에서 생긴다. 당사자 중 일방이 법원에서 승소했다고 하더라도 판결이 집행되지 않을 수 있다면 논쟁은 계속될 것이다. 그러므로 분쟁의 해결 과정은 이익에서 옳고 그름의 판단으로, 그리고 힘으로 쟁점이 옮겨간다.

참고 피하기

모든 논쟁에 해결책이 있는 것은 아니다. 논쟁 당사자 중 일방이 논쟁을 중단하는 경우도 종종 발생한다. 논쟁에서 빠져나오는 방법에는 두 가지가 있다. 먼저, 현재의 논쟁을 계속하는 것이 큰 이익이 되지 않는다는 판단에서 만족할

그림 1 | 이익과 옳고 그름, 힘과의 상관관계

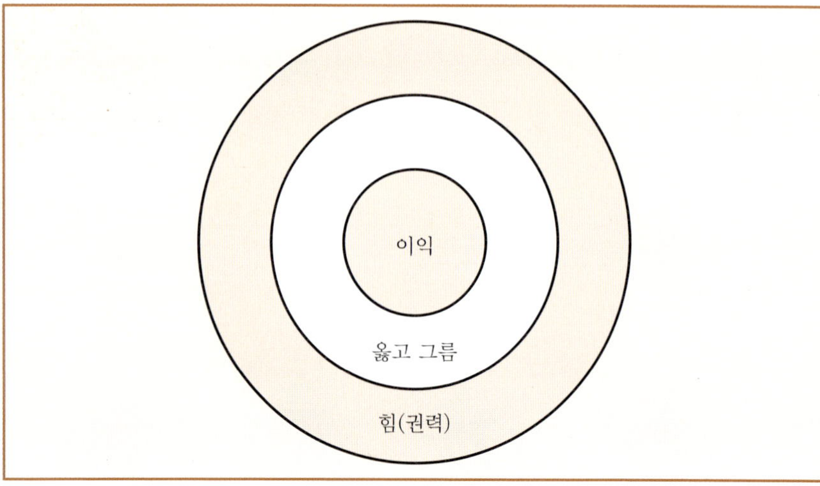

만한 결과를 이끌어낼 힘이 없다고 결론을 내릴 때이다. 광부가 "회사 측의 결정에 절대로 동의할 수 없지만 나는 아무것도 하지 않을 거야."라고 말하며 그의 주장을 철회하는 것과 같다. 논쟁을 철회하는 두 번째 방법은 피하는 것이다. 논쟁 당사자 중 일방이나 쌍방이 관계를 정리하거나 최소한의 관계만을 유지하는 것이다. 논쟁을 피하는 방법의 예에는 조직을 떠나거나, 이혼, 이사, 그 사람과 관련이 없는 다른 분야로 가는 것이다. 피하거나 참는 방법은 특정한 논쟁 해결 절차와 함께 연계되어 발생한다. 힘의 겨룸은 논쟁에서 피하는 경우를 만들어낸다. 이혼할 경우 비용을 수반하게 된다. 파업을 하거나 외교관계를 단절하는 경우 많은 비용을 만들어내는 것처럼 말이다. 힘의 겨룸에서 힘이 약한 사람은 논쟁에서 일어나는 손해를 참고 견디게 되는 이치와 같다. 힘을 겨루다 패한 경우, 패자는 승자를 완전히 떠나거나 어느 정도의 거리를 두고 지내게 된다. 협상은 계속해서 상대방과 논쟁을 하기보다는 그 상황을 참고 넘어가게 되는 경우가 많다. 법원에 가거나 물리적 행동보다는 관계를 정리하는 쪽으로 결정하게 된다.

결론적으로 도둑맞은 장화 이야기에서 광부는 힘이 강한 회사 측과 계속해

서 대립하기보다는 화를 누그러뜨리고 차라리 회사를 떠나는 것이 좋은 방법일 수도 있다는 것이다.

어떤 접근 방법이 가장 좋을까?

광산 관리자는 어떻게 논쟁을 해결하느냐에 관심이 많았다. 그는 누가 더 옳은지를 판단하거나 누가 더 힘이 센지를 아는 것보다는 이러이러하게 이익을 조정하는 것이 더 좋다고 말했다.

더 좋다는 것은 무슨 의미일까? 이익이라는 관점으로 생각하는 것이 과연 더 좋은 것일까?

더 좋다는 것의 의미: 네 가지 가능한 기준

이익과 옳고 그름, 힘을 내용으로 하는 각기 다른 논쟁의 해결책은 각각 비용과 이익을 만들어낸다. 여기서는 네 가지 기준을 비교하고자 한다. 거래 비용과 결과에 대한 만족, 관계에 있어서의 영향, 논쟁의 재발이 그것이다.

거래 비용 광산 관리자에게 '더 좋다'는 의미는 파업 없이 논쟁을 해결하는 것을 의미한다. 더 일반적으로 말해서 그는 파업 비용을 최소화하기를 원했다. 즉, 거래 비용이라고 말할 수 있을 것이다. 파업의 가장 명백한 비용은 경제였다. 파업이 발생했을 경우의 비용은 급료와 공통 경비를 합친 것 이상이다. 더구나 파업 중에는 폭력과 회사 기물의 파괴 행위도 일어난다. 광부 측에서 봐도 급료를 못 받게 됨으로써 비용이 발생하는 것이다. 회사에 있어서 파업은 중요한 판매 계약을 잃게 한다. 가정에서의 논쟁을 생각해보면, 논쟁하느라 허비하는 시간과 긴장 상태의 지속으로 인한 두통도 비용이라고 할 수 있다. 이렇게 허비된 시간을 더 즐겁고 긴요한 일에 투자했다면 어땠을까? 모든 논쟁 해결 절차는 거래 비용을 수반한다. 다시 말해 논쟁 해결에 투자한 시간, 돈, 감정적 에너지, 이런 모든 것들은 다른 일을 할 수 있는 기회를 잃게 만드는 것과 같다.

결과에 대한 만족 논쟁 해결책을 보는 다른 접근 방법은 결과에 대한 당사자 간의 상호 만족이다. 파업은 광부에게 만족스러운 결과를 주지 않았다. 그는 장화를 보상 받지 못했다. 물론 그가 느낀 좌절과 복수심을 풀어 버리기는 했다. 논쟁 당사자의 만족은 해결책이 얼마나 그의 이익을 충족시켰냐에 달려 있다. 만족이라는 것은 논쟁 당사자가 얼마나 그 해결책이 공정하냐에 따라 결정된다. 쌍방의 합의가 논쟁 당사자의 이익을 충족시키지 않을지라도 다른 해결책이 공정하다면 만족할 수도 있다.

만족은 해결책 자체에 대해 공정하다고 인식하는 것뿐만 아니라 논쟁 해결 절차에 대해서 공정하다고 느끼는 것과 관련되어 있다. 그리고 공정성 판단에 대한 것은 몇 가지 요소와 연관되어 있다. 그 요소들이란 논쟁 당사자가 얼마나 스스로의 문제를 이야기할 수 있는지, 논쟁을 종식시키는 데 얼마나 많은 결정권이 있는지, 논쟁 자체에 얼마나 많이 참여할 수 있는지, 그리고 중재자가 있다면 그 중재자가 얼마나 공정한지를 뜻한다.

관계에 있어서의 영향 세 번째 기준은 각 당사자와의 관계에 미치는 오랜 시간에 걸친 영향이다. 논쟁을 해결하는 것은 매일매일 함께 생활하는 당사자들에게 영향을 미칠 수밖에 없다. 이혼에 대한 끊임없는 논쟁은 결혼 생활을 더 이상 이어갈 수 없게 만든다. 대조적으로 결혼에 대해 서로 이야기하고 상담하는 하는 것은 이익이라는 관점에 초점을 맞추게 되는데, 이는 결과적으로 결혼생활을 더 공고히 해준다.

재발 마지막 기준은 이런 해결책이 지속적이냐라는 것과 관련이 있다. 해결책이 지속적인 것이 아닐 경우 논쟁은 재발하게 된다. 예를 들어 아버지와 십 대 아들은 귀가시간에 대해 논쟁하는데, 이런 논쟁은 언제든지 재발할 수 있다. 논쟁이 종료되었다고 하더라도 똑같은 문제가 반복해서 발생할 경우, 논쟁은 다시 생겨날 수밖에 없다. 다른 예로 직장 내에서 성희롱 혐의가 있는 사람이 피해자와 합의를 했지만, 그가 다른 여성을 대상으로 성희롱을 계속한다면 어떻게 될까? 또는 다른 남성이 직장 내 또 다른 여성을 성희롱하는 사태가 벌어진다면 어떻게 될까?

네 가지 기준 사이의 관계 이 네 가지 기준들은 서로 긴밀한 관계에 있다. 결과에 대한 불만족은 관계를 긴장시키고 논쟁을 재발하거나 거래 비용이 증가시킨다. 비용은 동시에 상승하기도 하고 내려가기도 한다. 편의상 이 네 가지 요소를 '논쟁 비용'이라고 부르자. 우리가 '높은 비용' 또는 '낮은 비용'을 이야기할 때, 그것은 단순히 거래 비용을 이야기 하는 것이 아니고 결과에 대한 불만족, 관계에 있어서의 긴장감, 논쟁의 재발을 다 같이 말하는 것이다.

때때로 단기간에 다른 비용을 증가시킴으로써 한 가지 비용을 감소시킬 수는 있다. 아버지와 아들이 한자리에 앉아서 귀가시간에 대해 논쟁한다면, 시간이나 에너지라는 관점에서 단기적 거래 비용은 높아질 수 있다. 이런 비용들은 아버지와 아들이 논쟁을 종식시킴으로써 얻는 이익의 상쇄보다 더 클 것이다.

어떤 접근 방법이 비용이 덜 들까?

지금까지 네 가지 비용이라는 차원에서 '더 좋다'라는 것을 정의했다. 그러나 아직도 의문이 남는다. 광산 관리자가 이익이 더 중요하다는 것에 초점을 맞추어 생각하는 것이 과연 옳은지에 대한 의문이다. 두 번째 의문도 중요한데, 이익 중심의 접근 방법이 실패했을 경우 옳고 그름이나 힘에 중점을 두는 것이 과연 비용이 덜 드느냐 하는 것이다.

이익 대 옳고 그름 또는 힘 이익에 초점을 맞추어 문제를 해결하는 것이 옳고 그름이나, 힘에 초점을 맞추는 것보다 더 효과적일 수 있다. 한 예로 광부가 그만이 할 수 있는 일에 현장 관리자로터 불공정한 간섭을 받는 경우를 보자. 현장 관리자로 인한 고충이 파업으로 이어질 수 있다는 사실의 진짜 문제는 다른 곳에 숨어 있다는 것을 알려준다. 현장 관리자의 일과 광부의 일이 다르다는 것을 인지했을 때 논쟁을 해결할 수 있다.

이익에 초점을 맞춘 접근 방법은 숨겨진 문제를 파악하는 데 도움을 주고 또한 이 문제가 다른 문제보다 더 중요하다라는 것을 알게 해준다. 문제의 경중을 파악하게 되면 논쟁 당사자들은 더 쉽게 해결책을 발견할 수 있다.

예를 들어 휴가를 추가적으로 제공하는 것과 업무의 유연성이라는 두 가지를 가지고 논쟁하는 사용자 측과 노조 측이 있다고 생각해보자. 노조 측은 업무의 유연성이라는 것보다는 더 많은 휴가를 선호한다. 사용자 측은 휴가를 추가적으로 제공하는 것보다는 업무의 유연성을 제고하는 것을 선호한다. 다시 말해, 노조 측은 휴가를 더 받고 사용자 측은 업무시간의 유연성을 확보하는 것이 좋아 보인다. 양쪽이 서로의 이익을 추구하는 과정에서 이런 협상은 현실화될 수 있을 것이다. 소송을 하면서 누가 더 옳은지 누가 더 힘이 센지 하는 것에 초점을 맞추는 것은 당사자 중 한쪽을 패자로 만들어 버린다.

즉, 이익을 조정하는 것은 누가 더 옳은지를 결정하고 힘이 센지를 결정하는 것보다 결과에 있어서 더 많은 상호 만족감을 주는 경향이 있다. 쌍방이 모두 만족한다면 좋은 관계 형성을 통한 더 많은 이익을 만들어낼 수 있고, 논쟁도 재발하지 않게 된다. 누가 더 옳은지, 누가 더 힘이 센지를 결정하는 것은 승자와 패자를 만들어낼 뿐이다. 결과적으로 관계는 더 긴장되고 적대적으로 변한다. 패자는 포기하지 않고 상급 법원에 제소하고 심지어는 복수를 꿈꾼다. 이익을 조정하는 것이 일반적으로 더 많은 시간이 걸린다. 그러나 일반적으로 거래 비용에 있어서 더 저렴하다.

결론적으로 옳고 그름을 다투거나 누가 힘이 더 강한지에 초점을 맞추는 것에 비해 이익에 초점을 맞추는 것은 결과에 있어서 더 많은 만족감을 주고 거래 비용도 낮다.

옳고 그름 대 힘 누가 더 옳은지를 가리고 누가 더 힘이 센지를 결정하는 것이 관계를 더 긴장시킨다고 할지라도 공정함을 결정하는 것을 계속 미루는 것은 좋은 방법이 아니다. 귀가시간 논쟁에 있어 다른 집의 경우를 이야기하며 새로운 기준을 만드는 것은 늦게 들어오느냐 일찍 들어오느냐만을 가지고 논쟁하는 것보다 좋은 방법이 될 수 있다.

옳고 그름과 힘이 센지를 결정하는 것은 종종 경쟁이 된다. 그래서 제3자를 개입시켜 판단을 의뢰하는 경우도 있다. 제3자를 이용하여 대리 싸움을 하는 것이다. 누가 더 옳은지를 결정하는 문제는 누가 더 힘이 센지를 결정하는 문제보다 비용이 덜 들게 된다. 파업은 중재하는 것보다 비용이 더 들게 되며,

폭력 또한 소송보다 비용이 더 들게 된다. 높은 거래 비용은 싸움에 소요된 노력으로 발생하지만 동시에 상대방의 자원을 못 쓰게 만들어버릴 때에도 발생한다. 경쟁자를 파괴하는 것이야말로 힘겨룸의 목적이라고 할 수 있다. 힘겨룸은 동시에 새로운 부상자와 새로운 논쟁을 만들어내고 복수심을 유발하게 한다. 힘겨룸이야말로 옳고 그름을 다투는 것보다 모든 관계를 파괴하고 문제를 재발시킨다. 일반적으로 옳고 그름을 다투는 것이 누가 힘이 센지를 결정하는 것보다는 비용이 덜 든다.

제안

정리하자면, 이익을 조정하는 것이 옳고 그름을 가리거나 누가 더 힘이 센지를 결정하는 것보다 비용이 덜 든다. 이 제안은 이익에 초점을 맞추는 것이 옳고 그름을 다투거나 누가 힘이 더 강한지에 초점을 맞추는 것보다 언제나 낫다는 것은 아니다. 단지 적은 비용, 더 큰 만족, 더 좋은 관계, 재발 방지라는 측면에서 그런 경향이 있다는 것이다.

이익에 초점을 맞추는 것만으로는 충분하지 않다

이런 일반적인 이익에도 불구하고, 모든 문제를 이익에 초점을 두어 해결한다는 것은 가능하지도 않고 바람직하지도 않다. 왜 그런지 다음을 살펴보자.

옳고 그름과 누가 더 센지를 결정할 필요가 있을 때

어떤 경우에는 이익에 기반을 둔 협상이 발생하지 않는다. 이 경우, 처음부터 누가 더 옳은지와 힘이 센지를 협상 테이블에 올려 이야기할 때이다. 환경론자는 개발론자를 소송하고 지역 주민들은 쓰레기 수거 서비스에 대한 개선을 요구하며 시청 앞에서 시위를 벌인다. 상대방이 협상할 여지가 전혀 없을 때도 마찬가지다. 해고된 종업원과 그 종업원을 해고한 사용자는 의견이 아주 다를 것이고 제3자의 중재만이 쌍방을 위한 해결책을 만들어낼 수 있다.

이런 상황에서 협상은 지극히 어렵다. 파업이 일어난 후 노조 측과 사용자 측의 논쟁은 길고 지루하지만 상대방에게 더 강함을 보여주기를 원한다. 낙태 반대론자와 찬성론자 사이의 논쟁을 생각해보면 알 수 있다. 이들의 논쟁은 절대로 단기간에 끝나지 않지만, 한 업계의 생존이 걸린 문제이기 때문에 시위나 입법 투쟁이라는 형태로 나타나게 된다.

더 옳고 더 센지를 결정하는 것이 바람직할 때

이익을 조정하는 것이 옳고 그름을 결정하는 것보다 비용이 덜 들지라도 사회의 모든 구성원에게 중요한 문제에 대해서는 법원의 판결이 필요하다. 1954년 '브라운 대 교육위원회'에 대한 대법원의 판결이 그것이다. 브라운이라는 이름의 흑인이 캔자스 주의 토피카시에 있는 학교에 다녔다. 이 학교의 다른 모든 학생들은 백인이었고 브라운에 대한 심각한 인종차별이 벌어졌다. 브라운은 공교육 기관에서 일어나는 인종차별에 대해 소송을 했다. 그 결과 미국인이 모든 공적인 업무를 진행하는 데 있어서 인종차별의 철폐를 닦는 기초를 놓았다. 이런 경우에서 보는 것처럼, 옳고 그름을 다루는 법원의 결정이 이익에 기반한 협상보다 더 선호될 때가 있다.

어떤 사람들은 힘을 가진 집단이 상대적으로 힘이 없는 집단과 정기적으로 거래할 때 이익에 집중한다고 주장하지만 당사자 중 일방이 더 힘이 세다고 해서 비용이 들지 않는 것은 아니다. 힘이 약한 집단도 작은 규모지만 복수를 생각하기 때문에 큰 집단이 언제나 이익을 쟁취하는 것 또한 아니다. 힘이 약한 집단도 때에 따라서는 큰 집단을 도울 수 있는 힘을 발휘할 때도 있다. 따라서 힘이 더 강한 집단이 힘의 세력 균형 속에서 이익에 집중하는 것이 더 바람직할 수도 있다.

적은 비용으로 옳고 그름과 누가 더 힘이 센가를 결정하는 방법

옳고 그름과 힘에 집중하는 것이 효과적인 논쟁 해결책으로서의 역할을 하기 때문에 비용이라는 측면에서 각각의 절차에 대한 차이점을 만들어 놓는 것은 유용한 일이다. 우리는 세 가지 형태를 구별할 수 있다. 협상과 낮은 비용의 경쟁, 높은 비용의 경쟁이 그것이다. 옳고 그름을 가리는 것에 중점을 두는 협상은 법원이나 중재자를 이용하는 것보다 비용적으로 효율적이다. 동일하게, 누가 더 힘이 센가에 중점을 두는 협상은 단순히 서로를 협박하는 경쟁보다 비용적으로 더 효율적이다. 중재를 하는 것이 법원에 가는 것보다 나으며, 타인과의 싸움에 있어서 물리적인 공격보다는 고함을 지르는 것이 나은 이치와 같다. 추가 근무에 대한 노동자의 파업이 전면적인 파업보다 비용적으로 효과적인 것은 두말할 필요가 없다.

목표: 이익을 지향하는 분쟁 해결 시스템

모든 분쟁이 이익을 조정하는 방법으로 해결될 수는 없다. 때문에 옳고 그름을 판단하고 누가 더 힘이 센지를 결정하는 절차가 필요할 때도 있다. 문제는 옳고 그름과 누가 힘이 센지를 결정하는 방법이 필요하지 않은 경우에도 일어난다는 것이 문제다. 맨 나중에 해야 할 방법이 맨 먼저 행해지는 경우가 많다는 것이다. 효과적인 분쟁 해결의 목표는 그림 2의 오른쪽과 같은 피라미드 형태의 해결방법 시스템이다. 대부분의 분쟁은 이익을 조정하는 것으로 해결된다.

그림 2 | 왜곡된 분쟁 해결 시스템에서 효과적인 분쟁 해결 시스템으로의 전환

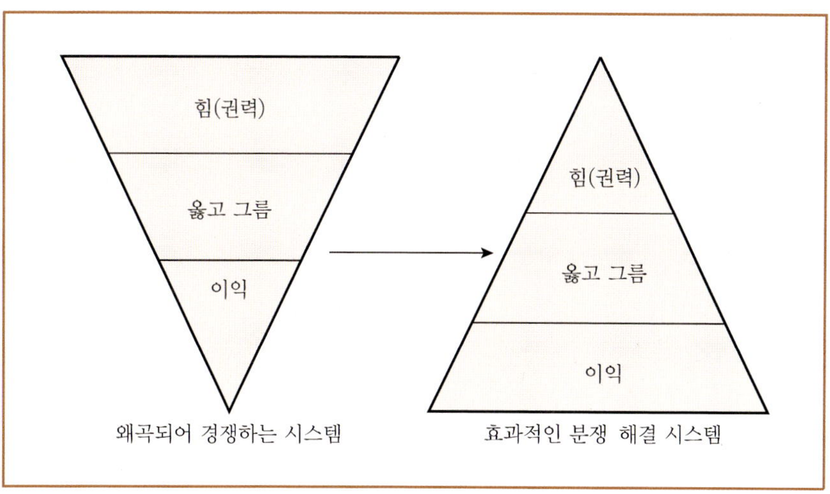

약간의 분쟁은 옳고 그름을 결정하는 방식으로 해결되고, 아주 적은 경우만이 누가 더 힘이 센가를 결정하는 방식으로 해결된다. 반면에 아주 왜곡된 분쟁 해결 시스템은 그림 2의 왼쪽과 같은 역피라미드 형태이다. 역피라미드 분쟁 해결 시스템은 이익을 조정하는 방식이 아주 적고 상대적으로 옳고 그름과 힘의 세기를 결정하는 방식이 많다. 이 시스템을 고안한 사람의 목표는 이익을 조정하는 방식을 널리 알림으로써 역피라미드 시스템을 피라미드 형태로 바꾸는 것이며, 옳고 그름이나 힘의 세기를 결정하는 방식이 채택되었을 때는 비용을 최소화할 수 있는 방법을 제공하는 것이다.

SECTION 01

Reading 1.2

Roy J. Lewicki
Alexander Hiam
Karen W. Olander

전략 선택하기

당신은 스스로의 입장과 상대방의 입장을 분석하고, 나아가 협상의 문맥까지 파악한 후에야 상대방과의 협상에 있어서 어떤 전략을 사용할지를 선택할 수 있다. 이런 긴 준비 기간은 전략적으로 어떻게 협상해야 하며 각 상황에 맞는 협상 스타일과 계획을 세울 수 있게 해준다. 그러나 대부분의 사람들은 이런 준비 기간을 갖지 않고 넘어간다. 결과적으로 아무것도 보지 못하는 시각 장애자와 같은 상태로 협상에 임한다. 상황에 맞는 전략은 성공적인 결과의 가능성을 크게 높인다.

자, 지금부터 협상을 위한 다섯 가지 기본 전략에 대해 알아보도록 하자. 각 전략들은 제각기 알맞은 상황에 적용되고, 각각의 장단점을 가지고 있다. 특정한 협상 상황에 적합한 전략을 선택하거나 여러 전략을 융합하는 것이 중요하다. 전략의 융합은 아주 중요한 말이다. 대부분의 협상은 여러 가지 일들이 복합적으로 관련되어 있다. 각 현안들은 각기 다른 전략으로 다루어져야 한다. 즉, 가장 좋은 한 가지 전략은 없다는 것이다. 상대방의 입장과 협상의 맥락은 모든 협상 과정에 달리 영향을 미친다. 협상 과정이 길어질 때, 협상의 당사자들은 전략을 수정하고 변경하는 조정의 시간을 갖게 된다.

Source: "Selecting a Strategy," from *Think Before You Speak*, by Roy J. Lewicki, Alexander Hiam, and Karen W. Olander, 1996, pp. 54–75. New York: John Wiley & Sons, Inc. Used with permission.

전략의 유형을 결정하는 주된 요소

협상전략의 다섯 가지 기본 유형은 선호하는 것을 적절히 섞는 것과 관련되어지는데, 기본적으로 두 가지 관심사를 들 수 있다. 첫째는 상대방 협상가와의 관계이고, 둘째는 협상 자체의 결과물이다. 이 두 가지는 가장 적절한 협상전략을 고르는 데 중요하다. 상대방과 비슷한 협상전략을 고르면 문제는 수월해지나, 그렇지 않다면 아주 심각하게 어떤 것이 상대방과의 협상에 적합할지를 고려해야 한다. 협상 당사자끼리 같은 규칙에 의해 협상을 진행할 것에 동의한다면 좋은 결과를 얻을 가능성이 더 높아지게 된다. 협상 당사자끼리의 상호작용은 실제적으로 일어날 협상에 영향을 미치며 결과에도 크게 기여한다. 지금부터 협상 테이블에 앉은 각자의 관심사에 대해 이야기해 보자.

관계 관심사

첫째, 당신의 과거와 미래가 협상 당사자와의 관계에 있어서 얼마나 중요한가? 예전에 어떤 관계를 형성하고 있었으며, 앞으로 같이 일해 나가는 것이 얼마나 중요한가? 매우 중요할 수도 있고, 그렇지 않을 수도 있다. 아니면 중요한 것과 중요하지 않은 것 사이에 있을 수도 있다. 협상 당사자와 좋은 관계를 유지하는 것이 당신에게 중요하다면 관계가 그리 중요하지 않은 경우보다 협상을 전개해 나가는 데 분명 다른 전략을 선택해야 한다.

협상 당사자 사이의 관계의 중요성은 여러 가지 요소에 의해 영향을 받는다. (1) 절대적으로 좋은 관계인지, (2) 관계가 일반적으로 좋은지 나쁜지(당신이 과거부터 상대방과 좋은 관계를 유지하고 있었는지 아니면 나쁜 관계였는지), (3) 미래의 관계가 바람직할 수 있는지, (4) 관계의 기간과 역사, (5) 관계의 수준과 약속 이행, (6) 관계에 있어서의 상호 의존도, (7) 상대방과의 자유롭고 열린 커뮤니케이션과 그 빈도 수가 그것이다.

예를 들어 당신이 새로운 차를 구매하기 위한 협상을 하고 있을 때, 자동차 영업 사원과 결코 만나 적도 없었고 이전부터 관계를 유지하고 있지도 않다면, 당신의 관계 관심사는 실로 낮은 것이 된다. 그러나 당신이 업무용으로 많은 자동차를 이용하고 실제로 이 영업 사원과 가까운 미래에 거래를 할 것이라면 당신의 관계 관심사는 높은 것이 된다. 이런 상황들은 협상에 영향을 미친다. 또는 당신이 이웃으로부터 차를 살 것이고 그 이웃과 좋은 관계를 유지하기를 원한다면 전혀 모르는 사람에게서 차를 살 때와는 분명 다른 방법으로 협상할 것이다.

당신이 지속적으로 관계를 유지하는 사람이 있다면 그것은 성향이 같다고 할 수 있다. 또는 예전의 협상을 통해서 적대적인 관계가 되었을 수도 있다. 같은 성향을 가진 좋은 관계라면 감정을 상하게 하는 행동을 피할 것이다. 관계가 예전부터 적대적인 것이었다면 협상하는 것을 좋아하지 않거나 협상에 임하더라도 감정 표현의 수준을 낮출 것이다. 미래에 관계를 어떻게 유지해야 할지는 아주 중요하다.

결과 관심사

협상전략에 영향을 미치는 두 번째 요소는 협상 결과의 중요성이다. 당신이 협상에서 좋은 결과를 만드는 것이 얼마나 중요한가? 이익을 확보하기 위해서는 모든 면에서 이길 필요가 있는가? 결과는 가장 중요한 요소인가? 아니면 협상에서 그리 중요한 요소가 아닌가? 자동차 구매의 예로 다시 돌아가 보자. 당신이 영업 사원으로부터 자동차를 사고 있다면 가격이 가장 중요한 요소가 된다. 영업 사원과의 관계는 그리 중요하지 않을지도 모른다. 당신이 이웃으로부터 자동차를 산다면 이웃과 좋은 관계를 맺기를 원할 것이다. 좋은 가격으로 차를 사기 위해 이웃을 압박하지도 않을 것이다. 마지막으로 어머니로부터 차를 산다고 가정하면 당신은 아마 어머니와의 관계를 가장 중요하게 생각하지만 차 가격에 대해서는 그다지 크게 생각하지 않을 것이다.

대부분의 계획과 준비는 결과에 중점에 둔다. 결과의 중요성에 대해 더 이상 이야기하지 않더라도 관계와 결과 중에 어떤 것이 더 중요한가에 대해 더 이야기해 보는 것은 의미가 있다. 이 두 가지가 협상에 있어 당신이 어떤 전략을 선택하는지 깊이 관련되어 있기 때문이다. 관계에 중점을 둔다면 관계를 이어 온 역사가 있을 것이고 그 관계를 더 유지하고 싶을 것이다. 대조적으로 다른 많은 협상에 있어서는 결과가 중요한 요소이다. 사실 협상에 있어서는 두 가지 모두 중요하다. 두 가지가 잘 조화를 이루면 수월한 협상이 이루어진다.

우리는 그림 1과 같이 그래프상으로 관계와 결과 관심사를 볼 수 있다. 수직선은 관계를 위한 관심사의 정도를 보여주고, 수평선은 결과에 대한 관심사의 정도를 보여준다. 관계와 결과가 각기 다른 수준을 보여주는 사분면을 보면 다음과 같은 명백한 전략이 생겨남을 알 수 있다.

1. **피하기**(lose-lose) 왼쪽 아래 다이어그램에서 보여지는 전략이다. 이 전략에서는 관계와 결과에 대한 사항이 모두 낮다. 여기서는 상대방을 설득하는 것이 그리 중요해 보이지 않는다. 적극적인 협상을 하지 않음으로써 또는 협상 자체를 하지 않음으로써 이 전략을 실행할 수 있다.
2. **수용하기**(lose to win) 왼쪽 위의 다이어그램에서 보여지는 전략이다. 관계의 중요성은 높고 결과의 중요성은 낮다. 이 상황에서 당신은 관계를 유지하기 위해 결과에 대한 관심사를 '철회'해야 한다. 관계의 차원에서 '승리하기' 위해 의도적으로 결과의 차원에서 '패하기'를 해주어야 한다.

그림 1 | 협상전략들

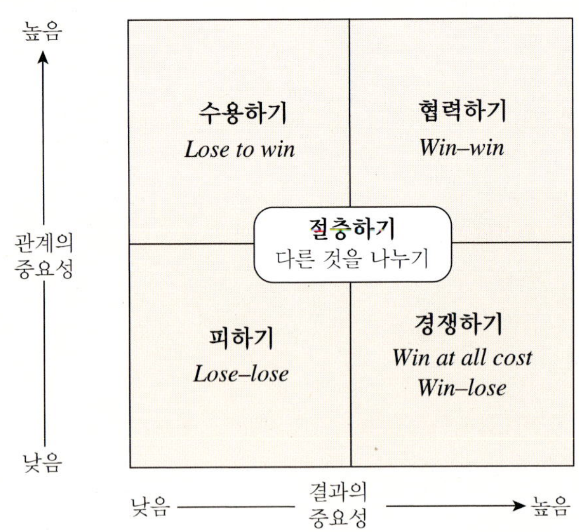

3. **경쟁하기(win-lose)** 오른쪽 아래의 다이어그램에서 보여지는 전략이다. 결과에 대한 관심사는 높고 관계에 대한 관심사는 낮음을 알 수 있다. 이 전략에서 당신은 모든 비용을 지불하고서라도 승리하기를 원하며 미래에 있을 관계 형성에는 별로 관심이 없다.

4. **협력하기(win-win)** 오른쪽 위의 다이어그램은 관계와 결과에 대해 모두 높은 전략을 보여준다. 이 전략에서는 결과를 최대화하는 시도를 하지만 관계를 유지하거나 강화하는 시도를 동시에 하게 된다. 따라서 각자가 니즈를 만족시키는 해결책을 찾게 된다.

5. **절충하기(다른 것을 나누기)** 우리가 '절충하기' 또는 '만족화' 전략이라 부르는 영역이 가운데 있다. 이것은 여러 가지 상황에서 사용되는 복합적인 접근 방법이다. 예를 들어 당사자끼리 좋은 협업을 이끌어낼 수 없지만 그래도 좋은 관계도 유지하고 좋은 결과를 얻어야 할 때 쓰인다. 이 전략은 시간 압박을 받거나 해결책을 빨리 도출해야 하는 상황에서 사용된다.

이런 이상적이고 순수한 협상 상황은 당면한 문제가 한 가지일 때 적합하다. 대조적으로 현실에 있어서의 협상 상황은 대부분이 복합적인 것이다. 그래서 전략의 혼합이 중요하다. 상대방이 전략을 분석하고 그에 걸맞은 전략을 만들어낼 때 당신도 상대방의 전략을 다각도로 분석하여 대응책을 강구하는 이치와 같다. 상대방이 한 가지 전략을 구사하면 협상은 쉬운 일이 된다. 그러나 현실에서는 당신의 의사와는 상관없는 전략을 구사한다.

지금까지 다섯 가지 기본적인 협상전략을 알아보았다. 당신이 한 가지 전략을 구사하는 경향이 있다고 하더라도 다른 전략의 구성을 면밀히 검토해보는 것도 바람직하다. 당신이 기대하는 전략 이상의 것을 상대방이 구사할 때, 미리 대처 방법을 준비할 수 있기 때문이다.

피하기 전략(Lose-Lose)

피하기 전략은 그리 많이 사용되는 전략이 아니지만 어떤 상황에서는 장점을 가지고 있다. '잃는다'라는 말이 쓰이는 것은 결과와 관계의 관점에서 '잃음'을 의미한다. 사실 이 전략을 적극적으로 사용할 때는 무언가를 의도적으로 잃기 위해서 협상하는 것이 아니라 이 전략이 필요하기 때문에 구사하는 것이다. 이름 자체는 Lose-Lose 전략이라고 불리지만 사실은 이기기 위해서 이 전략을 사용하는 것이니까 말이다.

왜 피하기 전략을 사용하는 것일까? 그것은 협상을 위해서는 시간과 돈과 관계라는 비용을 지불해야 하기 때문이다. 이 비용을 지불하는 대신 그 협상 현안을 포기함으로써 비용을 줄이는 것이다. 불필요한 시간 낭비, 돈 낭비를 줄이는 것 자체가 승리하는 것일 수도 있다. 관계와 결과를 확보하는 것이 비용을 아끼는 것보다 귀중한 것이 아니라면 과감히 포기하는 것이다.

'회피'는 상대방이 원해도 협상을 거절하는 경우이다. 물론 이것이 관계를 유지하는 데 부정적으로 작용한다고 해도 말이다. 결과가 중요하지 않기 때문에 굳이 상대방을 화나게 할 필요도 없다. 협상 과정에서 상대방의 의견에 반대를 표시하지 않는 것이 좋은 예이다. 상대방이 이 전략에 동의한다면 협상은 종결되나 상대방이 지속적으로 협상을 요구해 온다면 관계를 유지하기 위해 수용전략으로 전환할 수도 있다.

피하기 전략은 다른 대체적인 결과를 만들 때도 사용된다. 결과가 다른 것을 대체할 경우에 굳이 이 협상을 계속 이끌어 갈 필요가 없기 때문이다. 예를 들어 집을 구매하는 데 있어서 두 집이 후보군에 있고, 두 집 모두 마음에 드는 상황이라면 당신은 하나의 구매 협상을 포기하고 다른 집 구매 협상에 집중하면 된다. 마음에 드는 집이 하나일 때와 두 개일 때는 협상의 전략이 달라질 수밖에 없다. 대안이 있다는 것은 분명히 협상력을 올려준다. 대안에 대해서는 나중에 더 자세히 다루어 보겠다.

수용전략(Lose to Win)

수용전략은 결과 도출보다는 관계 유지가 더 중요한 것일 때 사용하는 것이다. 이 전략을 사용하는 사람들은 관계 형성이나 강화에 더 집중한다. 사람들은 우리가 그들이 원하는 것을 주었을 때 행복해하는데 이런 경우 결과 도출이라는 것은 그다지 중요하지 않다. 단지 상대방을 즐겁게 해줄 수 있다는 것이 중심이 된다. 그리고 미래에 무엇인가를 얻고자 하는 사람이라면 지금 관계를 잘 유지하는 것 역시 중요하다. 현재에는 비록 주지만 미래에는 얻고자 하는 의지가 강한 것을 뜻하는데, 지금의 작은 손실이 장기적으로 보면 더 큰 이익으로 변할 수 있다는 생각에 기반한다.

예를 들어 관리인과 종업원의 관계를 생각해보자. 종업원은 관리인과 좋은 관계를 형성하기 원한다. 좋은 평가를 받고 싶고 승진도 하고 싶기 때문이다. 종업원은 이럴 때 수용전략을 구사한다. 지금 당장 급료 인상을 요구하지 않는 것은 나중에 좋은 평가를 받아 더 좋은 자리로 가는 것이 목적이기 때문이다. 수용전략은 보다 상호 의존적인 관계에서 나타난다. 수용전략은 단기적인 것이다. 사실 지금 짧은 순간에 다른 사람의 의견을 수용함으로써 미래의 큰 이익을 보려는 것이기 때문이다. 예를 들어 관리자는 당장 이번 주에 종업원들에게 일을 더 하라고 스트레스를 줄 필요가 없다. 다음 주에 더 큰 프로젝트가 생겨서 모든 사람들이 야근을 해야 하는 바쁜 상황이 올 것을 알기 때문이다.

수용전략은 협상에서 일반적인 전략은 아니다. 협상 분야의 많은 책은 수용전략을 바람직한 전략이라고 이야기하지 않는다. 그러나 대부분의 책은 '높은 결과에 관심'이 있어 특정한 전략에 대해 많은 시간을 할애하지 않는다. 수용전략에는 두 가지 중요한 점이 있다. 첫째, 결과 도출이 그리 중요한 것이 아닐 경우 결과 도출에 집중하는 것은 긴장과 적대감을 만들어낼 수 있다. 둘째, 당신의 주된 관심사가 관계를 증진시키는 것이라면 당신은 협상하는 동안 수용전략을 구사할 것이다. 특히 해결책 강구가 그다지 큰 의미가 없는 시점에 도달하면 말이다.

경쟁전략(Win to Lose)

많은 사람들이 협상과 거래를 생각할 때 이 전략을 생각하고 자주 사용한다. 그래서 이 전략이 어떻게 영향을 미치는지 잘 이해하는 것이 중요하다.

경쟁전략에 있어서 결과 도출은 관계를 유지하는 것보다 더 중요하다. 결과(자원, 이익, 이득 등)라는 것은 유한하고 그 양도 한정적이기 때문이다. 경쟁자들은 더 많은 결과를 얻고자 한다. 우리는 이 전략을 '이기는 전략'이라

부른다. 왜냐하면 이긴 사람만이 결과를 쟁취할 수 있기 때문이다. 이 전략은 단기적이다. 미래에 있을 관계 형성에는 관심이 없고 눈앞에 보이는 것에 더 많은 관심을 가지는 것이기 때문이다. 몇 가지 이유로 다른 사람과의 관계는 이 전략에서 큰 의미가 없다. (1) 이것은 미래에 있을지도 모르는 관계를 고려하지 않은 단 한 번의 협상이다. (2) 미래의 관계는 중요하지 않다. (3) 관계가 존재하기는 하지만 아주 미미한 상태이다. (4) 상대방이 거래에 있어서 아주 나쁜 평판이 있거나 솔직하지 않다. 이런 상황에서 경쟁전략이 채택된다. 즉, 미래에 있을 관계는 중요하지 않고 지금의 특정한 결과를 중요시한다.

경쟁전략은 협상 당사자 사이의 차이를 강조한다. '우리와 그들'이라는 태도이다. 협상과정에서 충돌이 일어나고 상대방을 불신하는 경우도 생긴다. 차이점은 줄이고 같은 점은 늘이는 협력전략과는 극히 대조적이다.

경쟁전략에 있어서의 목표는 다른 사람을 굴복시키고 나의 만족을 극대화시키는 것이다. '나는 승리자, 너는 패배자'라는 논리에 기초한다. 가능한 한 더 많은 것을 획득하는 것이 목적이다. 이것은 많은 강경한 전술을 포함하여 여러 가지 행동 유형을 보여준다.

경쟁전략에 있어서 주요한 요소들

명확하게 정의된 교섭 범위 경쟁전략에 있어서 당사자들은 '시작점'과 '종착점' 그리고 '협상 결렬점'과 같은 교섭의 범위를 갖는다. 교섭이 일어나는 이유는 각자가 가진 교섭점이 다르기 때문이다. 교섭 중에 이런 범위가 서로 겹치게 되면 양자가 만족하게 된다.

시작점은 협상이 시작되는 것을 말한다. 협상의 시작점은 당사자 모두 다르다. 자동차를 구해할 경우 구매자는 낮은 시작점을 가질 것이고 판매자는 높은 시작점을 가질 것이다. 구매자는 점점 높은 가격 쪽으로 조금씩 이동할 것이고, 판매자는 점점 낮은 가격 쪽으로 이동할 것이다. 조금씩 서로 양보하는 것이다. 가격이 올라가고 내려가는 과정 속에서 만나는 지점이 생긴다. 노사 협상도 마찬가지다. 노동자 측은 높고 사용자 측은 낮지만 서로의 중간 지점을 찾게 된다.

양자는 또한 협상 결렬점도 가지고 있다. 이 점은 서로 가지 않으려고 하는 지점이다. 협상 결렬점은 사실 잘 드러나지 않지만 상대방의 협상 결렬점을 아는 것은 중요하다. 협상 결렬점에 도달하기 전까지 양자는 해결책을 찾기 위한 협상을 진행한다. 이런 협상 결렬점을 찾고 배우는 것은 큰 의미가 있다.

상대방과 교섭의 범위를 공유하는 한 교섭을 위한 여지는 늘 남아 있다. 구매자가 수용할 수 있는 최고의 가격과 판매자가 수용할 수 있는 최하의 가격이 어느 정도 같은 범위 내에 있다면 협상은 일어날 수 있다. 그러나 당사자가 수용할 수 있는 협상점의 범위를 넘어서게 되면 협상은 이루어지지 않는다. 교섭의 범위가 당사자들에 의해 공유되지 않으면 협상은 결렬이 되거나 성공적인 협상이 되지 않으며, 교섭의 범위를 조절하거나 협상이 끝나거나 하는 상황이 발생된다.

좋은 대안 대안 또는 BATNA(Best alternative to a negotiated agreement: 합의를 이끌어내는 최적의 대안)는 현재의 협상이 결렬되었을 때의 택할 수 있는 선택사항이다. 협상이 상대방에 의해 완성될 수 있는 범위를 벗어나게 되었을 때 더 다른 매력적인 방안을 취할 수 있다. "나는 이 협상에서 나올 수 있는 결과만큼이나 좋은 대안을 가지고 있습니다. 물론 비용도 덜 들죠. 내가 제시하는 이 대안을 가지고 협상을 진전시켜 나갈 수 있을까요."라고 말할 수 있는 아주 강력한 협상 툴이 된다.

대안은 협상의 결렬점과 상호 영향을 미친다. 예를 들어 현재 2만 5천 불을 받고 있는 당신이 3만 불을 받을 수 있는 직장을 찾고 있다고 생각해보자. 그런데 2만 8천 불을 주는 직장이 나타났다. 당신은 이 직장에 갈 것인가? 다른 대안이 없는 상태거나 경제 상태가 좋지 않은 상황에서는 2만 8천 불을 주는 직장이라도 가는 것이 일반적이다. 그러나 다른 대안이 있다면 많은 연봉을 주는 직장을 선택할 수도 있다. 반대로 2만 5천 불을 받던 직장을 잃게 되면 어떨까. 2만 4천 불을 주는 직장이 나타난다면 이 직장으로 갈 것인가? 아마 대안이 없는 상황에서는 2만 4천 불을 주는 직장이라도 가야 할 것이다. 협상에 있어서 당신이 취할 수 있는 대안을 잘 파악하고 그 대안을 실제적으로 이용할 수 있는지 아는 것은 당신의 이익과 직결되어 있다.

전술 경쟁전략의 특징은 경쟁자의 입장이나 위치를 불리하게 만드는 것이다. 상대방도 당신을 더욱 불리하게 만들어 갈 것이다. 행동 전술이 필요하게 되는데 이 전술에는 '허세 부리기', '공격적으로 행동하기', '위협하기' 같은 것들이 포함되어 있다. 이런 전술은 때에 따라서는 유용하지만 전술을 사용하는 사람에게 독이 될 수도 있다. 그러므로 이런 전술을 구사하는 사람들은 분별 있게 상황에 맞춰 사용해야 한다.

경쟁전략 사용의 결과와 결점

경쟁전략은 한쪽으로 치우친 것이지만 성공적일 수 있다. 이 전략을 구사하는 사람들은 그들이 얻을 수 있는 최고의 것을 가질 수 있다는 생각으로 협상에 임한다.

경쟁전략에 의지한 협상은 비용도 많이 들고 시간도 많이 소비된다. 많은 시간을 투자해 상대방을 조사하고, 압박하여 심리적으로 공격하는 경우도 발생한다. 서로 공격하고 공격에 대한 반격을 한다. 경쟁전략은 체스 게임에서의 공격이나 전쟁 같은 것과 종종 비교된다. 이런 경쟁적인 활동에 소비되는 시간은 대안을 찾는 시간이나, 협력전략에서와 같이 서로 정보를 공유하고 현안을 탐구하며 양자가 모두 합의할 수 있는 해결책을 찾는 시간과 의미가 다르다.

시간과 좋은 의지는 서로 경쟁하는 과정에서 사라져 버린다. 이런 과정에서 감정적인 문제가 발생하고 갈등의 상태로 빠져들게 된다. 시간을 소비할 뿐만 아니라 관계 자체를 훼손하게 되고 상대방을 모질게 대하게 됨으로써 좋은 결과를 얻어내려는 모든 의지도 함께 사라져 버린다.

경쟁전략의 주된 문제는 경쟁만이 최선의 전략이라는 생각을 가진 아직 덜 숙련되고 훈련된 협상가가 있다는 것이다. 이들에 의해 선택된 경쟁전략은 대체로 위험하다. 또한 이들은 다른 전략에 대해 생각도 하지 않음으로써 좋은 전략으로서의 대안을 선택하는 기회를 놓치게 된다. 따라서 전략을 선택하기 전에 면밀한 검토를 하는 것은 아주 중요하다.

경쟁전략의 구사에 있어서 상대방의 능력과 계획 등을 잘 평가하지 못하는 것도 큰 문제이다. 그들의 행동이나 언어적 단서 등을 놓치게 되면 오히려 상대방으로 하여금 역공을 당하는 상황을 만들어낼 수도 있다.

마지막으로 '스스로를 충족시키는 예언'이라 불리는 것을 이해할 필요가 있다. 스스로를 충족시키는 예언이란 우리가 실제적으로 실현시키려고 강하게 믿는 어떤 것이라고 할 수 있다. 협상 과정에서 상대방이 당신이 원하는 특별한 방식으로 행동해 주기를 기대하고 있을 때, 실제로 그 일이 일어나는 것과 같다. 상대방도 당신이 생각하는 것과 비슷한 형태로 생각하는 경향이 있기 때문에 이런 일이 가능한 것이다. 상대방이 경쟁적일 것이라고 생각하면 우리도 경쟁적으로 행동해야 하는 것과 같은 이치다. 목소리 톤이나 행동들이 주는 단서는 상대방으로 하여금 이 협상이 경쟁적일 것이라고 믿게 만들며 우리도 그런 가정 속에서 협상을 시작하게 된다.

협력전략(Win-Win)

협력전략은 결과 도출과 관계 유지가 모두 동등하게 중요한 전략을 말한다. 이 전략은 종종 'Win-Win 전략'이라고 불린다. 이 협력전략에서는 상대방과 호환될 수 있는 목표로 시작하여 이 목표 달성을 위해 협상 당사자 모두 해결책을 강구하는 주체가 된다. 이것은 경쟁전략과 아주 대조적이다. 협력전략은 주고받는 과정을 중시한다. '주고받기'를 통해서 신뢰가 형성되고 이런 신뢰를 바탕으로 공통의 목표를 향해 다가갈 수 있다. 지방 정부의 경우 누적된 적자를 각 부서 간의 협력을 통해 흑자로 만들 수도 있다. 부서 이기주의를 없애고 업무를 능률화하면 세금의 확대 없이도 지방정부의 업무 구조를 개선할 수 있다.

협력전략은 한 조직 안에서 같은 목표를 가지고 있는 상황이라면 쉽게 실행될 수 있다. 다시 말해 같은 고객이나 같은 공급자를 가지고 있는 경우보다 더 효율적인 전략이라는 것이다. 상호 신뢰를 가지고 열린 대화와 협력을 통해서 공통의 문제를 해결하는 상호 의존적인 관계를 가지고 있어야 한다. 경쟁전략과는 달리 협력전략에서는 당사자 간의 대화가 열려 있어야 하고 정확해야 한다. 협력을 하는 당사자들은 정확한 계획에 의거하여 업무를 수행하고 정해진 업무 기일을 준수하는 것이 필요하다. 경쟁전략에서 시간이라는 것이 방해물로 작용하는 것과는 아주 다르다. 협력전략은 아주 어려운 일이다. 그러나 결과는 아주 고무적인 것이 된다. 신뢰가 구축되고 양자가 다 만족하는 해결책을 도출하는 것은 창의적인 생각과 추가적인 시간이 필요하다. 그러나 결과 도출과 관계 유지라는 측면에서 보면 결과적으로 협상 당사자를 위해 더 좋은 것이다.

성공적인 협력을 위한 비결

협력전략은 전통적으로 잘 이용되어 오지 않았다. 많은 사람들이 경쟁전략에 비해서 생소할 뿐만 아니라 이 전략의 장점을 잘 이해하지 못했기 때문이다. 대부분의 사람들은 경쟁전략에 더 익숙해 있다. 협력전략에 있어서 중요한 것은 약속이다. 당사자들은 (1) 상대방의 니즈와 목적을 이해하고, (2) 양방향으로 정보를 교류하고, (3) 쌍방의 니즈를 만족시키는 가장 좋은 해결책을 찾을 것을 약속해야 한다.

먼저 상대방의 목표와 니즈를 이해하는 것은 협력전략에 있어서 아주 중요하다. 상대방을 이해하는 것은 경쟁전략에서도 마찬가지다. 하지만 그 이유가 다르다. 경쟁전략에서 상대방의 목표와 니즈를 파악하는 이유는 상대방을 이기기 위한 전략을 수립하기 위해서이다. 상대방을 원하는 바를 부정하고 상대방보다 더 잘하기 위해서 그렇게 하는 것이다. 협력전략에서는 상대방의 목표와 니즈를 이해함으로써 당신 자신뿐만 아니라 상대방의 목표를 더 잘 성취하기 위해 공조할 수 있다. 그들이 왜 그것을 원하는지에 대해서 충분히 아는 것이 중요하다. 상대방의 니즈를 파악하기 위해 서로에게 질문하고 상대방의 답을 아주 주의 깊게 듣는 것이다.

두 번째로 정보는 자유롭게 교환하고 제공되어야 한다. 또한 정보는 정확하고 가능한 한 이해할 수 있는 것이어야 한다. 쌍방은 현안, 우선적으로 해결해야 할 일, 목표를 서로 이해할 필요가 있다. 경쟁전략에서의 정보는 교류되지 않으며 교류된다고 할지라도 왜곡된 정보가 대부분이다.

마지막으로 쌍방은 상대방에게 귀를 기울여야 한다. 모두를 만족시키는 결과를 성취하기 위해서는 서로 같은 방향으로 움직여야 한다. 경쟁전략이 정보도 제공하지 않은 채 양보하는 것 없이 더 많은 파이를 차지하는 것이 목적이라면 협력전략은 협력이라는 관점에서 현안을 고찰한다. 즉, 전체는 부분의 합보다 크다는 생각에서 출발한다는 것이다. 문제를 제대로 파악하는 것은 명백한 이익과 같다. 정보의 부족을 극복하고 상대방에 대한 지식을 가지고 시작하는 것은 큰 자산과 같다.

성공을 획득하기 위해서 당사자는 '시작할 때부터' 협상 과정에서 신뢰를 구축하겠다는 신호를 상대방에게 보내야만 한다.

협력전략의 장애물

협상에서는 양자가 쌍방이 협력해야만 성공을 이룰 수 있다. 협력하는 것이 불가능해지면 협력전략을 구사하는 것은 다음과 같은 상황에서 아주 어려운 일이 된다.

- 당사자 중 일방이 현 상황이 협력을 위한 가능성을 가졌다고 보지 않을 경우
- 당사자 중 일방이 한쪽의 목표만을 달성하기 위해서만 노력할 경우
- 당사자 중 일방이 오래전부터 경쟁적이었을 경우; 이런 행동은 쉽게 고쳐지지 않는다.
- 당사자 중 일방이 상대방이 경쟁적일 것이라고 기대하고 이런 기대를 바탕으로 협상을 준비하는 경우
- 당사자 중 일방이 경쟁적이기를 원하고 이런 행동을 정당화할 경우
- 당사자 중 일방이 협력할 수 있는 것에 대해서 충분한 시간을 가지고 조사하지 않는 경우
- 협상이나 거래가 복합적이어서 경쟁적인 요소와 협력적인 요소가 같이 포함될 경우 (때때로 쌍방은 협력적인 현안에 대해서는 협력적이고, 경쟁적인 현안에 대해서는 경쟁적이 된다. 그러나 경험에 따르면 경쟁적인 과정

은 협력적인 과정을 밀어내서 협력하는 것을 더 어렵게 만들어 버리는 경향이 있다.)

위에서 말한 대부분의 장애물들은 전략을 위한 쌍방의 선호도 사이에서 갈등이 있음을 반영하게 된다. 정보 교류가 바람직한 모습으로 나타난다면 쌍방이 다른 입장을 표명할 수도 있다. 의사소통은 협력적인 관계를 형성하는 데 아주 중요한 요소가 된다.

절충전략(Compromise)

궁극적으로 대부분의 협상 상황은 복잡하게 섞여 있다. 어떤 교섭 요소는 본질적으로 경쟁적이고 어떤 것들은 협력적으로 나타난다. 관계가 중요할 때가 있고, 결과가 중요할 때도 있다. 그래서 다섯 번째 전략이 필요한 것이다.

절충전략은 '그 상황에 가장 적절한 것'이라는 생각에서 만들어진 것이다. 이 전략에서 각 당사자들은 관계의 중요성과 결과의 중요성을 적절하게 수정할 필요가 있다. 사실 협상 당사자들은 쌍방에게 유리한 어떤 것(수용이나 경쟁에 대한 이익, 나아가 회피에 대한 이익)을 선호하며 추구한다. 그러나 절충이란 한쪽에게만 유리한 것을 절대적으로 요구하는 것이 아니다. 예를 들어 제조시설 비용을 포함해야 할 의무가 있는 경우, 노조와 회사 대표(보통 관계가 아주 경쟁적인 사람들이다)는 서로 간에 받아들일 수 있는 방법을 찾고자 할 것이다. 노조는 해고를 원치 않고 회사는 임금 동결을 제안할 것이다. 이 쌍방은 작은 협의를 할 것이다. 급료를 조금만 올리고 해고 대신에 고용에 약간의 유연성을 제공하는 것을 서로 상쇄함으로써 말이다. 이런 것이 바로 절충이다.

처음부터 절충전략을 계획하는 협상가는 없을 것이다(경쟁이나 협력전략으로 시작이 가능하다면). 절충전략은 '두 번째 선택'으로 여겨진다. 절충전략을 선택하는 이유에는 다음과 같은 세 가지가 있다(특히, 다른 전략이 이행되지 않았을 때 채택되는 '불이행'으로서의 대안이다).

1. 진정한 의미의 협력전략은 가능하지 않다. 일방 또는 쌍방이 진정한 'Win-Win'이란 실현될 수 없다고 생각한다. 왜냐하면 그것은 아주 복잡하고 어려운 과정이라고 믿기 때문이다. 또는 이미 관계가 협력하기에는 많이 경직된 상태로 빠져버린 경우일 때이다.
2. 협력을 하기에는 시간이나 다른 주된 자원이 없다. 절충이 오히려 더 효과적이고 빠르다. 결과의 품질보다는 짧은 시간에 빠른 결과를 도출하는 것이 나을 때는 결과를 시간의 효율성에 상쇄시켜 버릴 수 있다. 최선책이 아닌 차선책을 선택하는 것이다.
3. 쌍방 모두 무엇인가 얻는 것이 가능해진다(적어도 어떤 것도 잃지 않는다). 경쟁전략은 결과는 얻지만 관계를 확보할 수 없고, 수용전략은 관계를 유지할 수는 있지만 결과를 포기해야 한다. 절충은 쌍방이 다 최선책은 아니지만 결과 도출과 관계 유지라는 목표를 달성할 수 있다.

언제 어떤 전략을 선택하나?

지금까지 다섯 가지 기본적인 전략을 알아봤다. 이제 이 글의 가장 중요한 부분에 도달했다. 협상에 있어서 어떤 전략을 어떻게 결정하느냐가 그것이다. 고려해야 할 두 가지 주요 요소가 있다.

1. 협상으로부터 나오는 결과가 얼마나 중요한 것인가?
2. 상대방과의 맺어온 과거, 현재, 미래의 관계가 얼마나 중요한가? 다음 단락들은 이 두 가지 질문에 대한 것을 결정하는 방법을 묘사하고 그 답변에 대해 다른 요소들을 생각하게 해준다.

상황들

다음 상황에서 가장 좋은 전략을 선택해보자. 내가 이 상황에서 결과에 대해 많은 관심이 있나? 그렇다면 나는 다른 사람과의 관계를 희생할 수 있나? 또는 반대로 나는 이익을 포기하고 관계를 유지해야 할 만큼 관계가 중요한가?

각각의 전략은 어떤 것이 더 효과적일까? 현재의 상황에 적용될 수 있는 조건은 어떤 것일까?

각 전략은 이익과 불이익을 가지고 있음을 기억하라. 하나의 전략은 갈등과 상황의 형태에 따라 더 적절할 수도 있고 덜 적절할 수도 있다.

선호되는 것들

여러 가지 전략에 대한 개인적 선호도를 분석하라. 더 편안하게 느껴지는 전략을 사용할 때 성공할 수도 있다. 연구에 따르면 갈등 상황에 있는 사람들은 아주 명백한 선호도를 갖는데 갈등 상황에서 선택하는 특정한 전략들이 있다는 것이다. 이렇게 선호되는 것들은 그들이 많은 상황들을 접근하는 데 있어서 각 개인들로 하여금 분명한 스타일을 개발하게 만드는 데 일조한다. 과거 경험에 의거하여 갈등 상황에서 경쟁적이 되거나, 협력적이 되거나, 절충하거나, 수용하거나 또는 회피하는 식의 개인적 편견을 가지게 된다. 갈등을 관리하는 전략에 있어서 당신의 선호도가 강하면 강할수록 당신은 여러 가지 협상 상황에 맞는 전략을 선택하는데 그것은 더 많은 편견을 내재한 전략 사용이라고 할 수 있다. 경쟁적인 방법으로 문제를 보면 경쟁전략을 사용하지 않아도 될 상황에도 경쟁전략을 선택할 수밖에 없다. 회피전략이 필요한 순간에도 회피전략을 선택하지 않는 경우도 발생한다. 그럼으로 당신이 선호하는 것과 당신이 가진 편견을 이해하는 것은 아주 중요한데 이런 선호도와 편견이 당신이 전략을 선택하는 데 있어서 잘못 선택하는 누를 범하게 하는 요인이 된다는 것이다.

특정 전략에 대한 당신의 선호도는 '가치와 원칙' 같은 미묘한 것들에 의해서도 영향을 받는다. 어떤 의미에서 당신의 목표, 우선순위 또는 제한점을 정의하는 것은 더 어려운 일이 될지도 모른다. 다음과 같은 항목을 어떻게 평가하느냐도 특정한 전략을 사용하는 데 있어서 큰 영향을 미치게 된다.

- 진실, 성실, 생활양식, 예의범절을 당신은 어떻게 평가하는가?
- 존경은 당신에게 중요한 것인가?

- 공정한 플레이는 얼마나 중요한가(이 문제에 있어 당신은 공정이라는 것을 어떻게 정의하는가)?
- 당신의 자아는 당신의 이미지나 명성에 얼마나 관여되어 있는가? 당신이 원하는 것을 가졌다면 또는 당신이 원하는 것을 갖지 못하였다면 당신이 스스로를 어떻게 돌아보고, 다른 사람이 당신을 어떻게 보고 있는지에 대해 얼마나 관심이 있는가?

경험

다음으로 여러 가지 전략을 사용하는 당신의 경험을 생각하라. 더 많은 경험을 할수록 더 많은 전략을 사용하게 된다. 경험은 당신의 선호도의 유형을 만들어 내는 데 중요한 요소 중 하나가 된다.

스타일

다른 사람의 스타일과 상호작용을 하는 당신의 스타일을 생각하라. 그리고 가능한 결과를 생각하라. 그런 두 가지 스타일을 결합하는 효과는 무엇일까? 표 1과 같이 가능한 결합을 정리해 보았다(왼쪽에 있는 어떤 셀은 공란으로 남아 있는데 오른쪽의 대응되는 셀에 정보가 담겨져 있기 때문이다).

인식과 과거 경험

상대방에 대한 당신의 인식과 과거 경험을 생각하라. 상대방을 어떻게 느끼고 있고, 관계 속에서 미래에 어떤 일이 벌어지기를 원하는지에 대한 생각은 당신의 전략 수립에 기여할 것이다. 상대방을 얼마나 더 좋아할 것인지? 어떻게 커뮤니케이션 할 것인지? 당신이 상대방과 의존적인 관계를 가졌기 때문에 더 많이 일할 필요가 있는지? 상대방을 신뢰하는 정도는 당신의 상대방과의 과거 경험과 관련이 있다. 과거에 어떤 협상을 가져왔으며 어떤 결과를 가졌냐도 중요하다.

표 1 | 다양한 스타일의 협상과 상호작용

	회피	수용	경쟁	협력	절충
회피	쌍방 모두 특정 현안에 대한 목표 추구를 회피하고 관계를 훼손시키는 어떤 행동도 하지 않는다.	수용자는 회피자에 대한 강한 관심을 보인다. 특히 관계에 있어서 회피자는 상호작용을 최소화하려고 한다.	경쟁자는 모든 것을 독차지하려 하고 회피자는 도망갈 것이다. 회피자는 경쟁자가 일을 관련지으려고 시도할 때 상호작용을 최소화하려고 노력할 것이다.	협력자는 현안과 관계 모두에 있어서 깊은 관심을 보인다. 반면에 회피자는 도망가려고 시도한다. 협력자는 포기할지도 모른다.	절충자는 현안과 관계 모두에 있어서 관심을 보인다. 회피자는 도망가려고 시도한다. 절충자는 포기할지도 모르고 회피자는 참여할지도 모른다.
수용		쌍방은 모두 특정 현안에 대한 목표 추구를 회피하고 상대방의 목표를 수용한다. 관계를 더 편안하게 만들려고 시도한다.	경쟁자는 특정 현안에 대한 목표를 추구하고 수용자는 경쟁자가 더 편할 수 있게 노력할 것이다. 경쟁자는 크게 승리한다.	협력자는 현안과 관계 모두에 있어서 깊은 관심을 보인다. 수용자는 협력자가 더 편해질 수 있도록 노력한다. 관계는 아주 강해져야만 한다. 그러나 협력자가 더 많은 결과를 얻을 수 있다.	절충자는 현안과 관계 모두에 있어서 깊은 관심을 보인다. 수용자는 절충자를 편하게 만들려고 노력한다. 관계는 증진할 것이다. 절충자는 수용자가 어떤 현안에 집중할 수 있게 유인할지도 모른다.
경쟁			쌍방은 특정 현안에 대해 그들의 목표를 추구하고 관계에 관한 모든 것은 무시해 버린다. 갈등과 불신과 적대감이 생긴다.	협력자는 현안과 관계 모두에 있어서 깊은 관심을 보인다. 경쟁자는 오직 목표만을 추구한다. 경쟁자가 보통 승리한다. 그리고 쌍방 모두 경쟁적이 된다.	절충자는 현안과 관계 모두에 있어서 깊은 관심을 보인다. 반면에 경쟁자는 오직 목표만을 추구한다. 경쟁자가 보통 승리를 거두고 쌍방 모두 경쟁적이 된다.
협력				쌍방 모두 현안에 있어서의 그들의 목표를 추구하고 상대방의 목표에 깊은 관심을 보인다. 신뢰와 소통, 좋은 관계가 유지된다.	절충자는 약간의 관심을 보인다. 협력자는 현안과 관계 모두에 있어서 깊은 관심을 보인다. 최소한의 좋은 절충이 이루어지거나 더 나은 절충도 기대할 수 있다.
절충					쌍방은 제한적인 방법으로 현안에 대한 목표를 추구하고 관계를 훼손시키는 행동을 하려고 하지 않는다.

다른 요소들

마지막으로 전략 선택에 영향을 주는 다른 요소들이 있다. 하지만 당신이 조절할 수 있는 여지는 별로 없다. 그럼에도 불구하고 그것들은 계획을 세우는 과정에 있어야 하며 다음과 같은 상황적이거나 문맥적인 현안들을 반영한다.

- 이 협상은 자발적인 것인가 아니면 주어진 것인가? 이 협상의 쌍방은 자발적으로 참여하는가 아니면 영향력 있는 관리자나 기관에 의해서 주어진 것인가?
- 이 상황은 잘 조직된 것인가? 협상을 진행하는 데 룰이 있는가? 그리고 협상을 이끌어 갈 관리적 위임권한이 있는가?
- 안건이 이미 수립되었는가? (필요시 안건이 변경될 수 있는가?)
- 신체적인 환경뿐만 아니라 심리적인 요소도 고려하라. 여기에는 협상 당사자, 개인, 집단, 그리고 그 집단의 문화와 행동, 수립된 규범들, 기준과 프로세스가 포함된다.

당신은 무(無)전략의 전략을 선택할 수 있는가?

협상 교육을 받은 사람들 중에는 무전략을 채택할 수 있다고 주장하는 경우가 있다. 당신은 명확한 전략을 선택하는 것을 거절한다. '결과가 어찌되었든' 다음에 할 것을 결정한다. 이런 자세는 상대방이 첫 번째로 구사하는 전략을 기반으로 하여 또는 협상 진행 순서가 변경되는 것에 따라 당신의 전략을 조정할 수 있는 최상의 유연성을 제공한다.

이런 접근 방법은 명백한 이익이 있다. 당신은 상대방이 어떻게 협상을 원하는지 탐색할 기회를 갖는 데 상대방이 많은 것을 이야기해 주기 때문이다. 아직 완료되지 않은 협상에 올인하지 않게도 해준다. 예를 들어 상대방이 경쟁적일 때 수용적이 될 수도 있을까? 그러나 무전략의 전략을 선택하는 것은 미리 계획하고 준비하는 과정을 피하는 게으른 협상자의 태도다. 우리는 이것이 좋은 선택이라고 생각하지 않는다. 물론 이 전략 선택은 자유다. 그러나 전혀 의도와는 다른 결과를 얻을 수도 있다.

당신이 관계나 결과에 관심이 많다는 것을 안다면 쌍방은 전략을 선택하고 잘 계획해서 협상에 임해야 한다. 당신이 사전에 전략을 강구한다면 상대방이 협상을 시작하는 것을 기다려서 대응하는 것보다 더 많은 것을 얻어낼 수 있다. 많이 강조해 왔듯이 당신은 필요시에 이미 준비한 전략을 상황에 맞게 적응시킬 수 있다.

앞으로 나아가기

우리가 여행 계획을 짠다면 어디를 어떻게 갈지 미리 아는 것이 현명한 방법이다. 잘 짜여진 계획을 수립하는 것은 중요한 일이다. 세밀하게 움직이고 상대방의 움직임을 파악해서 다시 움직이는 것도 중요하다. 당신의 게임 계획은 필요시 수정될 수도 있다. 수정은 상대방이 어떻게 이야기하고 어떻게 행동하느냐에 따라 달라진다. 계획은 전략과 함께 시작한다.

Reading 1.3

Susan Hackley

행동 균형잡기:

협상의 긴장 관리하기

"협상 속에 내재된 긴장을 더 많이 알면 알수록 성공 가능성은 더 높아진다."

주디스 로손은 곧 있을 시장과의 미팅이 두려웠다. 시의 환경담당 부서장으로서 그녀는 그녀의 부서 직원들이 제기한 여러 가지 불만 사항에 대해서 시장과 담판을 짓겠다고 약속했다. 공기의 질을 높이고 공해유발 물질을 처리하는 데 필요한 예산 집행 문제가 해결되지 않으면 부서의 주요 구성원들은 사직하겠다고 했다. 나아가 그들은 그들의 불만이 방송을 통해 공개되어도 양심의 가책 등을 느끼지 않을 것이다.

로손은 몇 가지 이유로 이것이 아주 어려운 협상이 될 것임을 알았다. 시장이 이 환경부서의 주장은 반란에 가까운 것이라 여기고 화를 낼 것은 분명해 보였다. 로손은 부서 직원의 주장을 적극적으로 대변하고 싶었다. 그러나 자신의 강한 주장으로 인해 직장 경력에 불이익을 받지나 않을까 걱정도 됐다.

로손의 이번 임무가 어려운 이유는 다음과 같은 세 가지 긴장 상황을 잘 관리해야 하기 때문이다. 그것도 순차적이 아닌 동시에 말이다.

Source: "Balancing Act: How to Manage Negotiation Tensions" by Susan Hackley from the *Program on Negotiation* Newsletter at the Harvard Law School(www.pon.harvard.edu), February 2005, pp. 3-5. Used with permission.

1. 가치를 만들고 나누는 것 사이의 긴장
2. 감정이입과 주장 사이의 긴장
3. 주된 역할 대 부수적인 역할 사이의 긴장

가치를 나누는 것 대 가치를 만드는 것

협상은 순수한 의미로 정해져 있는 가치를 나누는 일이다. 예를 들어 양복을 사는 데 있어 가격 흥정을 할 때, 판매자와 구매자가 얼마를 얻을 수 있느냐라는 문제, 즉 가치의 분배 문제에 영향을 미치는 요소를 따지는 것이다. 그러나 새로운 가치를 만드는 것은 하지 않는다. 물론 잠재적 가치를 만들어내는 협상도 있다. 그들은 현재 진행되고 있는 협상의 세계를 확대시킴으로써 가치를 창조할 기회를 제공한다. 유명인사들은 대중들이 많이 모이는 큰 행사에 양복을 입고 가는 조건으로 양복을 공짜로 얻을 수 있을지도 모른다. 무역 협상에 있어서 정치적으로 체면을 구기지 않는 전술은 관세를 결정하는 것만큼 중요할지도 모른다.

능숙한 협상가는 우리가 잘 아는 협상의 비유인 "파이를 키우는 법"을 개발하면서도 자신의 몫을 챙기는 법을 안다. 직장을 구하는 데 있어 높은 연봉 협상에 하고 있지만 스톡옵션이나 보너스, 퇴직 연금 등에 대해 이야기할 기회를 놓친다면 당신은 결과적으로 성공적인 협상을 한 것이 아니다. 동시에 당신은 분산되는 이익을 지켜야 한다. 예를 들어 당신이 이 직업을 절실히 원하고 있다는 분위기는 상대방이 눈치 채게 해서는 안 된다. 즉, 너무 많은 정보를 공유하면 안 된다는 것이다.

주디스 로손은 시장과의 미팅에서 가치를 만들 수 있는 기회가 있다는 것을 알았다. 시민들이 시정부가 효과적으로 환경 문제를 다루고 있다는 것을 인식한다면 시장과 환경담당 부서는 둘 다 정책 홍보를 펴나감에 있어서 승리하게 되는 것일 수 있다. 시장은 환경부서와 계속되는 분쟁이 이어지는 것을 원하지 않을 것이다.

로손은 의견이 전혀 다른 현재의 안건이 쌍방을 위해 아주 중요한 것임을 인식했다. 시장이 어떤 자원을 그녀의 부서에 제공할 수 있을까? 그들의 관심사와 프로젝트에 시장은 얼마나 많은 시간을 할애할 수 있을까?

감정이입 대 주장

많은 협상에 있어서 상대방의 관점을 이해하는 것은 참 어려운 일이다. 당신이 겉만 번지르르한 상품을 제공하는 공급자에게 화가 난다면 그 공급자가 늘어놓는 품질이 좋지 않은 원료에 대한 이야기를 들으려 하지 않을 것이다. 약간의 감정이 이입되어 그 공급자의 문제를 해결할 수 있는 방법을 찾는다면 더 좋은 제품을 얻을 수도 있을 것이다.

끝이 열려 있는 질문을 하는 것, 잘 듣는 것, 다른 사람의 입장을 이해했다는 것을 표현하는 것은 당신의 관점을 설명할 수 있게 해주고 또한 새롭고 유용한 정보를 제공해줄 것이다.

반면에 당신은 다른 사람의 이야기에 지나치게 좌우되기를 원하지 않는다. '주장하다'의 의미는 자신감을 가지고 분명하게 당신의 이익에 대해 표현한다는 것이다. 능숙한 협상가는 어떻게 주장하고 감정적으로 되어야 하는지를 배워왔다. 그들은 무엇을 원하고 무엇이 필요한지 명확하게 하고 동시에 상대방이 원하고 필요한지를 알려고 한다.

로손은 시장이 부서가 제안하는 것을 실행하지 않는 것에 대한 변명에 지쳤다. 그러나 그녀가 시장의 관점에서 그 상황을 봐야 한다는 것도 알았다. 미팅이 시작되면 그녀는 시장이 얼마나 많이 부서의 제안에 관심이 있으며 시 위원회의 예산 결정 때문에 얼마나 좌절하고 발이 묶였는가를 알고 놀라게 되었다. 시장은 자신이 도움이 되지 않았기 때문에 그녀의 부서 제안에 적극적으로 관심을 갖는 것을 회피했던 것이다. 이런 사항을 알게 된 것은 그녀로 하여금 문제를 보다 쉽게 풀 수 있게 해주었다. 시 위원회에 공기의 질의 중요성을 설명하면서 그것이 시의 명성과 부동산의 가치를 높이고 시민들의 건강에도 우호적으로 작용할 것이라고 호소해보는 것은 어떨까?

열 가지 어려운 거래 전술

어려운 거래자 때문에 준비를 못 하는 우를 범하지 말라. 여기에 꼭 봐야 하는 열 가지 전술이 있다.

1. **작고 느린 양보 후에 오는 엄청난 요구** 당신의 요구와 대안 그리고 최종 결론을 명백하게 제시하라. 호전적인 상대방에 끌려다니지 말라.
2. **약속 전술** 상대방은 당신이 협상에 있어서 어떤 권한도 행사하지 못한다고 말한다. 그러나 당신의 약속이 실현될 수 있게 해줘라.
3. **가져가거나 남기는 제안** 이 치킨 게임(겁쟁이가 물러나는 게임)은 다른 제안을 함으로써 반박할 수 있다. 그러나 주의할 점이 있다. 쌍방이 이 게임을 한다면 당신은 거래를 성사시킬 수 없다.
4. **상대방의 제안을 기다리는 전술** 당신이 제안을 할 때 당신의 요구를 스스로 줄이는 행동을 하지 말고 상대방의 역제안을 기다려라. 절대 당신 스스로와 경쟁하지 마라.
5. **당신을 주눅 들게 시도하는 상대방** 당신의 상대방은 계속 요구를 해댈 것이다. 당신 스스로 포기하는 지점에 도달할 때까지 말이다. 무너져서는 안 된다.
6. **개인적 모욕과 화나게 하기** 개인적인 모욕은 당신의 빈틈을 보이게 하고 쉽게 상처받게 만든다. 강해져라.
7. **허풍 떨기, 몹시 칭찬하기, 그리고 거짓말하기** 과장하고 사실을 왜곡하는 것은 당신을 방심하게 만든다. 예의 바르게 행동하라. 그러나 언제나 회의적으로 사안을 바라보라.
8. **협박과 경고** 전술로서의 협박과 경고의 진의를 잘 파악하라.
9. **당신의 대안을 무시해 버리기** 당신이 가진 협상에 있어서의 최적의 대안(BATNA)에 대한 확신을 가져라. 상대방으로 하여금 당신의 단호함이 무너지지 않게 하라.
10. **좋은 경찰, 나쁜 경찰** 상대방 중 한 명은 아주 합리적이다. 그러나 다른 한 명은 그 반대일 것이다. 그러나 그들이 같은 팀임을 잊지 마라. 당신도 필요시에 아주 강한 협상가를 내세워라.

주된 역할하기 대 부수적인 역할하기

시장과의 협상에서 로손은 그녀 부서의 불만을 공정하고 효과적으로 전달하는 부수적인 것으로서의 역할을 했다. 로손은 협상에 있어서 주된 역할을 했는데 그것은 직원의 대리자로서의 역할이 아닌 그녀의 경력과 시장과의 전문적인 관계를 포함하는 것이었다.

변호사는 고객을 대표한다. 자금 관리자는 투자에 대한 조언을 한다. 노동자의 대표는 노조를 위한 협상을 한다. 그리고 부동산 중개인은 판매자와 구매자를 대표한다. "끊임없이 다른 사람에게 우리를 위해 일할 권한을 위임받은 대리인을 파견한다."라는 말이 있다. 동기부여에 있어서 차이점을 찾는 것은 협상 준비에 중요한 부분을 차지한다. 자동차 사고 피해자가 손실에 대해 소송을 할 때 변호사의 이익을 조사할 필요가 있다. 변호사가 자금적인 동기부여를 받아 조기에 그 사건을 마무리 지을 수도 있고 불필요하게 시간을 끌 수도 있을까?

주된 것과 부수적인 것 사이의 긴장을 관리하는 한 가지 방법은 그것을 인정하고 '공유된 문제'로서 그것을 다루는 것이다. 시장과 만나기 전, 로손과 그녀의 직원들은 승인 없이 어떤 약속을 할 수 있는 권한을 갖지 않을 것에 동의했다. 만약 시장이 그녀 부서의 요청을 언급하지 않고 그녀를 승진시켰다면 어땠을까? 그녀의 직원들이 그녀를 지지할 것을 약속하는 동안 로손은 뇌물에 흔들리지 않을 것을 결의했다. 대리인을 내세우는 일은 다양한 사람들의 상호작용과 관련된 관계의 줄을 만듦으로써 거래를 더 복잡하게 한다. 인지하는 것은 그녀와 그녀의 팀이 협상을 준비하는 데 도움을 준다.

아는 것이 힘이다

Beyond Winning의 저자들은 협상 안에 존재하는 이런 세 가지 긴장들을 이해한다면 더 많은 성공을 거둘 수 있다고 믿는다. 그들을 간과하면 합의를 이끌어내는 데 실패할 수 있다. 합의를 이끌어내면 쌍방이 더 좋은데도 말이다.

때때로 상대방은 합리적임에도 불구하고 당신은 아직도 가치를 만드는 기회를 놓치고 있는지도 모른다. 실질적으로 필요한 깊이 있는 대화를 하지 않는다고 할지라도 상대방의 이야기를 주의 깊게 듣지 않을 수 있다. 다른 함정도 있다. 더 좋은 거래를 함께 할 수 있는 고무적인 관계를 만드는 노력을 하지 않는 것이다.

상대방이 합리적이지 않을 때 합의에 도달하는 것이 더 어려울 수 있다. 이혼하려고 하는 커플은 서로의 말을 듣지 않고 한쪽의 주장만 하고 있다는 것을 알 수 있으며 결국 이혼 소송으로 많은 자금을 고갈시켜 버린다. 여러 가지 다양한 전략들, 즉 유쾌하지도 않고 윤리적으로도 문제가 있는 전략들을 구사하는 어려운 협상가를 잘 파악하기 바란다('열 가지 어려운 거래 전술'을 참고하라).

Reading 1.4

Gerard I. Nierenberg
Henry H. Calero

SECTION 01

효과적인 협상 기법:

전략 선택에서 곤경 회피하기 그리고 가설들

"그것은 당신이 무엇을 하느냐가 아니라 어떻게 하느냐이다!"

여러 가지 복합적인 협상 경험을 수년 동안 한 후에 수천 명의 협상가가 참여하는 세계적인 규모의 세미나가 수백 개 열렸다. 우리는 당신이 구사하는 전술이나 전략이 무엇이든 간에 우리의 생각을 정리할 필요가 있다고 확신했다. 모든 고등학교 축구 선수들은 토요일 오후나 금요일 저녁에 있는 시합 전에 코치로부터 지도를 받는데, 코치들은 "우리가 이번 주에 어떻게 시합을 잘할 수 있는지 계획하더라도 제일 중요한 것은 어떻게 실제 시합에서 그 계획을 적용하는냐야."라고 말했다. 이 말은 당신이 얼마나 협상전략을 개발하는 데 시간을 들이느냐에 있어서도 똑같이 적용된다. 당신이 성취하는 성공이 무엇이든 중요한 것은 어떻게 계획과 실행하는 것이 잘 연계되느냐 하는 것이다.

당신이 목표를 설정하면 이제 기법을 선택할 시간이 된다. 여기서는 가장 효과적인 협상 기법을 이야기한다. 이 기법이 잘 먹히지 않을 때 어떻게 난관에서 벗어나는지에 대한 것도 나온다. 마지막으로 숨어있어 안 보이는 가설도

Source: "Effective Negotiating Techniques: From Selecting Strategies to Side-Stepping Impasses and Assumptions," from *The New Art of Negotiating: How to Close Any Deal*, by Gerard I. Nierenberg and Henry H. Calero, 2009, pp. 99-134. Garden City Park, NY: Square One Publishers. Used by permission.

다루는데, 일반적으로 효과적이라고 여겨지는 기법들이 실제적으로 아무런 진전도 이루지 못하는 것에 대한 이유가 바로 가설이기 때문이다.

전략과 전술 연구하기

이제 현명하게 채택된다면 아주 효과적인 검증된 협상 기법에 대해 이야기해 보자. 이런 검증된 기법들은 당신과 당신의 팀에 크게 기여할 것이다. 우리가 이야기하려고 하는 것들은 아주 다양하다. 이런 기법을 통해서 협상가로서의 동기를 부여받고 더 창조적이고 성공적인 협상을 하기를 바란다.

인내하기

때때로 인내는 "서둘러야 할 때 기다리는" 것을 의미한다. 일이 잘 되기 위해서는 인내를 가지고 기다려야 한다. 나이는 위대한 선생님이다. 협상을 빨리 끝내려는 젊은 협상가한테는 인내 전략이 사용되는 것을 보기가 힘들다. 인내 전략을 사용되는 상황은 화가 나고 좌절하고 맹렬하게 공격하는 행동이 나오는 상황이다. 그러나 적절하게 사용된다면 보상은 아주 크다. 인내를 연습하는 사람은 큰 유혹이 있어도 말하는 것을 삼간다. 때대로 상대방이 의도적으로 당신을 흥분시켜 당신의 인내를 던져버리게 만든다. 반대의 경우에도 인내는 필요하다. 상대방이 당신의 목표에 90퍼센트 수준까지 동의하여 너무 기쁜 상태가 되었을 때에도 당신은 인내해야 하며 절제력을 가지고 반응해야 한다. 상대방이 당신의 환호를 알아차리게 해서는 안 된다.

인내는 종교집단인 퀘이커 교도에 의해 효과적으로 사용된다. 그들이 합의를 하는데 있어 회의 중 의견이 나뉘면 그들은 계속 회의를 진행하기 전에 침묵의 시간을 가질 것을 선포한다. 그런 후에도 아직 현안이 해결되지 않고 의견이 나뉘어져 있으면 회의 진행자는 질문하는 것을 연기하고 다음 회의에서 다시 의논하기로 결정한다. 당신은 회의 연기는 이미 계획한 일정보다 시간이 더 걸림을 알게 된다. 그러나 지금 얻을 수 있는 것은 직접적인 갈등과 불합의이며 또한 갑작스런 해결책의 출현에 대한 기대일 뿐이다.

프랭클린 루즈벨트 대통령은 4천년 이상의 문명을 가지고 있는 중국인의 인내에 대한 이야기를 하는 것을 즐겼다. 사람이 붐비는 곳에서 두 명의 일꾼이 논쟁하고 있었다. 외국인은 서로 주먹을 날리지 않는 것에 놀라움을 표시했다. 그 외국인의 친구가 설명했다. "먼저 주먹을 날리는 사람은 그 사람 스스로 문제 해결을 위한 새로운 생각이 없다는 것을 인정하는 것이거든."

침묵하기

침묵은 강력하다. 세미나 중에 참석자들에게 어떤 전략과 전술을 선호하느냐에 대한 의견 공유를 부탁했다. 그들로부터 받은 모든 정보를 가지고 생각해보건대 가장 빈번한 것은 침묵이었다. 절제력, 자신감, 훈련, 그리고 고요함의 속성을 보이는 침묵에 대한 무엇인가가 그들의 답변에 들어 있었다. 이런 침묵의 속성을 가진 협상가라면 가히 축복받은 협상가라고 할 수 있겠다.

참석자가 말했다. "지난 몇 년간의 경험에 비추어보면 성공했던 전략은 가능한 한 말을 줄이고 상대방으로 하여금 확신을 갖게 하여 우리와 거래할 수 있게 한 것이지요." 사실 협상가가 하는 가장 큰 실수는 말을 많이 하는 것이다. 성공한 협상가는 말을 잘하는 사람이기도 하지만 잘 듣는 사람이기도 하다. 상대방에게 아이디어, 개념에 대해 설명하는 순간에도 말하는 것과 듣는 것이 균형을 이루게 한다. 감정을 너무 드러내는 것, 상대방의 신경을 곤두서게 하는 것 모두 협상의 최대 적이다. 위대한 협상가는 말하는 것만큼이나 침묵하는 것이 중요하다는 것을 안다.

침묵이라는 요소가 잘 작용하기 위해서는 협상가는 언제 말을 마치고 언제 말을 시작해야 하는지를 잘 알아야 한다. 또한 너무 많은 말을 하지 않도록 늘 신경 써야 한다. 목표를 달성한 후에도 침묵은 중요하다. 왜냐하면 조금이라도 더 건질 수 있는 여지가 있기 때문이다.

놀라게 하기

이 전략은 당신이 진행하는 협상이 무엇이든 순간에 변화하는 것을 포함한다. 순간적으로, 때로는 감정적으로 극적인 상황을 연출한다. 그러나 시끄럽거나 많은 에너지의 변화를 포함할 필요가 없다. 오히려 상대방을 놀라게 하기 위해서는 목소리 톤을 낮추거나 더 천천히 이야기하는 것이 효과적일 때가 있다. 이것은 상대방으로 하여금 당신의 의도를 예견할 수 없게 하는 역할을 한다.

행크는 보통 때도 크고 빠르게 이야기했던 우주 산업 분야의 누군가를 알고 있다. 이 사람은 다른 사람을 꾸중할 때나 매우 화가 났을 때 큰소리로 이야기하는 대신 천천히 낮은 목소리로 이야기했다. 이것이 오히려 상대방을 놀라게 했던 것이다. 상대방이 맞서 싸우려고 준비하고 있는 상황에서 이런 반응은 오히려 상대를 방심하게 하고 다른 차원의 압박으로 작용한다.

다른 사람이 당신을 더 화나게 만들려고 시도할 때 당신은 마치 유도 선수처럼 차분히 대응하는 것이다. 이런 태도는 상대방을 더 당황하게 만든다. 상대방의 에너지를 이용해서 공격하는 방법인 것이다. 다시 말해 적대적인 상대방에게 미소를 보내고 목소리를 가라앉힘으로써 상대방을 역이용할 수 있는 여지를 만드는 것이다.

기정사실화하기

어떤 상황에서 이 기법은 위험할 수가 있다. 상대방이 어떤 반응을 만들어내는지 기다리면서 관찰하고 행동해야 하기 때문이다. 다른 말로 하면 무엇인가를 제공하거나 거절하는 것이다. 상대방이 당신의 행동에 의도한 대로 움직여 주기를 바라는 것이다. 이 기법이 실패로 돌아갔다면 우선은 어떤 결과가 나왔는지를 면밀히 검토해보는 것이 현명하다. 이 기법은 다른 말로 하면 '운에 맡기기' 전략이라고 할 수 있다.

성공하지 못한 이 전략 사용의 재미있는 예는 영국과 프랑스, 이스라엘이 수에즈 운하 위기 동안에 이집트를 공격한 것에서 찾을 수 있다. 그들은 미국과의 협의 없이 공격을 수행했다. 세계에 기정사실화 또는 성취된 사실로 비추어지기를 바랐다. 영국, 프랑스, 이스라엘에 실망한 미국의 개입이 시작되었고, 결국 공격을 취소하고 철수하는 사태가 벌어졌다. 이 예는 기정사실화하는 전술이 아주 어렵다는 것을 보여준다. 상황이 맞지 않으면 큰 당황을 불러일으키는 원인이 된다. 이 기법 사용은 신중해야 한다.

명백한 철수

이 전략이 사용될 때마다 인내하기, 자제하기의 혼합이 생겨나고 기만하기가 관련된다. 희망적인 것은 상대 팀이 당신을 계속해서 협상 틀 안에 두고 싸움을 이끌어 나간다는 것이다.

제리는 이 접근 방법을 사용했는데 뉴욕시의 임대위원회와의 소송에서였다. 이 위원회는 청문회가 계획될 것이라고 결정했다. 그러나 그 청문회는 제리의 고객인 땅주인에게 해로운 것으로 판명되었다. 위원회는 제리의 고객이 불이익을 받을 것이라는 제리의 주장에 동의했다. 이 소송 건이 연방 대법원으로 이송되었을 때 법원은 임대위원회에게 청문회를 연기할 것을 제안했다. 법원의 요청에도 불구하고 임대위원회는 청문회를 진행하였다. 제리는 청문회에 참석하였으나 청문회 시작 전에 그는 속기사에게 모든 말을 기록으로 남기게 했으며 이 청문회는 대법원의 요청에 반하는 것이라고 참석한 모든 사람에게 경고했다. 이어 제리는 자신의 주장을 강하게 어필하고 청문회가 열리는 방에서 걸어 나와 버렸다.

임대위원회의 청문회 관리는 청문회장에 제리의 지지자들이 아직 남아있음을 인지하지 못했다. 청문회에 앞서 제리와 그의 지지자들은 임대위원회가 진행하는 청문회를 탈취하기로 결정했다. 그의 전략은 들어맞았다. 청문회를 담당한 개인은 그 청문회를 어떻게 진행해야 할지 몰랐다. 후에 위원회는 땅주인도 도시의 일원이기 때문에 그 누구도 손해를 보는 일이 있어서는 안 된다는 결정을 했다.

반전

"당신은 뒤로 후퇴함으로써 앞으로 전진할 수 있다." 이 전략을 구사할 때 당신은 아주 인기 있다고 여겨지는 것의 반대로 행동한다. 재정과 관련된 예를 살펴보자. 버나드 바루치는 주식시장에서 돈을 번 사람은 특정 종목에 처음으로 들어가서 처음으로 나온 사람이라고 말했다. 그의 말은 모두가 비관적일 때 주식을 사고 모두가 긍정적인 분위기라고 평가할 때 주식을 판다는 것을 의미한다. 그 반대일 것 같지만 사실 이것은 맞는 말이다.

반전전략은 쉽게 실행할 수 있는 것처럼 들릴지도 모른다. 그러나 실제로는 아주 어렵다. 우선 타이밍이 완벽해야 한다. 기술적으로 힘의 역학이 반대로 작용해야 한다. 능숙한 협상가는 언제 가능하고 언제 불가능한지를 안다. 이 접근 방법이 쉽다면 모두가 목표를 달성하고 즉각적인 이익을 달성하여 부자가 될 것이다.

흥미로운 것은 현대적인 커뮤니케이션 방법이 수많은 전통적인 협상 역할에 있어서 반전을 만들어 내었다는 것이다. 때때로 이런 반전 기법은 자동적으로 발생한다. 예를 들어 제리는 커피구매자와 함께 아마존 정글 여행에 동행했다. 여행 중에 제리는 커피를 구매하는 협상에 있어서 특별한 방법이 있는지 물었다. 커피구매자는 웃으면 대답했다. "아마존에서 커피 원두를 채취하는 부족 중 가장 먼 곳에 있는 부족은 단파 라디오를 가지고 있지요. 그 부족은 뉴욕 커피 거래소의 가장 최근 가격을 알고 있습니다. 그들은 운송비를 더하고 약간의 관리 비용을 얹어서 그들이 팔 가격을 구매자에게 말하죠." 그 부족이 커피 원두를 판매하는 데 있어서 절충에 관심이 있다고 생각하는 사람이 있을지도 모른다. 하지만 그들은 힘의 역학이 다가올 때 어떻게 협상에서 유리한 고지를 차지하는지 안다. 그들은 힘의 반전을 수행하는 것이다.

속을 캐보기 / 테스팅하기

아마도 가장 일반적인 기법은 부가적인 정보를 얻는 시도일 것이다. 가설로 제기되는 문제들, 더 자세한 것을 들춰내는 것, 그리고 깊은 설명을 추구하는 것은 속을 캐보거나 테스팅하는 것으로 만들어진다. 이 전략은 상대방의 목표와 절충 가능한 부분, 제한점을 알아내는 데 도움을 준다. 너무 깊게 알아가려고 하는 것 때문에 상대방이 흥분하면 안 된다. 이것은 협상가 사이의 거리를 좁혀주는 것으로써 잘 사용하면 아주 중요한 기법이 된다.

상대방에게 "더 잘 이해하기 위해서"라고 말하면서 상대방에게 더 많은 정보를 제공하게 만드는 것은 아주 효율적이다. 하지만 상대방이 불쾌감을 느끼거나 상대방을 비난하는 것 같은 느낌을 주게 되면 이 기법은 실패로 돌아간다. 상대방이 화가 나서 더 방어적인 태도를 보이게 되면 안 되기 때문에 주의를 요한다.

한계를 정하기

한계를 정한다는 말은 특정 상황, 특정 장소, 특정 시간, 특정 방식으로 협상한다는 조건을 정한다는 말이다. 장소를 제한함으로써 그들의 대리인이나 법조인을 통해, 또는 제3자를 통해 커뮤니케이션할 수 있게 된다. 역사적으로 프랑스 문화는 보편적으로 시간제한을 두는 전략을 구사하는 것으로 유명하다. 이런 성향은 매일 일어나는데 예를 들어 식품 서비스 산업에서 그렇다. 어떤 사람이 메뉴의 제한을 도입한다면 이것은 제한의 형식이라고 할 수 있다.

이 기법은 협상의 힘의 역학에 있어 아주 도전적이다. 그것은 말로써 또는 말이 아닌 다른 수단으로 행해질 수 있다. 당신은 말이 아닌 수단으로 어떻게 행해질 수 있는지 의아해할 것이다. 말이 아닌 수단으로 제한을 정하는 것은 "침묵하는 물물교환"이라고 알려지는데 그것은 중앙아프리카의 한 부족에 의해서 행해졌다. 한 부족이 다른 부족이 가진 어떤 물건을 교환하고 싶을 때 첫 번째 집단은 그 물건을 강둑 위에 올린다. 다른 부족은 그 물건을 가져가게 되고 그들의 물건을 남긴다. 협상을 끝내기 위해서는 물건의 가치가 같아야 한다. 그러나 두 번째 집단이 그 물건에 만족하지 못하면 그 물건은 그냥 강둑 위에 남겨진다. 첫 번째 부족이 다른 물건을 더 놓지 않으면 거래는 그냥 종결된다. 두 번째 부족이 마지막에 남겨진 물건의 양에 만족하지 않으면 그냥 가버린다는 사실은 제한을 정하는 예가 된다.

속이기

속이기는 간단한 문장으로 잘 정리가 된다. "오른쪽을 봐, 왼쪽으로 가." 대부분의 협상에 포함되는 세 가지 요소는 숨김, 폭로, 그리고 다른 데로 돌리기다. 속이기는 다른 데로 돌리기 부분이다. 이것은 상대방의 관심을 다른 현안이나 일로 돌리는 시도를 할 때 발생한다. 많은 경우에 있어서 당신은 상대방이 점점 문제의 중심으로 다가오고 당신에게 아주 중요하거나 민감한 사항이 있을 때 이 기법을 사용한다.

속이기는 잘못된 인상을 더 높이는 데 사용할 수 있다. 당신은 원래 가진 것보다 더 많은 정보를 가진 것처럼 다른 사람을 기만할 수 있다. 당신이 잘 모르는 분야로 상대방을 이끌어 갈 수 있으며 특정 분야를 잘 아는 것처럼 행동할 수도 있다.

어떤 협상에 있어서 속이기는 의식적인 "혀의 실수"에 의해 실현될 수 있다. 특히 거래에 있어서 대리인이나 제3자를 사용할 때 그렇다. 대리인은 "나는 그런 자유가 없습니다만" 또는 "그렇게 말하고 싶지만"이란 표현을 사용함으로써 알려서는 안 되는 것을 누설하는 것처럼 위장할 수 있다. 그런 문장들은 정보를 더 얻기를 원하는 사람들이나 문제의 본질을 알고 싶은 상대방을 크게 유혹하는 역할을 한다.

연합하기

대가족에서 성장한 사람은 그들의 부모나 형제가 얼마나 자주 가족이 유대를 이용하여 협상을 해왔는지 쉽게 기억할 수 있을 것이다. 이 기법은 부모가 형이나 누나를 예를 들며 막내의 행동을 통제하는 데 효과적으로 쓰인다. 부모는 "형이 얼마나 열심히 공부하는지 잘 알고 있지? 형은 우리나라에서 제일 좋은 대학에 들어갔어."라고 말할 수도 있다. 막내는 부모의 기대에 부응하기 위해 형처럼 열심히 공부할 것이다.

이 전술은 회사나 조직이 잘 알려진 것의 이미지를 이용할 때 구사된다. 연합이란 아주 강력한 자석과 같은 것이어서 이미 말해진 것에 대한 관심을 불러일으킬 뿐만 아니라 상대방에게 영향을 미칠 수도 있다. 광고업계가 아주 좋은 예가 된다. 그들은 제품을 광고하기 위해서 유명한 사람들에게 수백만 달러도 서슴없이 지불한다. 소비자는 유명인사와 제품을 동일시한다. 즉, 그 제품을 사용하면 유명인사처럼 매력적이거나 성공할 수 있다고 생각한다. 따라서 소비자는 유명인사가 광고하는 제품을 사는 데 돈을 지불한다.

분열하기

분열하기는 연합하기의 반대이다. 이 기법은 정치 분야에도 쓰이지만 비즈니스에도 쓰인다. 이것은 상당히 직선적이다. 과소평가하고 낙담시키고 상대방을 바람직하지 않은 것과 연계시킴으로써 파괴한다.

어떤 협상에서는 다른 회사와 같은 제품을 생산하거나 유사 상품을 생산한 회사가 서로를 조사하는 경우가 있다. 첫 번째 회사는 이럴 경우 다른 조직과 거리를 유지할 필요가 있다. 분열기법은 협상이 시작되었을 때 그 분야에서 빠져나오는 것이다.

교차로 기법

교차로를 시각화해 보라. 교차되고 엮이는 몇 개의 길이 있다. 이 기법은 몇 개의 방향으로 접근하는 것이다. 양보를 구하는 동시에 새로운 논리를 만들고 상대방을 미궁에 빠뜨리기도 하면서 동시에 한 가지 현안에 집중하는 기법이다. 상대방으로 하여금 협상의 진전을 느끼게 하면서도 다른 현안에 대해서는 진행을 못하게 하는 기법이다.

담요 기법

담요 기법은 최대한 많은 현안을 제시함으로써 상대방을 곤궁에 빠뜨린다. 어떤 것은 해결되고 어떤 것은 아직 해결이 되지 않았다고 믿게 만드는 것이다. 당신이 충분이 넓은 지역을 담당한다면 다른 곳도 담당하려고 할 것이다. 이것은 소총을 가지고 작은 지역을 조준하는 것이 아니라 산탄총을 가지고 넓은 지역을 조준하는 하는 것과 같다.

제리는 극장에서 언제나 아름다운 여성의 옆자리를 차지하려는 젊은 남성의 예를 드는 것을 좋아한다. 영화 시작 전 아직 불이 켜져 있을 때 그 남성은 좌석을 찾으려고 할 것이다. 불이 꺼지고 여성 쪽으로 기댄 후 키스를 시도한다. 아마 대부분의 경우 그 남성은 따귀를 맞을 것이다. 또한 많은 경우 그 여성은 자리에서 일어나 다른 자리로 갈 것이다. 그러나 아주 가끔씩 그런 남성의 시도를 받아주는 여성도 있을 것이다. 아주 드문 경우지만 이럴 때 그 남성은 아름다운 여성과 키스하는 기회를 얻을 수도 있겠다.

임의 추출하기

임의 추출은 샘플을 추출하고 그것이 전체를 대표한다고 여기는 것이다. 이것은 슈퍼마켓이나 길거리에서 음식을 파는 사람이 사용하는 협상 기법이다. 판매자는 지나가는 사람에게 공짜로 음식을 제공한다. 음식을 시식하고 사려는 소비자도 있을 것이다. 음식 샘플은 아주 신선하거나 특히 달콤할 것이다. 그런데 집에 돌아와서 구매한 음식을 맛보게 되면 슈퍼마켓에서 먹던 그 맛이 느껴지지 않는 경우가 많다. 한입 베어 먹은 그 맛이 절대로 재현되지 않는다.

대량 생산 제품인 경우 샘플을 제공함으로써 상대방으로 하여금 제품의 품질을 각인시키는 경우가 많다. 제품의 품질을 샘플을 통해서 느끼는 것이다. '임의'로 선택되어지는 샘플이 전체를 대변한다. 이는 샘플을 공짜로 느끼게 함으로써 협상을 마무리하는 고전적인 기법이다.

단계적 노출기법

단계적 노출이라는 말은 포병대대에서 포를 쏠 때 사용하는 오래된 포탄과 관련된 용어이다. 한국전쟁에서 행크의 임무는 전투 중에 '포탄의 방향'을 담당하는 것이었다. 그는 포사격의 전문가였다. 이 기법은 정확한 위치에 '총을 조준'하는 것과 같으며 협상에 있어서 높은 위치와 낮은 위치를 정하는 것이다.

단계적 노출은 가장 집중해야 할 곳을 향해 조준하는 것이다. 어디에 주력부대가 있고 어디에 군사장비가 많은지 알려주는 것과 같다. 다른 말로 하면 어디에 가장 좋은 협상 포인트가 있는지를 알려주는 것이다.

살라미 소시지 기법

살라미 소시지를 먹을 때는 한 번에 하나씩 잘라 먹어야 한다. 이것은 다음 접근 방법을 보는 관점이다. 살라미 기법은 비용의 여러 가지 요소와 관련되는 협상에서 잘 통한다. 예를 들어 건설과 관련된 경우가 그렇다. 당신은 건설

프로젝트 전반에 대한 비용에 대해 협상할 수 있고 디자인이나 재료, 노동비, 하도급 계약에 대한 사항도 협상할 수 있다. 행크가 우주 산업에 있어서 하도급 업체와 주요 무기 거래 협상을 할 때, 이 전술이 사용된다. 조금씩 정보를 모으고 계약을 만들어내는 것이다.

빠른 결론 내기

빠른 결론 내기는 때때로 정체 현상이 벌어졌을 때 필요하다. 더 이상 진행할 수 있는 여지가 없을 때 그리고 결론을 빨리 내야 할 때 적용할 수 있다. 빠른 결론 기법은 절충안이 필요할 때 사용되는데 "차이점을 분리하고 이 계약을 체결하자.", "우리는 일단 당신이 요구하는 것의 반을 들어줄 용의가 있다."라고 협상가는 말할 수 있다.

세미나 중에 참석자들에게 이 기법이 잘 작용하는가를 물었다. 의견은 아주 긍정적이었다. 빠른 결론은 양자가 어느 정도 현안에 대한 해결책을 준비했을 경우에 나타난다. 시간이나 금전적인 긴장 때문에 빠른 결론이 필요한 경우가 많다.

제한된 권한을 가진 대리인 사용하기

지금까지 많은 협상 기법을 다루어 왔는데 이제 마무리하려고 한다. 직접 현안을 다루기보다는 대리인을 파견하여 협상을 하는 상황이 발생할 수 있다. "나는 양보할 수 있는 권한이 없다."라고 말할 수 있는 대리인을 보내서 협상하는 것이 직접 나서서 곤란을 겪는 것보다 나을 수 있기 때문이다. 물론 대리인을 보내서 모든 문제를 해결하는 것이 가능하지는 않다. 대리인은 대리인으로서의 권한만을 가졌기 때문에 많은 한계를 가진다.

협상 중에 대리인은 본인이 단지 대리인 신분이기 때문에 의뢰자의 확답 없이 이 현안에 결정을 내리는 것은 불가능하다고 말할 수 있다. 반면에 당신은 대리인을 통해서 상대방의 많은 정보를 수집할 수 있고 상대방의 반응을 분석할 수 있는 시간도 벌 수 있다. 이 기법의 장점은 마지막 결정이나 판단의 순간이 다가올 때 당신의 협상을 크게 도울 수 있는 것이다.

지금까지 18가지의 다른 협상 기법을 다루었다. 협상 과정에서 보편적으로 사용되는 기법들이었다. 당신이 믿을지 모르겠지만 무수히 많은 다른 협상 기법도 있다. 이곳에서 모든 것을 다 다룰 수는 없다. 위에서 제시된 여러 가지 기법들은 당신의 협상 수행 과정에서 새로운 가능성을 만들어줄 것이다. 당신의 고유한 성격과 프레젠테이션 기술과 잘 어울리는 협상 기법을 선택하는 것을 잊지 마라. 서투르거나 솔직히 잘 모르는 전략은 선택하지 않아야 한다.

막다른 골목에서 벗어나기

당신이 곤경에 빠졌을 때 가장 좋은 극복 방법은 세 개 또는 네 개 이상의 해결 전술을 알고 있는 것이다. 최대한 더 많은 기법을 모으기를 바란다. 그러면 오래된 기법을 사용하다 당황에 빠지는 일이 없을 것이다. 세미나 중에 여섯 개에서 아홉 개의 기법을 다루었는데 이것은 막다른 골목, 즉 곤경에서 빠져나가는 것이었다. 세미나 후에 참석자들로부터 많은 제안을 받았고 우리는 곤경에서 빠져나오는 기법을 정리해서 목록을 만들었다. 이 글을 읽고 나면 여러분 스스로가 더 많은 기법을 목록에 올릴 수 있을지도 모른다.

휴식시간 갖기

몇 분간의 휴식시간을 가져라. 그 이상의 시간을 가져도 좋다. 당신의 팀원이 있다면 팀 구성원과 이야기하고 브레인스토밍할 시간을 가져라. 혼자 일한다면 책상에서 일어나서 방을 걷는 시간을 가져라. 창문을 내다보고 건물 안의 시설을 돌아보는 것도 좋다. 그런 재평가의 시간은 새로운 아이디어나 참신한 생각을 불러일으킬 것이다.

지금까지 일어난 일을 요약하기

지금까지 상대방과 논의해 온 것, 합의를 이루어 낸 것, 합의에 왜 이르지 못했는지에 대한 것들을 요약해보는 일은 아주 중요하다. 합의에 있어서의 원칙들과 협상에 있어서의 공통적인 관심사들도 같이 정리해보자. 이런 요약을 통해서 더 중요한 사안을 찾아낼 수 있고 지금까지 성취한 결과들을 평가할 수 있다. 이런 요약 작업은 더 나은 해결책을 만들어내는 데 기여할 것이다. 긍정적으로 요약할 수 있는 상황이 된다면 그것은 당신이 시간을 허비하지 않았음을 반영한다.

잃어야 할 것 결정하기

"이 시점에서 그만둔다면 무엇을 잃을까?"라는 질문은 협상 당사자들에게 주어지는 질문이다. 이 질문의 답을 찾는 것이 관건이다. 쌍방이 합의에 이르지 못할 경우 어떤 부정적인 일이 벌어질지 생각해야 한다. 협상을 중단하는 것은 협상 당사자 모두에게 해를 미치는 결과를 가져오게 된다. 현안에 대한 해결책을 발견하지 못했을 경우 '잃을 수 있는' 것을 이야기하는 것은 아주 중요하다.

행크는 쌍방이 합의에 이르지 못하고 중단하게 되는 경우의 부정적인 결과들을 묘사한 협상 과정을 생각했다. 협상 실패의 부정적인 결과들을 명확하게 생각하다 보면 더 긍정적인 방법으로 협상에 임할 수 있다. 협상은 다시 활기를 띠고 계속 진행될 것이다. 부정적인 결과가 쌍방에게 아무런 이득이 없기 때문에 이런 부정적 생각을 상기함으로써 더 긍정적으로 협상을 이끌 수 있다는 것은 많은 것을 시사한다. 물론 협상 과정 중에 부정적인 면을 부각시키라는 말은 아니다. 어떤 시점에서 난관을 극복하는 수단으로써 쌍방에게 부정적인 결과를 이야기하여 더 좋게 결과를 이끌어낸다는 의미이다.

느끼는 것을 표현하기

당신의 느낌을 소통하면 상대방도 당신이 긴장에서 벗어났음을 알아차릴 것이다. 그리고 상대방도 본인의 느낌을 말할 것이다. 이 전략은 상대방이 어떻게 느끼고 있는가를 알아내는 전략이다. 당신이 현안에 대한 합의를 이끌어내지 못했다면 상대방도 당신과 비슷한 감정을 느끼고 있을 것이다.

당신이 현재 처한 협상 과정에서의 어려움을 솔직하게 감정적으로 표현하면 상대방도 솔직하게 그가 느끼는 난관에 대해서 이야기할 것이다. 깊게 숨을 들이마시고 이야기해 보자. "우리 모두 같은 방식으로 생각하고 있군요. 이번 일은 이런 방식으로 해봅시다." 손바닥을 합친다든지 상체를 움찔하는 등 약간의 제스처를 포함해서 이야기하는 것이다. 이런한 행동은 보다 우호적이고 낙관적인 협상을 만들어줄 것이다.

화제 바꾸기

빨간색 청어를 바구니에 던져 넣은 것처럼 다른 현안이나 관점, 접근 방법을 소개해보라. 막혀서 움직이지 못하는 상황에 질질 매달리지 마라. 현안을 다른 곳으로 던져 버리라는 의미가 아니다. 단지 잠깐 현안을 옆으로 밀어 놓으라는 의미이다. 상대방이 현안을 바꾸는 것을 거절한다면, 다른 현안을 이야기하는 것이 해결되지 않는 현안을 잊어버리자는 의미가 아님을 설명하라. 풀리지 않은 현안을 이야기하는 대신 약간의 '식히는' 시간을 갖자는 의미라는 믿음이 중요하다.

합의된 원칙을 지키려는 노력

우리 스스로 합의된 원칙을 상호간의 목표를 달성하기 위해 꼭 필요한 것으로 정의해야 한다. 해결책의 제안 없이 협상을 마무리하는 것을 금지하는 원칙이라든가 2주 이상 협상을 질질 끌지 않는다는 합의가 그것이다. "우리 양쪽 모두 합의된 원칙을 지키는 것이 필요합니다. 그래서 우리는 이 합의를 꼭 지켜나가야 합니다."라는 말이 필요하다. 때때로 왜 협상이 필요한지도 모르는 경우도 있다. 그러나 상대방과의 공통점을 발견할 것이다. 상대방과 공통점을 가지는 것은 협상을 성공으로 이끄는 지름길이 된다.

먼저 처리할 수 있는 합의 사항

많은 협상에 있어서 중요도가 덜한 비교적 쉬운 현안들이 있다. 물론 이런 현안들은 쉽게 결론에 도달할 수 있다. 이런 쉬운 현안들은 때때로 꽉 막힌 상황을 돌파하는 데 도움이 된다. 남녀가 결혼을 하는 데 있어서 많은 것을 생각하고 결정해야 하는데, 이런 경우 쉬운 것부터 먼저 정하고 그 다음에 보다 예민한 일로 넘어가는 것이 효율적인 것이다. 예를 들어 노조가 사용자 측에 (1) 급료를 17퍼센트 인상하고, (2) 퇴직 후 복지 프로그램을 늘이고, (3) 회사의 의사결정 과정에 노동자의 목소리를 반영하고, (4) 노사 분규 발생 시 처리 규정을 바꾸고, (5) 작업복의 색깔을 변경해줄 것을 요청해 온다면, 사용자 측은 맨 마지막 사항인 작업복의 색깔 변경을 우선적으로 처리할 수 있다. 일차적으로 한 개의 합의가 이루어지면 분위기는 보다 우호적인 방향으로 바뀌게 되고 다른 합의를 만들어내는 데 훨씬 편한 상황이 된다.

어떤 대안이 남아 있는지 협의하기

꽉 막힌 상황에서 어떤 대안이 남아 있는지 알아보는 상황으로 방향을 전환하는 것은 부정적인 협상에서 긍정적인 협상으로 바꿀 수 있는 기회가 된다. 더 이상의 대안이 없다고 해도 너무 상심하지 마라. 사고파는 상황에서 파는 사람은 사는 사람이 더 이상의 거래를 하지 않고 가버리는 것을 두려워한다. 우리 주변에는 우리가 미처 보지 못한 것을 볼 수 있는 친구들이 있다. 장기를 두는 사람보다 훈수를 두는 사람들이 게임의 맥락을 더 잘 읽을 수 있다. 항상 '아직'이라는 말을 잊지 마라.

중요한 것을 드러내기

많은 협상에 있어서 각 협상 당사자는 다른 당사자가 모르는 어떤 것을 알고 있다. 나에게는 사소한 정보라고 할지라도 상대방이 모르는 정보는 매우 귀중한 정보이다. 내가 모르는 것을 상대방이 알게 될 때 그들은 열광한다. 협상이 난관에 부딪쳤을 때 상대방이 모르는 정보를 하나 던져주게 되면 그것은 마치 평화의 메시지를 던지는 것과 같다. 여기서 중요한 것은 정보를 어떻게 주는냐에 있다. 한꺼번에 다 던져주는 것이 아니라 조금씩 상대방을 더 열광하게끔 정보를 주는 것이 필요하다. '속말을 다 해버리기'는 해서는 안 된다. 그들이 당신의 정보를 아주 힘들여 얻게 된다면 그들은 그 정보가 더 가치가 있고 믿을 만하다고 느끼게 될 것이다. 동시에 그들은 당신이 협상에 진실되게 임한다고 생각할 것이다.

가설적인 질문하기

협상의 어떤 시점에서 "만약에"라는 가상 의문문은 아주 효과적이다. 그러나 이런 가상 의문문이 상대방으로 하여금 당신의 의도를 오해하게 해서는 결코 안 된다. 상대방이 생각하는 방향으로 이끌어 갈 때 의미가 있으며, 따라서 상대방을 잘못된 길로 이끌어 간다는 이미지를 주면 안 된다. 그래서 질문을 던지는 사람 쪽에서 생각하면 안 되고 듣는 사람 위주로 생각해야 한다. 가상 의문문이 협상에 있어서 큰 그림을 그리고 더 좋은 대안을 찾는 방향으로 간다면 성공적이라 할 수 있다.

부탁하거나 공감을 만들어내기

협상 중에 종종 "당신이 느끼는 것에 공감합니다만", "당신의 입장이 무엇인지 압니다만"이라는 말을 듣게 된다. 상대방에 대한 공감을 표시하는 것은 큰 도움이 될 때가 있다. 상대방이 당신의 처한 상황을 이해할 때, 그들은 보다 공감하는 상황으로 빠져든다. 그러므로 당신도 "당신이 잠시 내 입장이 되어 생각해 주신다면 우리가 다른 방식으로 해결책을 만들 수 있을 거예요."라고 말하는 것을 두려워할 필요가 없다. 당신이 대리인으로서의 역할을 수행할 때 이런 공감을 이끄는 말은 큰 도움이 된다.

그런데 이렇게 공감을 이끌어내는 말은 아주 가끔씩 해야 한다. 이런 말을 자주하게 되면 상대방은 당신이 약점을 많이 가졌다고 오해해서 더 강력한 공격을 취할 수도 있기 때문이다. 상대방이 만약 오해하고 더 큰 공격을 감행한다면 당신은 이런 공감을 요청하는 말의 의미를 확실하게 표시할 필요가 있다. 그런 상대방이 당신의 이런 접근에 공감을 표시한다면 많은 관점에서 문제해결이 가능함을 이야기하라. 협상이라는 것이 얻고 주고, 또한 주고 얻고를 하는 동등한 과정임을 잊지 마라.

신속한 결론 내기

협상에 있어서 사소한 이유로 꽉 막힌 상황에 빠지는 경우가 있다. 협상 당사자가 모두 자신의 주장을 굽히지 않아서 오히려 신속하게 협상을 끝내는 것이 오히려 좋을 때가 생긴다. 이럴 경우 "오늘은 여기까지만 하시죠."라고 말하며 협상에서 빠져나가는 것이 나을 수도 있다. 쌍방이 자신의 주장만을 계속하는 상황은 협상 당사자 스스로에게 바람직하지 않고 많은 비용을 발생시키기 때문이다. 과감히 협상에서 빠져나오는 것도 바람직할 때가 있다.

보통 일상의 협상에서 다음과 같은 세 가지 경우가 발생할 가능성이 있다. 첫 번째, 상대방이 협상에서 빠져나가는 것을 동의한다면 손을 내밀어 악수를 청하라. 이것은 지금의 협상을 잠시 멈추어 주는 것을 의미한다. 두 번째, 상대방이 당신의 제안을 거절한다면, 과감히 협상을 끝내라. 세 번째, 상대방에게 새로운 숫자를 제시하여 현재의 난관을 타개하는 것이다.

차이점을 도식화하기

세미나에 참여했던 사람 중에 칠판이나 플립차트가 없는 장소를 싫어하는 경우가 있었다. 그 이유는 차이점이 무엇인지 눈으로 명확하게 보고 싶기 때문이다. 차이점이 있다면 그것을 개념적으로만 이해하는 것이 아니라 시각적으로 더 명료하게 보고 싶은 것이다. 시각화는 문을 열어 상대방과 소통하는데 아주 효과적이라는 것이 그 참여자의 생각이므로 어떤 점이 합의가 이루어지지 않았는지를 명확하게 눈으로 볼 수 있다.

단순히 말로 듣는 것과 눈으로 보는 것은 차이가 크다. 눈으로 보면 차이점을 더 잘 파악할 수 있게 된다. 오죽하면 "보는 것이 믿는 것이다(Seeing is believing)."라는 속담이 있을까?

얻기 위해서 주기

교착 상태를 극복하는 확실한 방법은 절충안을 제시하는 것이다. 세미나에 참석한 사람 중에 가장 빈번한 질문은 "언제 절충안을 제시하죠?"라는 것이다.

이 질문에 대한 답변은 절충안을 던지는 많은 이유를 살펴봄으로써 답할 수 있다. 다른 이유들이 많이 있지만 가장 마지막에 있는 이유를 말하자면 그것은 윈스턴 처칠의 말과 같을 수 있다. 그는 "어떤 사람이 악어의 먹이로 던져질 때, 악어가 그 사람을 제일 나중에 먹길 바란다."라고 말했다.

절충이라고 하는 것은 긍정적인 이미지보다는 부정적인 이미지일 때가 많다. 아마 어렸을 때 어른들이 "절대로 너의 제안에 타협하지 않을 거야."라고 하는 말을 들어서일 것 같다. 그러나 협상을 하기 위해서는 절충안을 제시하여야 한다. 협상이라고 하는 것은 타인과 하는 긴 여정이기 때문이다. 협상의 기술에는 어떻게, 왜, 어디서, 누구를 위해, 그리고 언제 양보하느냐를 아는 것이 포함되어 있다.

미래의 니즈 가져오기

대부분의 협상에 있어서 어제 같은 현안을 이야기했다고 하더라도 현재의 니즈가 가장 중요하다. 내일의 현안 또한 중요하지만 역시 중요한 것은 현재 협상 테이블 위에 있는 것이다. 당신은 상대방에게 지금 협력해주면 미래에 더 큰 협력을 제공하겠다고 말해본 적이 있는가? 협상에 있어서 상대방은 당신이 이야기해 주지 않으면 미래에 있을 니즈를 알지 못할 것이다. 많은 사람들이 현재의 현안에만 몰두하고 있어서 미래에 있을 니즈를 알지 못하지만 미래에 있을 니즈 또한 아주 중요하다. 앞으로 다가올 가능성을 제시함으로써 현재의 교착 상태를 타계할 수 있다. 그리고 미래의 가능성을 제시함으로써 상대방을 만족시키는 것이다.

선의의 협력에 대해 이야기하기

교착 상태는 상대방과 당신이 공유할 수 있는 우호적이고 생산적인 거래를 이야기함으로써 좋은 방향으로 움직여질 수 있다. 공동의 이익을 만들어내기 위해서 현재 당면하고 있는 위기 상황을 돌파할 수 있는 묘책을 상대방과 같이 검색할 수 있는가? 아마도 인생에 있을 모든 거래와 협상은 이런 속성을 가지고 있는지도 모른다. 상대방과 예전에 같이 문제를 해결했던 좋은 사례를 이야기해 보는 것은 아주 좋은 방법이다. 과거에 같이 찍었던 추억의 사진첩을 함께 보는 효과와 비슷하다.

신뢰와 선의라는 말은 단순한 말이 아니라 실질적으로 협상가들에게 필요한 덕목이다. 협상 과정에서 가장 필요한 지침이기도 하다. 그러므로 교착 상태에 빠져있을 때, 과거에 공동으로 같이 협력했던 경우를 이야기하고 실제로 현재의 현안에 반영함으로써 지금 당면하고 있는 문제의 실마리를 찾을 수 있는 것이다.

협상 장소 바꾸기

단순히 협상 장소를 바꾸는 것만으로도 현재의 난관을 극복하고 소중한 현재의 협상 과정을 지켜나갈 수 있다. 협상장 밖으로 나가거나, 생산 현장을 한 번 둘러보거나, 실무 부서의 사무실을 둘러보거나, 앞으로 생산된 제품의 디자인 도면을 한 번 보는 것만으로도 상대방은 태도를 다르게 나타낼 수 있다. 이런 분위기 전환은 상대방에게 실질적인 영향을 미칠 수 있다. 자리에 계속 앉아서 무언가 하려고 하지 말고 일어나서 움직이는 것만으로도 협상 분위기를 바꿀 수 있음을 이해하기 바란다. 의자가 아닌 커피 머신 앞으로 이동해서 이야기하는 것마저 앉아서 골똘히 생각하는 것보다는 낫다는 이야기이다.

협상 종료를 요구하기

이것은 가장 나중에 해야 하는 방법이다. 그래서 가장 마지막에 이야기하는 것이다. 협상장을 박차고 나가는 것은 창의적인 방법이 절대로 될 수 없다. 이 방법을 선택한다면 나중에 굴욕을 감수해야 한다. 왜냐하면 협상장을 박차고 나간 사람은 나중에 상대방에게 사과를 하거나 용서를 빌어야 할 수도 있기 때문이다. 협상의 중단을 요구하는 것이 상대방의 행동을 변화시키는데 영향을 발휘한다면 좋겠으나 그렇지 않다면 이 방법은 절대로 바람직하지 않다.

교착 상태에 빠졌을 때가 오히려 당신이 더 창의적으로 되어야 할 때이다. 당신은 두 가지 선택을 해야 한다. 계속 상대방과 내기 도박을 할지, 아니면 지옥에서 빠져나오는 것처럼 도망칠지 말이다. 그러나 여전히 당신은 직면하고 있는 교착 상태를 해결하기 위한 창의적인 방법을 가지고 있을 것이다. 다급한 나머지 생각을 안 하는 것뿐이다. 단순히 협상장 밖으로 빠져나온다고 해서 문제가 해결되는 것은 아니다. 그래서 내가 여기서 여러분들에게 하는 제안은 협상을 망치는 쉬운 방법보다는 더 열심히 최선의 대안을 찾으라는 것이다. 협상장을 혼자서 박차고 나오는 것은 가장 마지막에 쓸 수밖에 없는 최악의 대안이다.

숨겨진 가정이라는 이름의 위험 피하기

이 글의 마지막 부분에 우리가 해서는 안 되는 것들에 대한 이야기를 하려고 한다. 많은 사람들이 결정을 내릴 때, 현안을 해결할 때, 그리고 어떤 것에 대해 논쟁을 할 때 가정에 의지한다. 문제는 이런 가정에 대해 충분한 검증을 하지 않는다는 것이다. 이런 가정이 실제로 도움이 되는지를 알아봐야 하는 데도 말이다. 우리 마음대로 생각하는 우를 범해서는 안 된다.

오랫동안 우리는 가정하다(assume)라는 말과 믿다(believe)라는 말이 비슷하다고 생각했다. 그러나 대화에서 사용할 때는 '가정하다'라는 말은 어떤 것을 확신한다는 측면에서는 '믿다'라는 말보다는 그 의미가 약하다. 우리가 어떤 것을 가정하는 것으로 시작해서 나중에 믿음을 가지게 되는 것은 아주 당연한 일이다. 가정하고 믿는 과정은 우리의 인생에 있어서 지극히 자연스러운 것이다. 그러므로 어떤 것을 충분히 인지하고, 그것을 시험해보고, 그것이 옳은 것인지 옳지 않은 것인지를 파악하는 것은 아주 중요하다. 자, 지금부터 어떻게 이런 과정을 거치는지 배워보도록 하자.

가정의 완전한 개념 정리

어떤 가정은 상대적으로 단순하다. 예를 들어 우리가 매장 점원에게 돈을 주면 그 점원이 우리에게 물건을 주고 거스름돈을 줄 거라고 기대한다. 잡지를 구독하기 위한 메일을 보내면, 잡지사가 우리에게 잡지를 보내주기 시작할 거라고 기대한다. 시카고로 떠나는 비행기에 올랐다면 시카고 오헤어(O'Hare) 공항에 도착할 것이라고 기대한다.

그러나 협상에서의 가정은 다르다. 협상 전에, 협상 중에, 협상 후에 만들어진 모든 가정은 밤에 잠에서 깬 것처럼 심각한 오류를 만들어낼 수 있다. 우리가 만들어내는 모든 가정은 기본적으로 우리의 인식에 기반을 둔 것이다. 의도적으로 본 것과 자연스레 눈에 보여진 것은 다르다. 의도적으로 본 것(looking)이 이차원이라면, 자연스레 눈에 보여진 것(seeing)은 삼차원이다. 우리가 의도적으로 봐서 머릿속에 인식된 것은 아주 작은 부분에 불과하다.

세미나 참석자들에게 무지개를 본 사람은 손을 들어 달라고 하면 대부분의 사람들이 보았다고 손을 든다. 그러나 무지개에서 몇 가지 색을 보았냐고 물어보면 많은 손들이 내려간다. 손을 아직 들고 있는 사람들에게 무지개가 몇 가지 색이었냐고 물어보면 다섯 가지였다고 대답한다. 마지막으로 무지개가 안쪽으로부터 얼마나 많은 색을 만들어내는지 물어본다. 지금까지 세미나 참석자 중에서 정확한 답을 만들어내는 경우를 보지 못했다. 참석자들에게 의도적으로 보는 것과 눈에 보이는 것의 차이를 설명했다. "여러분들은 무지개를 보았습니다. 그러나 그 무지개는 여러분의 눈에 정확히 보여지지 않았습니다.", "여러분들이 무지개를 아주 정확하게 보았다면 색의 구성인 자주색, 파란색, 오렌지색, 노란색, 그리고 빨간색을 정확하게 관찰할 수 있었을 것입니다." 이렇듯 우리의 인식을 바탕으로 하는 가정은 많은 오류를 만들어낼 수 있음을 아는 것이 중요하다. 세미나를 진행하는 도중에 연필을 들고 여러분이 지금 보고 있는 것을 묘사해 보라고 하면 모든 사람들이 보통의 연필이라고 말한다. 그러나 들고 있던 연필을 구부리면 많은 사람들이 깜짝 놀라게 된다. 우리가 들고 있던 것은 진짜 연필이 아니고 고무로 만들어진 인공 연필이었다. 의도적으로 보는 것과 보여지는 것은 이처럼 다른 것이다.

숨겨진 가정을 이야기하는 지금 중요한 것은 전혀 예상하지 못한 일이 생겼을 때를 대비하여 항상 준비하고 있어야 한다는 것이다. 우리가 사실이라고 가정하는 것이 언제나 완벽하지 않다는 것이 핵심이다.

가정을 평가하기

가정하는 것은 인간 사이의 의사소통에서 가장 중요한 것이다. 우리는 직면하는 모든 애매모호한 정신작용을 분류하고 이해하기 위해 가정한다. 우리는 의사소통을 함에 있어 상대방의 메시지를 해석하고 처음으로 그것을 가정한다. 그것이 사실이 아닌 것으로 판명될 때까지 우리가 한 가정을 유지한다.

그러나 협상을 할 때는 우리가 만든 가정을 시험하는 몇 가지 방법이 있다. 그 방법들 중 하나는 질문하는 것이다. 예를 들어 당신과 협상하는 사람이 당신과의 거래를 마무리 지을 수 있는 결정권이 있는 사람이라고 가정하자. 그리고 나서 "당신은 우리가 제시하는 조건을 받아들일 수 있고, 우리가 지금 시작하려고 하는 이 프로젝트 계약에 오늘 안에 서명하실 것입니다."라고 말한다. 그러면 상대방은 세 가지 답변 중 하나를 선택할 것이다. "예, 아니오, 그것은 상황에 따라 다릅니다." 상대방의 답변은 당신의 가정이 옳은 것인지 아닌지를 가늠할 수 있는 부가적인 정보를 줄 것이다.

다른 방법은 상황을 가정해보는 것이다. 당신이 최근에 입법된 환경법에 의해 보호되는 기업과 협상한다고 상상해보자. 협상에 있어서 당신은 앞으로 예상되는 문제에 대해 지식이 요구되는 몇 가지 현안을 다룰 것이다. 당신 회사의 사내 변호사는 빠져나갈 법률 조항을 찾을 것이다. 당신이 회사에 근무하고 있다면 회사가 지원해줄 수 있는 것에 대해서도 생각하는 것이 좋다. 당신이 협상 과정에서 사용한 돈을 회사에서 상환해줄 것이기 때문이다. 협상을 진행하는 과정에 있어서 회사가 금전적인 지원을 하게 된다면 한결 마음 편히 협상에 임할 수 있을 것이다. 물론 가정의 검증은 최악의 상황이 현실이 될 수 있다는 마음으로 해야 한다. 다각도로 협상 상황을 가정해보는 것은 중요한 일이다.

가정을 검증하는 마지막 방법은 무엇이 이야기되었고, 무엇이 암시되었으며, 무엇이 가장 중요한 것인가를 아주 주의 깊게 듣는 것이다. 이것은 협상 과정 내내 아주 집중해야 한다. 이럴 경우는 한 사람이 하는 것보다 여러 사람이 하는 편이 낫다. 한 사람은 특정 현안에 대해서 듣고 다른 사람은 그 사항을 일일이 적는 것이다. 그리고 적는 사람에게 다른 임무를 주어서는 안 된다. 적는 업무에 집중해야만 하기 때문이다. 듣는 것과 적는 것을 동시에 할 수 있는 사람은 없다. 잘 적은 후에는 그 문장에 뒤편에 내재한 의미를 파악하는 작업을 한다.

Reading 1.5

Claude Cellich

SECTION 01

비즈니스 협상 마무리하기

비즈니스 협상을 마무리하는 것은 특별한 기술과 테크닉을 필요로 한다. 두 협상 상황이 같지 않다면 하나의 접근 방법을 추천하는 것은 불가능하다. 협상가는 판단하는 데 있어서 가장 적합한 방법을 선택해야 한다.

여러 가지 방법이 있다. 물론 협상 당사자들 사이에 존재하는 관계가 선택의 조건이 된다. 협상의 대상, 문화적 환경, 협상 참가자의 협상 스타일, 대화의 상태, 그리고 새로운 사업 기회나 기존 계약의 연장과 관련된 여러 가지 이야기가 고려 조건이 된다. 아래에서 여러 가지 테크닉을 살펴보도록 하자.

가장 일반적인 테크닉

협상을 마무리하기 위해 가장 빈번하게 사용되는 방법은 대안, 가정, 양보, 점진적으로 늘이기, 언관 짓기, 자극하기, 정리하기, 차이점 분리하기, 시험하기, 그리고 최후통첩 등이다.

Source: "Closing Your Business Negotiations," by Claude Cellich, from *International Trade Forum*, no.1, 1997, pp. 14-19. Used with permission.

선택된 협상 마무리 테크닉

가장 일반적인 사용되는 것	그 밖의 것들
• 양보 • 정리하기 • 차이점 분리하기	• 대안 • 가정 • 점진적으로 늘이기 • 연관 짓기 • 자극하기 • 최후통첩

대안

이 기법은 "하거나 마무리하거나" 기법으로 알려져 있는데 상대방에게 선택할 수 있는 마지막 대안을 주는 것이다. 예를 들어 상대방이 창고에 있는 물건의 운송비를 내는 조건으로 배달해 준다면 수수료를 인하하는 식이다.

가정

이 방법으로 협상가는 상대방이 합의할 준비가 되었고 운송날짜, 지불 계획 등의 자세한 안건 등을 진행할 것이라고 가정한다. 이 방법은 구매자에게 물건을 팔기 원하는 판매자에 의해서 빈번히 사용되는 방법이다. 이 방법은 상대방에게 제안할 수 있는 옵션이 한 가지 이상일 때 사용된다.

양보

협상의 막바지에 양보를 함으로써 상대방이 계약에 합의할 수 있도록 고무시키는 전략이다. 상대방에게 우호적인 이미지를 전달할 수 있지만 맨 마지막에 하는 양보는 너무 지나치지 않아야 한다. 그러나 양보함으로써 협상을 마무리한다는 것은 아주 의미가 큰 것이다.

점진적으로 늘이기

많은 현안 중에서 특정 현안을 하나씩 합의해 가는 것이다. 이렇게 하나씩 합의하다 보면 모든 현안에 대한 합의를 할 수 있다. 이 방법은 순서대로 협상 과정이 진행될 때 사용된다. 하나를 마무리하고 다음 현안으로 넘어가서 다시 마무리하는 식이다.

연관 짓기

내가 하나를 양보했다면 상대방에게 하나의 양보를 요구할 수 있다. 연관 짓기는 쌍방이 큰 현안을 마무리 짓고 나서 작은 현안 한 가지가 남았을 때 유용하게 사용할 수 있다. 큰 합의에 이루기 전에 작은 것에 대한 쌍방의 양보를 요구하는 것이다.

자극하기

지금 당장 결정을 내리면 아주 큰 이익을 가질 수 있다는 가정은 사람들을 고민에 빠뜨릴 것이다. 자극하기는 마지막 제안을 함으로써 지금 당장 합의를 이끌어내는 방법이다. 예를 들어 지금 당장 계약에 응한다면 무료로 교육을 제공하거나, 무료로 설치해주고 유지 비용을 받지 않는다거나, 내년도에도 운송료를 인상하지 않는다라는 식의 인센티브를 제공하는 것이다.

정리하기

협상이 거의 끝나갈 무렵 지금까지 협상해왔던 내용을 하나씩 명쾌하게 정리하고 상대방으로부터 승인을 받는다면 협상은 의외로 수월하게 진행될 수 있다. 이 협상을 함으로써 만들어낼 수 있는 이익과 지금까지 쌍방이 합의한 양보 사항을 정리하여 협상의 속도를 높일 수도 있다. 그러나 정리는 간결해야 하며 정확해야 한다. 이 방법은 어떤 문화적 환경이나 비즈니스 상황에서도 사용할 수 있다.

차이점 분리하기

유용한 마무리 기법은 차이점을 분리하는 것이다. 지금까지 많은 것을 합의해 왔고 남아 있는 차이점이 작을 때 사용하면 좋다. 작은 문제에 계속 쌍방이 몰두하다 보면 지금까지 해왔던 협상 자체를 위험하게 만들어 버릴 수 있다. 계속 교착 상태에 빠지는 것보다는 작은 차이점을 분리해내는 것이 좋다. 쌍방이 현실적인 제안을 하는 것이 필요하다. 그렇지 않으면 협상 당사자 모두에게 공정한 이익이 돌아가지 않게 된다. 이 기법은 빨리 결론을 지어야 하는 상황에서 유용하다. 그러나 중요한 것은 협상을 빨리 마무리하기 위해서 불균형한 합의를 해서는 안 된다는 것이다. 협상 당사자 모두에게 이익이 되는 방향으로 가야 한다.

시험하기

시험하기는 상대방이 얼마나 합의에 가까이 있느냐를 알아보는 것이다. 일단 처음으로 제안을 해보면 상대방은 그 제안에 대해 반응을 해올 것이다. 물론 처음부터 제안을 수용하는 경우는 없다. 하지만 상대방의 반응을 보면 합의가 얼마나 멀리 있는지 또는 가까이 있는지를 가늠할 수 있다. 여러 가지 현안 중 한 가지 사항에 대해 시험해 봄으로써 다른 현안들에 대해서도 예상할 수 있게 된다. 좋은 결과를 얻기 위한 수단으로 이 기법을 이용할 필요가 있다. 남은 현안에 대해 미리 감을 잡기 위해서 이 방법이 사용된다.

최후통첩

상대방에게 마지막 제안을 했음에도 상대방이 합의해주지 않는다면 협상장을 박차고 나올 필요도 있다. 그러나 이 방법은 결코 바람직한 것이 아니다. 합의를 이루기 위해서는 상대방을 신뢰하고 상대방의 우호적인 의지를 이해하는 것이 더 바람직한 방법이다.

방법 선택하기

협상을 마무리하는 것은 협상이 시작되기 전에 선택되어야만 한다. 한 번 선택하게 되면 그것이 잘 작용할 수 있도록 조심스럽게 준비하여야 한다. 선택된 방법은 협상의 전체적인 목적과 맥락에 맞는 것이어야 한다.

마무리 전략을 상황에 맞게 변화시키는 것도 중요하고 여러 가지 마무리 기법을 합쳐서 구사하는 것도 중요하다.

전반적으로 경험 있는 협상가는 양보, 정리하기, 차이점 분리하기 기법을 사용한다. 물론 문화와 협상 형태에 따라서 가정하기, 자극하기, 연관 짓기, 시험하기 같은 기법이 효과적일 수도 있다.

언제 협상을 마무리 지을 것인가

모든 협상 상황은 다르다. 특히 국제 협상은 더 그렇다. 협상을 마무리하는 시점 또한 아주 다르다. 협상을 마무리하는 시점은 협상가의 문화적 배경에 따라 다른데, 거래의 복잡성과 관계 형성의 중요성, 그리고 협상 대상자 사이의 신뢰 관계에 따라서도 달라진다. 오랫동안 거래를 해온 경우에는 협상의 마무리 시간이 상대적으로 짧다. 그러나 합작 투자를 설립하는 경우처럼 몇 달에서 몇 년이 걸리는 경우도 있다.

협상 마무리하기: 해야 할 것과 하지 말아야 할 것

해야 할 것

- 당신의 협상전략과 전술이 준비되었을 때 당신의 마지막 요청을 기대하라.
- 당신의 목적과 현실적인 협상 기한을 반영하는 안건에 동의하라.
- 당신의 제안을 수용함으로써 상대방이 얻을 수 있는 이익을 강조하라.
- 협상의 패턴과 크기, 그리고 상대방이 양보하는 주기의 변화를 잘 관찰하라.
- 당신과 상대방의 양보 모두를 협상 기간 내내 메모하라.

- 당신의 마지막 제안이 믿을 만한 것이고 확신에 찬 것같이 만들어라.
- 계약을 체결하기 전에 계약서 초안을 면밀히 검토하고 이해하지 못하는 것을 분명하게 밝혀라.

하지 말아야 할 것

- 협상 과정에서 마무리 과정을 분리해서 생각하라. 서둘러 마무리하라.
- 맨 마지막에 큰 양보를 하라.
- 협상 기한에 쫓기어 비용이 많이 드는 양보를 하라.
- 상대방이 협상장을 떠날 정도로 당신의 이익을 강요하라.
- 작은 현안에 가로막혔을 때 종국적으로 큰 협상 목적을 잊어라.
- 마무리할 때 아주 감정적으로 되어라(마무리 중에는 최대한 명확하게 생각할 필요가 있다).
- 한 번 합의한 사항에 대해서 다시 협상을 하라(협상을 다시 시작하는 리스크를 갖는다).

기억할 것

- 유연성이 거래를 마무리하는 것의 핵심이다.
- 경험 많은 협상가는 협상을 위한 준비 작업 동안에 마무리 전략을 세운다.
- 성공하는 협상가는 미리 수립된 목적에 따라 움직이고 가장 중요한 현안에 모든 노력을 집중한다.
- 적합한 시점에 협상을 마무리할 것을 상대방에게 알린다. 많은 협상가들이 협상을 마무리하는 것을 두려워하고 언제 어떻게 협상을 마무리하는지를 모르기 때문이다.
- 가장 좋은 마무리 시점은 쌍방 모두가 기대했던 목적을 달성하는 순간이다.
- 당신과 상대방 모두에게 좋은 거래가 되었을 때 협상을 마무리하라.
- 문화에 따라 협상 마무리에 대한 견해는 다르다. 수많은 문화적인 요소가 내재되어 있기 때문이다.
- 서둘러 협상을 마무리하지 마라.
- 반대를 극복하는 것이야말로 제안한 것에 대한 승인을 받는 일부분이다.

(계속)

- 성공하는 협상가는 합의를 추구한다.
- 구매자는 '예'라는 말을 하기 전에 '아니오'라는 말을 한 번 이상 한다.
- 모든 것이 합의되기 전까지는 아무것도 합의된 것이 아니다.
- 모든 협상이 거래를 마무리하는 것은 아니다 — 때때로 나쁜 거래를 하는 것보다는 거래를 하지 않는 것이 낫다.

결정권자에게 마지막 제안을 언제 하는지는 매우 중요하다. 그렇지 않으면 추가적인 시간이 계속 필요하게 된다. 문화권에 따라서 협상 마무리는 많은 시간이 들어간다. 조직 내의 의사 결정권자의 승인을 받아야 하기 때문이다. 이런 추가적인 시간은 협상의 연기를 가져오며 맨 마지막에 한 큰 양보에 대해서도 더 많은 요청 사항을 만들어낸다. 이럴 경우 협상의 연기는 바람직하지 않으며 지금까지의 합의 내용을 훼손하는 추가 요청 사항은 받아들일 수 없음을 분명하게 말해야 한다.

상대방이 양보하는 빈도수가 현저하게 줄어드는 시점도 잘 간파해야 한다. 상대방이 더 이상 양보를 하지 않는다는 것은 이 협상에 대한 관심이 줄어들었다는 것을 의미할 수도 있다. 많은 협상에 있어서 서로 양보가 이루어지고 합의를 해야 하는 시점에 이른다. 이 시점에 상대방의 관점을 이해하는 것이 중요하다. 많은 양보는 협상의 뒷부분에 이루어진다. 협상 기한의 막바지에 이루어지는 게 보편적이다. 80퍼센트의 양보가 협상의 뒷부분에 이루어진다는 것은 통용되는 사실이다. 마무리 단계에서 상대방의 관심사에 익숙해지고, 문제해결을 위한 태도를 감지함으로써 합의를 위한 양보를 고려하게 된다.

어떤 나라의 경우 협상가는 아주 세밀한 현안을 이야기하기 전에 전반적인 원칙으로 이야기를 시작한다. 일반적인 이야기에서 세밀한 현안을 이야기하는 것으로 그들의 태도를 바꾸는 시점이 그들이 관심이 있다는 것을 알리는 시점이고 거래를 마무리하자는 표시로 해석된다. 또 다른 나라에서는 세부적인 현안 하나하나를 이야기한다. 중요한 현안이 타결될 때까지 하나씩 협상해 나가는 것이다. 이렇듯 문화권에 따라 협상자의 태도가 다르기 때문에 특히 국제 협상에 있어서는 문화적인 배경을 이해하는 것이 아주 중요하다.

협상 체결 직전에 마지막 제안을 하고 마지막 양보를 하게 된다. 이런 마지막 제안이나 양보는 전략적으로 이루어져야 한다. 너무 큰 제안을 해서 지금까지의 협상을 망쳐서도 안 되고 너무 큰 양보를 해서 현저한 이익의 감소를 가져와서도 안 된다. 이런 의미에서 협상가들은 상대방의 진정한 니즈를 파악해야 한다.

위에서 언급했던 협상 마무리 전략을 적용하기 전에 협상가들은 아래의 질문을 스스로에게 해보아야 한다:

- 합의가 우리의 목적에 부합하는가?
- 우리가 이 합의를 충족시킬 능력이 되는가?
- 우리는 계약 이행을 위해 자원을 투입하려고 하는가?
- 우리는 상대방이 합의된 계약을 충족시킬 능력이 있다고 여기는가?

위의 질문에 대해 '예'라고 말할 수 있을 때 쌍방은 협상을 마무리할 수 있다.

협상 기한

협상의 마무리를 알리는 가장 확실한 신호는 협상 기한이 다가오고 있다는 것이다. 중요한 것은 협상 기한을 협상 당사자끼리 미리 결정해 두어야 한다는 것이다. 협상의 초기 단계나 협상의 안건을 정할 때 협상 기한도 같이 정해야 한다. 협상 기한을 정하는 것은 쌍방 모두 협상을 마무리 지어야 한다는 무언의 압박이 된다.

그러나 협상 기한은 유연성 있게 조절되어야만 한다. 합의가 이루어질 때까지 협상 기한은 조절될 수 있다. 특히 문화가 다른 환경에서 여러 가지 복잡한 사항을 협상할 때는 추가적인 협상 시간을 갖는 것이 가능하다는 것을 계획 단계에서 생각해 두어야 한다.

마지막 첨언

거래가 거의 마무리되는 단계에서 협상가들은 실행단계의 유쾌하지 않은 경험을 피하기 위해서라도 스스로에게 질문을 던져볼 필요가 있다. 대부분의 합의 과정에서 나오는 문제지만 실행하기 어려운 합의도 있다. 합의 실행을 위해서 협상가들은 스스로에게 다음과 같은 질문을 던져야만 한다.

- 모든 핵심적인 현안들을 이야기했는가?
- 합의된 제안들이 협상 당사자들에 이행될 수 있는가?
- 예를 들어 지불 조건, 운송 계획, 제품의 명세서 등과 같은 것들처럼 협상된 합의가 쌍방이 명확하게 해야 할 것들을 규정하고 있는가?
- 거래를 실행하는 데 있어서 제약 요소는 명확하게 인지되었으며 그런 제약 사항을 극복하는 수단에 대해서도 합의가 되었는가?
- 실행과정에서 잠재적인 논쟁 가능성이 부각될 경우, 문제를 해결하기 위한 제도적인 방법은 무엇인가?
- 상대방이 협상된 사항에 대해서 재협상을 요청할 경우, 재협상을 위한 절차는 무엇인가?

위의 질문은 실행단계와 관련된 여러 가지 현안을 처리해야 하는 사람들에게 도움이 될 것이다. 협상한 쌍방은 합의된 절차 안에서 상대방이 제대로 계약을 준수하고 있는지 지속적으로 살펴보아야 하고 주기적으로 상대방을 방문할 필요도 있다. 계속해서 커뮤니케이션하는 것도 잊어서는 안 된다. 정기적인 연락을 유지하고 작은 사항에 대해서는 관심을 가짐으로써 거래 당사자끼리 순조로운 비즈니스 관계를 유지할 수 있게 된다.

결론

많은 협상가들이 어떻게 비즈니스 협상을 성공적으로 마무리하는지 잘 모르고 있다. 그들은 상대방이 언제 어떻게 협상을 마무리해야 하는지에 대해 완벽하게 준비하여야 하며 상대방이 어떤 마무리 전략을 사용하는지에 대해서도 면밀히 검토하여야 한다. 마무리 전략을 마스터함으로써 협상가들은 협상 과정을 통해서 실행 가능한 합의를 이끌어 낼 수 있다. 마무리 협상에서 협상가들에게 가장 중요한 것은 신뢰와 함께 공정한 게임을 해야 한다는 것이다. 그래야 비즈니스가 일회적인 것이 아닌 지속적인 것이 되기 때문이다. 새로운 비즈니스 파트너를 찾는 것은 시간과 돈이 많이 든다는 것임을 생각할 때, 쌍방이 만족할 수 있는 합의를 이끌어냄으로써 기존의 사업 관계를 유지하는 것이 현명하다고 할 수 있다.

NEGOTIATION

SECTION 02

협상 밑에 있는 과정들

Reading 2.1

Diniel L. Shapiro

SECTION 02

개발되지 않은 힘:

협상에 있어서의 감정

두 명의 변호사가 소송 건을 협상하러 처음으로 만난다. 그들은 악수를 하고 자리에 앉아 서로를 소개한다. 그리고 그들의 소송 의뢰인의 사건에 대해 이야기를 시작한다. 그들은 이 작은 소송의 협상을 빨리 끝내기를 원한다. 이 작은 소송을 빨리 끝내야 더 이익이 되는 큰 소송을 담당할 수 있기 때문이다. 두 변호사는 각자의 의뢰인이 원하는 결과를 쉽게 찾을 수 있다는 것을 안다.

그러나 그런 표면적인 것 아래에서 각 변호사는 감정의 세계를 경험한다. 한 명의 여자 변호사가 "그는 내가 예상했던 것보다 훨씬 더 늙었어."라고 생각하고 다른 한 명의 남자 변호사가 협상 기간 내내 주도권을 잡을 것을 걱정한다. 그러는 동안 늙은 남자 변호사는 그 여자 변호사를 보며 이혼한 자신의 아내의 이미지를 생각한다. 그는 자신의 옛날 와이프가 생각나서 아주 불쾌했지만 겉으로는 친근감이 있는 것처럼 행동한다. 이런 감정에 사로잡혀 둘은 상대방의 이야기를 제대로 듣시 않고 의뢰인을 위한 근사한 해결책을 마련할 생각을 하지 않게 된다. 이 협상은 단순히 의뢰인이 얼마의 돈을 더 내야 한다는 논쟁으로 번지고 아무런 결론을 내지 못한 채 난관에 봉착하고 만다.

Source: "Untapped Power: Emotions in Negotiation," by Daniel L. Shapiro, from The *Negotiator's Fieldbook*, with Andrea Kupfer Schneider and Christopher Honeyman (Eds.), 2006, pp. 263-269. American Bar Association. Used by permission.

감정이라는 것이 현명한 합의를 방해하는가? 이 두 변호사가 잠시 감정을 배제하고 정말 중요한 소송의 쟁점에 집중하는 것이 가장 좋은가? 이 작은 에세이에서 나는 왜 감정이라는 것이 협상가의 능력에 큰 방해물이 되는가에 대한 이유를 제시한다. 그리고 감정이라는 것이 협상에서 피할 수 없는 것임을 설명하고, 동시에 현명한 합의에 이르는 데 감정이 실제 도움으로 작용할 수 있는 방법을 제안한다.

감정은 협상을 통하여 합의에 이른 것을 방해할 수 있다.

감정이 협상가가 공정하고 우호적인 합의를 이루는 데 방해가 될 수 있는 경우가 많다. 첫째, 감정은 본질적인 문제에서 우리의 주의를 빼앗아 간다. 우리 또는 상대방이 화가 났거나 기분이 언짢다면 당사자 모두는 감정적인 논쟁으로 빠질 것이다. 상대방의 반응에 대해서 우리가 소리를 맞받아칠 것인지, 그냥 감정의 동요 없이 조용히 앉아서 상대방의 행동을 무시해버릴 것인지, 아니면 협상하는 장소에서 나가버릴 것인지, 우리는 어떤 방식으로든 상대방에게 대응을 해야 할 것이다.

둘째, 감정의 표출로 인해 우리는 상대방에게 이용당할 수 있다. 우리가 당황해서 얼굴을 붉히거나 깜짝 놀라서 움찔한다면 상대방은 우리가 정말 관심 있는 것을 눈치 챌 수도 있다. 주의 깊게 상대방의 반응을 관찰한 사람이라면 그의 반응을 보고 어떤 것이 가장 중요한 것이고 어떤 것이 가장 덜 중요한지를 파악한다. 그리고 우리로부터 양보를 얻어내기 위해서 그런 반응에서 나온 정보들을 이용할 것이다.

예를 들어 이야기해 보자. 존과 메리는 부부다. 그들은 뉴욕 시내에서 결혼기념 반지를 사려고 쇼핑을 했다. 몇 시간 동안의 쇼핑에서 그들은 "시내에서 가장 싼 집"이라는 표지가 붙은 상점으로 들어갔다. 메리는 진열장 중심에 있는 사파이어 반지를 발견했다. 그리고 존과 반지를 번갈아 바라보았다. 그리고는 환희에 찬 웃음을 지었다. 판매원은 그들에게 다가와 진열장에서 반지를 꺼냈다. 존은 가격을 물어보았다. 판매원은 "가장 낮은 가격"을 불렀고 존은 놀랐다. 그가 놀란 이유는 가격뿐만이 아니었다. 저쪽에서 다른 커플에게 판매원이 이것과 똑같은 반지를 400불 이하로 부르는 것을 들었기 때문이었다. 존은 그 판매원이 메리가 반기는 것을 보고 슬그머니 가격을 올린 것 같다는 의심이 들었다. 존과 메리는 다른 곳에서 반지를 사야겠다고 결정했다.

셋째, 생각하는 것은 느끼는 것에 대해 종속적인 역할을 수행할 수 있다. 감정이라는 것은 사랑에 빠질 때에는 바람직하다. 하지만 협상에서는 정확하게 생각하는 것을 어렵게 만든다. 감정이라는 것은 양적으로 측정할 수도 없고, 정확한 자료나 사실과 논리를 이해하는 데 저해 요소가 되기 때문이다. 감정을 양적으로 이야기하는 것은 기본적으로 말이 되지 않는다. "당신이 화내는 것을 20퍼센트 줄인다면 내가 당신을 존경하는 것을 10퍼센트 늘이겠습니다."라는 말은 성립될 수 없기 때문이다.

넷째, 우리가 주의하지 않는 다면 감정은 우리를 압도할 것이다. 감정은 우리를 화나게 하고 우리를 근심하게 만들며 자기 연민에 빠져서 시무룩하게 만들어버릴 것이다. 결국 본질적인 문제조차도 무시하게 만든다. 화가 나게 되면 우리의 대안보다 좋은 것에 대해서도 거절을 하게 될 것이다. 또는 전혀 중요하지 않는 문제에 집착하게 만들 것이다. 단지 우리를 화나게 한 상대방을 어떻게 공격하게 하느냐에만 집중하게 만든다.

결국 협상가는 감정의 힘에 두려움을 느끼게 된다. 이 사실은 놀라운 것도 아니다. 감정은 위험하고 파괴적인 것이기 때문이다. 그러나 이 분석 또한 감정이 협상 과정에서 보여주는 부분적인 역할을 말할 뿐이다.

감정을 없앨 수 있을까?

격언은 협상에서 어떻게 감정을 조절하는지에 대한 아주 특별한 조언을 해준다: 감정적으로 되지 마라. 협상가는 "자존심을 접어라.", "걱정하지 마라.", "웃지 마라."라는 말을 자주 듣는다. 협상가에게 있어서 감정은 어떤 보상을 치르고서라도 반드시 피해야 할 방해물이다. 그러나 이 조언은 지킬 수 없는 것이 되어 버리고 종종 문제를 더 심각하게 만든다.

감정은 피할 수 없는 것이다

인간은 영속적으로 감정을 가질 수밖에 없다. 우리가 변호사랑 이야기를 하건 친구랑 이야기를 하건 우리는 끊임없이 분노, 지루함, 향수, 갈망 등의 감정 상태에 빠진다. 우리를 둘러싸고 있는 환경들에 의해서 자극을 받게 된다. 우리가 스스로의 행동, 생각에 의해, 또는 우리들의 품위를 훼손하는 다른 사람들의 행동에 의해 우리의 감정은 자극을 받는 것이다.

협상가는 여러 가지 다른 방식으로 영향을 받는데 그런 영향이라는 것은 충동, 감정, 기분, 태도라는 것들을 의미한다. 충동은 지금 어떤 행동을 하려는 강한 욕망이다. 결과에 대해서 충분히 생각하지 않은 채 하는 행동인 것이다. 젊은 여자 변호사가 나이가 많은 남자 변호사에게서 무례한 일을 당했다면 그녀는 협상하는 장소를 박차고 나가서 합의된 계약의 가능성을 망쳐버리고 싶은 충동을 느낄지도 모른다.

충동으로 인해 미래에 일어날 결과에 대한 충분한 생각 없이 즉각적으로 행동하는 것과는 달리 감정은 보다 개인적 성향이 강하다. 각 개인마다 성향이 다르다. 어떤 사람은 화가 나면 공격적 성향을 보이기도 하고, 어떤 사람은 과도한 행동에 대해서 후회하는 경우도 있다.

공격하는 정도가 개인마다 다르고 후회하는 정도도 개인마다 다르다. 감정은 충동과는 이런 면에서 구분된다.

기분이라는 것은 비교적 낮은 강도의 정서적 상태이다. 배경음악은 우리의 생각과 행동에 영향을 미칠 수 있다. 급료가 오르면 기분이 좋아지고 비가 오면 우울해지는 것과 같다. 물론 기분에 따라 협상하는 행동이 달라질 수 있다.

태도는 개인이나 기관, 정책 또는 특정한 사건에 대한 긍정적이거나 부정적인 평가라고 할 수 있다. 어린 변호사가 나이 많은 변호사로부터 기만을 당했다는 느낌이 든다면, 그녀는 나중에 다른 소송 건을 다룰 때 보다 부정적인 태도를 취할 것이다.

감정을 누르는 것이 오히려 일을 더 망칠 수 있다

실제적인 느낌을 억누르는 것은 가능한 일이 아니다. 특정한 감정을 느끼게 되면 그 느낌은 여러 가지 형태로 나타나게 된다. 그러나 감정이 밖으로 표현되는 것을 막을 수는 있다. 협상가는 속으로는 아주 화가 나지만 겉으로는 그렇지 않은 것처럼 행동할 수 있다.

분노나 화를 억누르는 것은 협상가의 인지적이고 행동적인 기능을 여러 가지 측면에서 약화시킬 수 있다. 첫째, 이런 부정적인 경험은 내적인 긴장으로 남게 되고, 이런 흥분 상태는 종국적으로 추구하는 장·단기 목표를 완수하는 데 바람직하지 않은 행동으로 이어질 수 있으며, 동료에게 지금 당장 감춘 분노의 표출이 몇 주 후에 사소한 일로 터져 나올 수 있기 때문이다. 둘째, 감정의 표출을 숨기는 노력은 중요한 인지적인 에너지를 소모시킨다. 사람은 정보를 처리하는 인지능력에 한계가 있다. 그래서 부가적인 인지적 업무는 정말 중요하고 핵심적인 현안에 대해 생각하는 협상가의 능력을 감소시켜 버린다. 셋째, 감정을 숨기는 협상가는 상대방을 적으로 간주하는 편향적 생각에 빠지기 쉽다. 이런 편향적인 생각에 빠지면 협상가는 보다 경쟁적인 행동을 취하게 된다. 감정을 억누르면 생리적 각성을 증가시킨다는 증거가 있다. 이런 높아진 생리적 각성은 결국 집중하는 능력을 감소시키고 편향적으로 생각하게 만드는 요소가 된다.

감정은 당신이 협상 목표를 달성하게 도와준다

감정은 협상 목표에 달성히기 위한 능력에 영향을 미친다. 대부분의 협상에 있어서 협상 당사자는 두 개의 목표를 가지고 있다. 감정적인 만족과 수단적인 만족이 그것이다. 감정을 효과적으로 조절하는 능력은 이런 두 가지 목표를 달성할 가능성을 증가시킨다.

감정적인 만족이란 상호 관계를 맺는 과정에서 경험하는 일반적은 수준의 만족을 의미한다. 감정적인 만족은 우리의 느낌에 대한 느낌에 초점을 맞춘다. 줄여서 "초감정(meta-emotion)"이라고 한다. 초감정이란 기분에 대한 기분을 말한다. “상대방이 화를 내는 것을 보고 우울해졌다.”라거나 “상대방이 기뻐하는 것을 보면 피곤해진다.”라는 것을 말하는 것이다. 당신은 협상 과정에서 우리가 경험하는 느낌을 어떻게 생각하는가? 상대방과의 상호 관계에서 만족하기도 하고 화가 나기도 하고 불만족하기도 하는가?

두 번째 목표인 수단적 만족은 필수적인 업무상의 요청사항이 충족된 것을 말한다. 예를 들어 두 명의 변호사가 일주일 동안 협상을 우호적으로 했지만 현안을 만족시킬 만한 해결책을 만들지 못한 채 헤어졌다면 두 변호사의 미팅 자체는 감정적인 성공을 거두었어도 수단적으로는 실패했다고 할 수 있다.

당신의 협상 목표에 다가서기 위해 감정을 이용하기

협상가는 단순히 감정을 잘못 다스려서 언제나 피해만을 입는 것은 아니다. 사실 이익을 다투는 협상가는 감정을 통해 의사소통되는 정보를 이해함으로써 큰 이익을 거둘 수 있다. 상호작용에 긍정적인 감정을 가지고 협력하는 것이다.

감정에 의해 의사소통되는 정보 이해하기

감정이론가인 실빈 톰킨스(Sylvin Tompkins)는 감정은 동기를 증폭시킨다고 주장했다. 감정은 현안의 중요성을 알리고 우리가 관심을 가져야 하는 것이 무엇인지를 알려준다. 감정은 개인적으로 중요한 목표를 가장 관심 받게 해주고 목표에 긴박성을 부여해준다. 목표는 태생적으로 수단적이거나 감정적일 수 있다.

감정을 안다는 것은 협상가에게 각 협상 당사자의 이익이나 관심사의 중요성을 이해하게 해준다. 협상가는 상대방이 수단적인 만족을 원하는지 아니면 감정적인 만족을 원하는지를 알게 될 것이다. 상대방의 이익이 무엇인지를 더 많이 알게 됨으로써 협상가는 상호의 이익을 위한 더 많은 대안을 제시할 수 있을 것이다. 감정은 내적인 것만이 아니다. 감정은 의사소통하는 기능을 가지고 있다. 상대방이 당신을 화나게 하는 말을 한다면 당신의 표정은 바뀔 것이다. 눈썹은 올라가고 입술에 주름이 생길지도 모른다. 당신의 목소리도 조금 격앙되고 말의 속도도 달라질 수 있다. 이런 행동을 통해서 당신은 상대방과 의사소통을 하고 있는 것이다. 적어도 당신이 화가 났음을 상대방은 눈치 챌 것이다. 당신의 감정을 나타냄으로써 상대방이 당신에게 어떻게 행동해야 할 것인지를 알려주는 것이다. 상대방은 당신의 몸이 만들어내는 행동과 소리로 당신과 의사소통을 하고 있는 것이다.

감정은 정보를 나타내므로 주의력이 많은 협상가는 그 정보를 얻기 위해 노력할 것이다. 어떤 협상가는 일부러 긍정적이거나 부정적으로 감정을 자극한다. 전략적으로 이익을 취하기 위해 그렇게 하는 것이다. 차를 판매하는 영업 사원이라면 고객과 긍정적인 감정을 만들기 위해 노력할 것이다. 예를 들자면 "아이가 있으신가요.", "저도 아이가 있는데･･･", "이 차는 아이를 가진 고객님들이 휴가를 갈 때 아주 좋게 설계되었습니다."라는 식의 말을 할지도 모른다. 또는 고객이 부르는 "아주 낮은 가격"에 놀라는 척 연기를 할 수도 있다.

감정을 조작하는 것이 과연 도움이 될까? 협상가들은 감정이란 것이 조작될 수도 있다는 것을 모른다면 스스로 이용당할 수 있다. 윤리적이고 도덕적인 질문을 잠시 접어두면 감정을 이용하는 것은 쉬운 일이 아니다. 첫째, 감정을 이용하는 전략을 쓰는 협상가가 스스로 당할 수도 있다. 고객은 자동차 영업 사원이 아이가 없다는 것을 눈치 챌 수도 있다. 그렇게 되면 그 고객은 영업 사원에 대한 신뢰를 잃고 다른 영업소로 갈 수도 있다. 둘째, 감정을 조작하는 협상가의 전략은 엉뚱한 결과를 낳을 수도 있다. 영업 사원이 "그렇게 낮은 가격이라니요."라는 말이 고객 스스로를 너무 낮은 가격을 부른 것에 대해 부끄럽게 만드는 것에 대한 것이 아니라 그런 영업 사원의 태도 자체에 화가 나서 다른 곳으로 가버릴 수도 있기 때문이다.

감정을 이용하는 것은 오랜 기간의 관계를 훼손할 수 있는 위험성을 내포하고 있다. 감정을 이용하는 것이 단기적으로는 도움이 될 수 있지만 상대방이 나의 감정을 이용했다는 사실을 안 사람들은 화가 날 것이다. 또한 상대방도 나의 감정을 이용하려 들 것이다. 더 많은 권력을 가진 사람이 권력이 적은 사람을 감정적으로 이용할 경우에도 감정 이용에 대한 보복은 미묘한 방식으로 일어날 수 있다. "죄송합니다. 팀장님, 어제 제시간에 그 물건을 보내는 것을 잊어 버렸습니다."라고 말하며 당신의 일을 방해할지도 모른다.

부정적인 감정은 협상에 있어서 실패를 가져온다

부정적인 감정은 협상에 있어서 완벽하게 불필요한 것은 아니다. 작은 규모의 투쟁적인 협상을 생각해보라. 두 남자아이가 쿠키 상자에 남아 있는 마지막 쿠키를 누가 먹느냐에 대해 논쟁하고 있다면 자신이 더 화가 많이 나 있음을 표현한 아이가 그 남은 쿠키를 차지할지도 모른다. 더 크게 외치면서 상대방에게 위협을 가할 수 있으니까 말이다. 화가 난 것을 표현하는 것은 더 극단적으로 갈 수 있다는 의지를 알려주는 역할을 한다. 크게 소리치거나 협박하는 것은 더 큰 문제를 만들어낼 수 있다는 것을 상대방에게 알리는 역할을 하는 것이다.

그러나 부정적인 감정은 협상에 있어서 큰 실패를 가져올 수 있다. 그 쿠키 때문에 화가 난 두 남자아이는 가치를 만들어내는 대안을 찾지 못한 것이다. 예를 들어 부모님께 그들이 가게에 가서 더 많은 쿠키를 살 수 있는지를 물어보지 않은 것이다. 쿠키에 대한 나쁜 감정이 해결되었다고 하더라도 감정적인 앙금은 그대로 남아서 미래에 다른 갈등의 원인이 될 수도 있다. 쿠키를 먹지 못한 아이는 분노를 느끼게 될 것이고 후에 다른 것을 가지고 문제를 만들 수도 있다.

협력을 만들어내기 위해 긍정적인 감정 활용하기

많은 연구는 긍정적인 감정은 협상가들이 그들의 수단적이고 감정적인 목표에 만족할 가능성을 높임을 시사한다. 중립적인 감정보다는 긍정적인 감정을 가진 협상가들이 더 큰 결과를 만들어낸다. 호전적인 행동을 줄이고 더 재미있는 방식으로 상호작용을 하면 더 큰 산출물을 생산해내는 것이다. 상대방과 소속감을 높이고 각자의 역할을 충족할 때 협상 당사자들은 협상 자체에 더 많이 개입하게 되고 동기부여가 이루어지며 더 많은 보상을 기대하는 고무적인 상황으로 협상은 흘러갈 것이다.

긍정적인 감정은 협상 당사자들이 약속한 것에 대한 오랜 지속성을 형성하는 데 기여한다. 협상가는 상대방도 협상 과정에서 같이 참여한다는 긍정적인 감정을 경험할 것이다. 합의를 이루기 위해 같이 브레인스토밍하는 것은 상대방과의 긍정적인 감정적 연결을 의미하는 것이다. 합의에 이르기 위한 그리고 상대방을 위한 긍정적인 감정의 힘은 그들의 약속을 파기하는 유혹에서 빠져나갈 수 있게 해준다.

긍정적인 감정은 또한 인지적인 팽창을 증진시킨다. 긍정적인 감정은 그들의 이익에 부합하는 여러 가지 창조적인 문제해결 대안을 만들어내는 데 기여한다. 긍정적인 감정은 도파민이라고 불리는 신경화학 물질을 만들어내는 데 촉매제 역할을 한다. 이 도파민은 창의적인 생각을 하는 협상가의 능력을 증진시킨다. 바라라 프레드릭슨(Barbara Fredrickson)의 연구에서 밝혀진 것처럼 즐거움, 관심, 만족감, 자신감 등과 같은 긍정적인 감정은 인지적이고 행동적인 능력을 키우는 데 크게 이바지한다. 이 이론은 앨리스 아이센(Alice Isen)과 그의 동료들에 의해 수행된 수많은 연구로 뒷받침되었으며, 긍정적인 감정은 유연하고 창의적이고 통합적이고 효율적인 생각에 도움이 되는 것을 입증했다.

결론

감정이 가치를 극대화하는 합의에 걸림돌이 된다는 것은 사실이지만 “감정을 없애는 것”은 불가능한 일이고 현명한 일도 아니라는 것이 보편적인 의견이다. 반면에 협상가들은 감정에 의해 의사소통되는 정보를 잘 이해함으로써 협상의 효율성과 효과성을 향상시켜야 한다는 많은 연구 결과가 나오고 있다. 스스로의 감정과 상대방의 감정을 잘 이해하고 긍정적인 감정을 협상 속에 잘 녹여냄으로써 진정한 협력을 만들어낼 수 있는 것이다.

SECTION 02

Reading 2.2

Holly Weeks

'아니오'라는 상태 유지하기

"'아니오'라고 말하는 것은 어려운 일이다. 상대방이 실망한 얼굴을 하거나 화난 얼굴을 하고 있는 상태에서 '아니오'라는 상태를 유지하는 것은 더욱 어려운 일이다. 여기에 관계의 훼손 없이 어떻게 듣고 존경받는지에 대한 방법이 있다."

로저 휘셔는 협상 전문가이고 『*Getting to Yes*』라는 영향력 있는 책의 공동 저자이기도 하다. 그는 그의 법과대학 학생들에게 『*Getting to No*』라는 책을 쓰고 싶었다고 말했다. 그는 '아니오'라고 말하는 데는 문제가 없었지만 '아니오'라고 말하는 상태를 유지하는 것은 어려웠다고 했다. 그는 가족이나 지인이 아주 실망해서 그를 압박해오면 '아니오'라는 말을 취소하고 결국은 그들의 뜻대로 일을 했음을 실토했다. 물론 그가 그렇게 하고 싶지 않았는데도 말이다.

휘셔와 같이 우리 대부분은 상대방의 의견에 동의한다. 사람들은 '아니오'라고 말할 때보다는 '예'라고 말할 때 우리를 더 좋아한다. '아니오'라고 말하는 것은 유쾌하지 않기 때문이다. 특히 나이 드신 분과 이야기를 할 때 '아니오'라는 상태를 유지하는 것은 참 어려운 일이다. 우리는 '아니오'라는 상태를

Source: "Staying with No," by Holly Weeks, from *the Harvard Management Communication Letter* at the Harvard Business School 1, October 1, 2004, Vol. 1, No. 4. Used with permission.

유지는 것과 빨리 이런 상황에서 빠져나오는 것 사이에서 상당히 긴장하게 된다.

'아니오'라는 상태를 유지하는 것은 듣는 사람과 말하는 사람 모두의 감정을 거부하는 것과 같다. 인기가 없는 '아니오'라는 발언을 해야 하는 우리 자신과 '아니오'라는 말을 듣고 화를 내거나 실망하는 상대방 모두를 거부하는 결과를 가져오기 때문이다.

물론 우리는 상대방의 권유에 마지못해 동의함으로써 어려운 난관에서 빠져나올 수 있다. 그러나 결국에는 '아니오'라는 거절 상태를 유지하지 못함으로써 더 큰 어려움에 봉착할 수 있다. 스스로 가진 자신감, 다른 사람과의 관계 그리고 전문가로서의 신용과 효과성조차 타격을 입게 된다.

우리는 '아니오'라는 상태를 유지함으로써 오는 긴장감을 줄이기를 원하지만 그것이 쉬운 일이 아니라면 어떻게 해야 할까?

사람들이 '아니오'라고 말하는 것에 저항하는 많은 이유들

비즈니스 문화

문화에 따라 '아니오'라는 거절의 표시를 들었을 때 반응하는 태도가 다르다. 당신이 '아니오'라고 말한 것에 긍정적으로 반응하는 문화도 있고 그렇지 않은 문화도 있기 때문이다. 당신이 감정적인 온도를 차갑게 유지하고 싶다면 '아니오'라고 말했을 때 그것에 대응하는 상대방의 태도가 당신의 사회적 위엄성이나 신용도에 타격을 입힌다고 생각하지 말아야 한다.

개인적인 경험과 기대

상대방의 개인적 경험과 기대는 당신이 '아니오'라고 말했을 때 어떻게 반응하는지에 대한 아주 강력한 요인이 될 수 있다. 그는 논쟁이 될 수도 있고, 감언으로 상대방을 꾈 수도 있으며 화를 낼 수도 있다. 그것이 '아니오'라는 거절의 메시지를 들었을 때 그가 대응하는 방식이기 때문이다.

나는 변호사의 말에 완전히 설득되기 전까지 '아니오'라는 상태를 유지하고 있었다. 내가 동의한 후에도 나의 변호사는 여전히 나의 마음을 바꾸려고 노력했다. 나는 마침내 웃어버렸다. 그리고는 말했다. "변호사 양반, 나는 지금 당신에게 동의하고 있어요." 변호사는 잠시 멈추더니 이윽고 말했다. "대부분의 사람은 그렇게 동의하지 않는데요."

맥락

당신이 '아니오'라는 상태를 유지하는 것에 대한 어떤 중요한 것이 있을지도 모른다. 대인관계에 관한 것일 수도 있고 아닐 수도 있다. 당신이 '아니오'라는 상태를 유지하는 것이 받아들여지지 않도록 더 어렵게 만드는 무엇인가가 있다는 말이다. 당신의 주장을 굽히게 함으로써 체면을 유지하는 사람이 있을 수가 있다. 공개된 자리에서 '아니오'라는 말을 들으면 당황하는 사람들도 있기 때문이다.

'아니오'라는 말을 들으면 상대방과의 마찰이 불가피해지는데 이런 경우 상대방을 제압함으로써 스스로의 권위를 지키려는 사람도 있다. 그러나 이런 일이 반복되면 인간관계는 어려움에 빠지게 된다. 의견 제시를 제압당한 사람도 나중에는 보복을 준비하기 때문이다.

당신 스스로의 저항

당신이 '아니오'라고 말할 때 상대방이 당황하거나 화를 내는 것처럼 당신 스스로도 '아니오'라고 말하거나 '아니오'라는 상태를 유지할 때 많은 어려움을 겪게 된다. 우리는 '아니오'라는 상태를 유지하기 위한 지침을 가지고 있지 않다. 당신이 부정적인 성격이기 때문에 '아니오'라고 말하는 것과 당신의 의견을 견지하기 위해 '아니오'라고 말하는 것은 분명 다르다. 그렇기 때문에 감정이 개입된 것이 아닌 정중하게 '아니오'라고 말하는 것은 아주 중요하다. 부정적인 감정이 개입된 것이 아닌 자신의 의견을 말하기 위한 '아니오'는 많은 시간 동안 연습이 필요하다. 또한 당신 스스로 감정을 배제한 중립적인

'아니오'를 말할 수 있는 기술 역시 필요하다. 즉, 간단하고 명확하며 아주 직접적인 '아니오'를 말하는 것이 중요하다.

중립적인 '아니오'

중립적인 '아니오'는 지속적이고 굴곡이 없으며 명확하다. 그것은 거칠지도 않고 호전적이지도 않으며 변명하는 것도 아니다. 그렇다고 해서 좋은 것도 아니다. 중립적인 것과 좋다는 것은 같지 않다. 당신이 아주 좋은 사람이라고 할지라도 중립적인 방법을 써서 '아니오'라고 말하는 상태를 유지하라.

중립을 유지함으로써 당신은 비즈니스 목적에 집중할 수 있을 것이다. 물론 개인적인 차원의 것이 아니다. 당신의 첫 번째 '아니오'가 불확실한 것이라면, 두 번째는 보다 퉁명스러운 것이고, 세 번째는 신랄한 것이다. 당신이 '아니오'를 반복하며 화를 내게 되면 당신의 명성과 인간관계에 어려움을 자초할 것이다.

당신은 심판의 방식을 원한다. 심판은 그가 말하는 것을 말할 뿐이다. 심판의 말은 어떤 사람에게는 좋은 뉴스가 될 것이고, 또 어떤 사람에게는 나쁜 뉴스가 될 것이다. 어느 쪽에 더 강한 메시지가 되고 더 약한 메시지가 되는 것은 심판에게는 의미가 없다. 심판은 그저 중립적으로 메시지를 전달하면 된다. 당신의 말이 중립적으로 사용되었는지 확인해보자.

- 상대방이 왜 당신의 '아니오'에 저항하는지 안다면, 솔직하게 그의 관심사를 확인하라. 상대방이 왜 당신이 '아니오'라고 말하는 것에 저항하는지를 정확하게 파악하는 것이야 말로 중요한 일이다.
- 여러 가지 다른 논쟁점을 가지고 상대방을 공격하지 마라. 동시에 여러 가지 논쟁점을 이야기하는 것은 좋지 않다.
- 당신은 어떤 경우에 있어서 당신이 동의할 것에 대해 상대방에게 이야기할 수도 있다. 그러나 이것이 '아니오'라고 말하는 것의 기초가 되어서는 안 된다. 상대방에게 동의할 것을 이야기하는 것은 대안 중의 하나일 뿐이고 협상의 시작을 알리는 것이다.

해야 될 것과 하지 말아야 될 것들

현안에 당신의 눈을 고정하고 개인적인 감정을 갖지 마라

'아니오'라는 상태를 유지하는 것이 당신의 일이다. 개인적인 감정을 갖지 않고 상대방이 '아니오'라고 말하는 것을 받아들이는 것이 필요하다. 그 누구도 나쁜 일을 하는 것이 아니다. 밀고 당기는 협상 속에서 결과가 만들어진다. 상대방이 '아니오'라고 말하는 것에 대해서 당신 또한 받아들일 각오를 해야 한다.

당신의 방아쇠를 인지하라

상대방은 여러 가지 전술을 구사하며 당신이 반대하지 못하도록 할 것이다. 당신의 약점을 교묘하게 공격할 것이다. 상대방이 당신에게 실망했다는 말을 해온다면 당신은 약해질 것이다. 상대방의 견해에 반박하지 못할 수도 있다. 상대방은 당신의 약점이 어디에 있는지 알고 있다. 물론 당신도 상대방의 취약점을 잘 파악해야 한다.

그들에게 읽을거리를 너무 많이 주지 마라

상대방이 준 메시지를 어디서부터 읽어야 하는지 파악하는 것은 아주 어려운 일이다. 메시지가 섞여 있기 때문이다. 그리고 그 안에 다른 의미가 들어 있을 수도 있다. 거칠게 '아니오'라고 말하면 상대방도 당신을 공격하기 위한 총을 준비할 수도 있다. 사실 당신은 대화를 원하는 데도 말이다. 반면에 '아니오'라고 말해 놓고 후회를 하는 사람들도 있다. 천성적으로 마음이 약한 사람들은 자신이 '아니오'라고 말한 사실에 용서를 비는 경우도 있다. "나는 '아니오'라는 상태를 유지하고 싶어. 하지만 당신이 나를 계속 좋아해 주었으면 좋겠어." 라는 메시지를 전달해올 수도 있다. 이럴 경우 상대방의 의중을 파악하는 일은 아주 어려운 일이다. 그러나 아주 중요한 일이기도 하다.

당신의 '아니오'를 약하게 하지 마라

많은 사람들이 처음에는 '아니오'라고 말하지만 나중에 가면 멀리 물러서는 경우가 많다. 처음에 '아니오'라고 상대방의 의견에 반대를 했으면 일관된 태도를 취하는 것이 중요하다. 처음에는 강경하게 반대를 했다가 나중에 그것을 철회하면 관계는 좋아지지 않고 오히려 더 나빠질 가능성이 높다

잘못된 감정이입을 경계하라

우리가 '아니오'라고 말할 때 상대방이 실망감을 표현하면 우리는 '아니오'라고 말한 것을 후회하게 된다. 이런 상황에서 감정 조절을 잘 해야 한다.

최근에 결혼한 커플이 은행에 신청한 모기지론 신청서가 거절되었음을 알았다. 그들은 화를 내며 은행을 찾아가 항의했다. 은행 담당자는 신혼부부의 처지에 유감을 표시했지만 그들의 모기지론 신청서를 받아준 것은 아니었다. '아니오'라는 태도를 유지한 것이다. 신혼부부는 자신들의 항의가 받아들여지지 않음을 알고 자리에서 일어나 은행을 떠나려고 했다. 그 순간 은행 담당자는 "저를 믿어주세요. 저도 당신들이 느끼는 것처럼 기분이 아주 안 좋습니다."라고 말했다. 그 순간 어린 신부가 뒤돌아서 매몰차게 말했다. "아니요. 당신이 그러실 필요는 없지요."

은행 담당자가 선의로 그런 말을 했다고 해도 받아들이는 사람이 그렇지 않다면 아무런 의미가 없다. 자신의 뜻이 관철되지 않아 기분이 나쁜 사람에게는 어떤 말을 해도 소용이 없다. 섣부른 감정이입은 피하는 것이 좋다.

전쟁터와 같은 살벌한 태도를 버려라: "나는 절대 못 물러나요; 당신은 질 것입니다."

'아니오'라고 말하는 것을 부드럽게 하는 것은 어려운 일이고 누구나 다 그렇게 하는 것은 아니다. '아니오'라고 말하는 것을 아주 전투적으로 하는 사람들도 있다. '아니오'라고 말하는 순간 전쟁이 시작되는 것과 같은 분위기가 만들어질 수도 있다. 그러나 '아니오'라고 말하는 것은 상대방과 싸우자고 하는

것이 아니다. 나의 뜻을 전달하고자 하는 것이기 때문에 명쾌하기만 하면 된다. 전쟁 시작을 알리는 것과 같아서는 안 된다. 너무 강렬하게 '아니오'를 외치는 순간 소중한 관계가 무너질 수도 있다.

거짓 희망을 주지 마라

당신이 잠정적으로 '아니오'라고 이야기한 것처럼 상대방이 여기거나 당신이 아직도 뭔가를 고려하고 있다고 상대방이 느끼면 상대방은 당신을 설득하기 위해 많은 전략을 구사할 것이다. 당신이 '아니오'와 '예'의 경계에서 아직도 고민 중이라고 여길지도 모른다. 상대방은 이런 당신의 모습에 더욱 강력한 전술로 당신을 설득할 것이다. 그러나 이런 태도는 좋지 않다. 상대방이 당신을 진실성이 없다고 생각할지도 모른다.

'아니오' 라고 말하는 것을 연습하라

최악의 상황을 가정하여 '아니오'라고 말하는 것을 연습할 필요가 있다. '아니오'라는 말을 협상 과정에서 쉽게 할 수 있는 것은 아니다. 실제 상황이 벌어지기 전에 평소에 연습을 해두는 것이 필요하다. 실제로 '아니오'라고 말할 수밖에 없는 상황은 많다.

당신은 다음과 같은 네 가지 이유로 '아니오'라고 말하는 것을 연습하길 원한다. (1) 당신이 전한 메시지를 바꾸지 않고 일관되게 유지해야 한다. (2) 당신의 메시지를 상황에 맞게 편집하지 않아야 한다. (3) '아니오'라고 이야기하면 어떤 상황이 벌어질지 알아야 한다. (4) '아니오'라는 상태를 계속 유지할지에 대한 여부를 파악할 수 있다.

Reading 2.3

Anita D. Bhappu
Zoe I. Barsness

SECTION 02

이메일의 위험성

편집자의 말: 이메일로 비즈니스를 하는 경우가 많아졌다. 이메일로 비즈니스를 하는 것은 이제 아주 보편적인 일이다. 이 글을 쓴 사람은 비판적으로 이메일의 기능에 주목하여 당신에게 경고를 보내고 있다. 이메일은 당신이 이야기하고자 하는 것을 왜곡할 수도 있다. 동시에 상대방이 이야기하고자 하는 것에 대한 당신의 인식에도 영향을 미칠 것이다.

> 인간 역사상 처음으로 시간과 공간을 걸친 광범위한 협력이 갑작스럽게 경제적인 것이 되었다. "권력이 만들어지는 데 있어서 근본적인 변화가 있다."라고 세계 최대의 온라인 거래업체인 이베이의 설립자 겸 회장인 피에르 오미디야르는 말했다. 동시에 "모든 곳에서 사람들은 모이고 있으며 인터넷을 이용하면서 그들이 관련된 모든 활동들을 개혁하고 있다."라고도 말했다.

협상은 기술의 발전에 대한 내성이 없다. 무엇보다 협상가들이 사용하는 모든 커뮤니케이션 수단은 그들이 나누는 정보와 그 정보들이 어떻게 소통되느냐에 영향을 미친다. 뿐만 아니라 그들이 얻기 원하는 정보와 그 정보를 어떻게 해석하느냐에도 영향을 미친다. 어떤 정보들은 직접 만나서 커뮤니케이션하기에는 쉬우나 이메일로 그 내용을 묘사하기에는 어려운 것이 있다. 예를 들어

Source: "Risks of E-Mail," by Anita D. Bhappu and Zoe I. Barsness, from *The Negotiator's Fieldbook*, with Andrea Kupfer Schneider and Christopher Honeyman (Eds.), 2006, pp. 395-400. American Bar Association. Used by permission.

감정적으로 호소하는 것은 이메일로 하기에는 참 어렵다. 논리적인 논쟁이라면 문제가 없으나 나의 감정을 이메일로 실어 나르는 것은 결코 쉽지 않다. 내가 전달하려는 내용의 뉘앙스를 이메일로 전달하는 것은 분명 한계가 있다. 직접적으로 만나서 이야기할 때보다 이메일로 이야기할 경우 어떤 사항에 더 집중해서 이야기를 풀어가야 하는지를 판단하는 데 어려움을 겪을 수 있다. 얼굴이 보이지 않는 상황, 즉 인터넷망을 통한 커뮤니케이션은 얼핏 쉬워 보인다. 그러므로 논쟁을 해야 하는 상황에서 협상가들에게 더 많은 용기를 부여해 줄지도 모른다. 얼굴이 보이지 않는 상황에서 우리는 어떤 어려운 이야기도 스스럼없이 이야기할 수 있게 된다. 상대방을 고려하지 않고 우리의 이익에 대해 과감하게 의견을 내보일 수도 있다. 나의 이익에 집중한 나머지 상대방의 어려움은 그다지 중요한 것이 아닐 수 있다. 상대방이 내 앞에 있다면 과연 이런 이야기를 직접적으로 할 수 있겠는가? 반면에 상대적으로 힘이 약한 사람에게는 도움이 될 수도 있다. 갑의 위치에 있는 사람에게 을의 위치에 있는 사람이 얼굴을 마주보고 있는 자리에서 여러 가지를 조목조목 요청하기란 참으로 어렵지만 이메일을 통해서라면 더 구체적인 요청이 가능하기 때문이다. 갑의 힘에 눌려 손쉽게 협상을 마무리하는 상황에서 조금 벗어날 수 있다. 정리해서 말하면 인터넷 환경에서 커뮤니케이션하는 협상가에게 이메일은 새로운 도전일 수도 있고 동시에 지금까지 없었던 특별한 기회가 될 수도 있다. 이 글에서는 이메일이 정보를 교류하는 과정에서 어떤 변화를 가져오며 협상 중에 나타나는 힘의 역학에 대해 이야기하고자 한다. 또한 정보 교환과 쌍방의 이익을 만들어내는 과정에서의 중요한 영향력도 짚어보려고 한다. 나아가 유용한 정보 교류 전략과 전술을 알아보고 협상 중의 난관을 극복하여 새로운 기회를 창출해내는 것으로써 이메일의 기능도 고찰해 보고자 한다.

매체 풍요도가 부족한 이메일

매체 풍요도는 이메일이 가진 두 가지 특징 중 하나이다. 매체 풍요도는 특히 협상과 밀접하다. 매체 풍요도란 시각적이고 언어적인 단서를 전달하는 커뮤니케이션 매체의 능력을 말한다. 몸짓, 표정 등의 "준(準)언어(paralanguage)"

의 다양성은 커뮤니케이션에서 아주 중요한데, 준언어를 통해 상황을 더 잘 파악해서 신속한 피드백을 상대방과 주고받을 수 있기 때문이다. 이메일은 풍요도가 아주 빈약한 전달 매체로 여겨진다. 시각적으로 또한 언어적인 뉘앙스를 가진 단서도 전달하지 못하기 때문이다.

반면에 직접 만나서 하는 커뮤니케이션은 아주 풍요도가 높은 매개체로 여겨진다. 왜냐하면 만나서 이야기할 때는 시각적이고 언어에 내재한 모든 것을 상대방에게 전달할 수 있기 때문이다. 인터넷 기반의 전자 커뮤니케이션 문맥에 있어서의 매체 풍요도 부족은 큰 의미를 갖는데 컴퓨터에 의존한 관계는 서로 만나서 이야기할 기회를 줄이는 역할을 하기 때문이다. 서로 상대방을 인식할 뿐이지 상대방과의 차이를 줄이지는 못한다. 그래서 상대방의 감정적 상태와 개인적인 상황을 이해하는 폭은 아주 심각하게 작아지게 된다. 상대방을 볼 수 없는 상황에서는 나의 주장을 더 많이 하는 것이 중요할지도 모른다. 상대방이 무엇을 중요시하고 있는가, 상대방이 진정으로 추구하는 이익은 무엇인가라는 질문에 답을 주는 정보를 놓치게 되는 것이다. 그러다 보니 더욱더 직접적이고 대결하는 자세로 커뮤니케이션을 하게 되고 상대방과의 관계를 훼손하는 단계로까지 진입하게 된다. 직접 볼 수 없다는 익명성은 많은 부작용을 만들어낼 수 있다.

협상가들은 이메일을 이용할 때 내용이 가진 맥락을 전체적으로 파악하는 것이 아니라 지엽적인 내용에 집중하는 경향이 있다. 전체적인 맥락은 협상을 성공적으로 이끄는 데 매우 중요한 요소인데 한 단어나 한 문장이 주는 사실에만 의존함으로써 협상의 큰 그림을 그리는 데 심각한 문제를 초래한다. 이메일로 전송된 문장이 주는 사실과 논리적인 쟁점만으로 문제를 풀어나가는 것은 쉽지 않다. 상대방의 감정적인 호소는 이메일에서는 전적으로 배제된다. 연구결과에서도 나왔듯이 이메일을 통한 커뮤니케이션은 업무 중심적이고 냉정한 경우가 대부분이다. 상대방이 나의 이야기를 듣고 고개를 흔들거나 내가 말하는 중간 중간에 "음" 또는 "어"라고 말하는 식의 언어적 뉘앙스가 이메일에서는 배제되어 있어 상대방이 나의 의견에 어떤 생각을 견지하고 있는지를 전혀 알 수가 없다. 정보를 파악하는 노력은 상대방이 이메일로 보낸 문장 안에서만 이루어진다.

간단히 말해서 이메일은 정보 교환을 제한하고 각기 다른 상황을 정확하게 판단하는 협상가의 능력을 반감시키며, 잠재적인 공동 이익을 알아차리는 것을 방해한다. 비용적인 면에서는 효율적이라고 말할 수 있지만 이메일 커뮤니케이션은 협상가의 정확한 판단력을 감소시킨다. 이메일 상호작용은 협상 자체를 다분히 투쟁적인 것으로 만들 수 있다. 직접적이고 대결 국면으로 이끄는 메시지는 갈등을 조장하고 공동의 이익을 찾는 것을 방해할 수 있기 때문이다. 나아가서는 협상 자체를 난관에 빠뜨려 버린다. 이런 경향은 연구자들의 연구를 통해서도 증명되었다. 호혜적인 협상을 하기에 이메일 커뮤니케이션은 적합하지 않을 가능성이 높다. 협상가 사이의 관계 발전이 보다 호의적으로 협상을 이끄는 중요한 요소가 된다. 직접 만나서 이야기하면 상대방을 더 잘 이해할 수 있고 상대방이 처한 미묘한 상황을 잘 분석할 수 있다. 이런 철저하고 직접적인 분석을 통해서 협상가들은 바람직한 협상 결과를 얻을 수 있다. 그러나 이메일로 커뮤니케이션하는 것이 전적으로 해로운 것만은 아니다.

이메일은 시각적이고 언어적인 단서를 전달하지 않기 때문에 사회적 갈등을 다루는 과정에서는 더 유리할 수 있다. 집단과 집단의 갈등 상황에서 상대방이 직접적으로 표현하는 것을 눈으로 보면 더 감정적인 행동이 분출될 수도 있기 때문이다. 때에 따라서는 시각적이고 언어적인 것의 부재가 일촉즉발의 상황에서는 뇌관을 제거하는 역할을 할 수도 있다. 각 사회적 집단의 차이점을 직접적으로 주장하는 것은 많은 문제를 만들어낼 소지가 있다. 이런 관점에서 보면 이메일로 커뮤니케이션하는 것이 눈앞의 논쟁에서 잠시 떨어져 나와 보다 사려 깊은 대응책을 만들 수 있는 시간을 부여해줄 수도 있다. 또한 사회적 갈등이 촉진되는 것을 방지할 수 있다.

마지막으로 이메일은 협상가들의 평등한 참여를 촉진할 수 있다는 것에 주목해야 한다. 매체 풍요도가 빈약한 매체에서는 사회적 집단의 차이와 사회적 지위의 명확한 구별이 감소한다. 누가 더 힘이 세고 누가 더 사회적으로 강력한 집단인지가 상대적으로 명확하게 들어나지 않는다는 것이다. 협상가들은 이런 상황에서 보다 더 적극적으로 참여하게 된다. 상대방을 눈앞에서 아주 강한 존재로 인식하고 나면 자신이 주장하는 것의 수위를 조절할 수밖에 없다. 자신보다 힘이 약한 협상가들이 준 정보를 무시하거나 그 중요성을 일부러 낮게 평가하지 않고 이메일로 제공받은 정보만으로 상대방을 편견 없이 평가하게 된다. 이렇게 편견 없이 받아들여진 정보는 최적의 거래와 함께 더욱 호혜적인 합의를 창조해낼 수도 있다.

이메일에서의 쌍방향 참가 활동

쌍방향 참가 활동은 협상과 밀접한 관련이 있는 이메일의 또 다른 성격이다. 쌍방향 참가 활동은 둘 또는 그 이상의 협상가들 사이에서 끊임없는 정보의 흐름을 유지하기 위한 커뮤니케이션 매체의 가능성이다. 쌍방향 참가 활동은 두 가지 차원을 갖는다. 첫째, 시간의 제약을 받는 차원이다. 이것은 상호작용의 동시 발생을 제약하며, 동시 발생이 아닌 순차적인 발생을 의미한다. 예를 들어 직접 만나서 벌이는 커뮤니케이션은 동시 발생적이다. 내가 말하면 상대방이 곧바로 그 말에 대응한다. 나의 발언이 끝나면 상대방의 발언이 연속적으로 이어진다. 그러나 이메일은 전형적으로 동시 발생이 일어날 수 없다. 내가 보낸 이메일 메시지를 상대방이 우선 읽어야 하며 상대방은 대응할 필요가 있을 때, 또 대응하고 싶을 때 상대방의 이메일에 답을 보낸다. 즉 연속적이 아니라는 말이다. 두 번째 쌍방향 참가 활동의 차원은 병렬처리라고 할 수 있다. 병렬처리라고 하는 것은 여러 가지 데이터를 동시에 수행한다는 말인데, 둘 또는 그 이상의 협상가들이 동시에 메시지를 전달하는 매개체의 능력을 말하는 것이다. 병렬처리는 이메일을 통한 대화에서는 보편적인 것인데 계속 이어지는 이야기의 줄거리와 같다고 할 수 있다. 다자간 협상이나 온라인 협상처럼 계속 이어지는 대화 같은 특징을 갖는다.

이메일 같은 동시 발생적인 아닌 미디어는 "이해하는 데 드는 비용(under-standing cost)"이 높다. 상대방이 말하는 의도를 이해하기 위해서는 상대방을 잘 파악해야 하는데 이메일로 전달된 메시지만을 보고는 "근거가 되는 사항(grounding)"을 충분히 알지 못하기 때문이다. 근거가 되는 사항은 상대방과 교류하고 상대방이 의미하는 바를 내가 이해할 때 파악된다. 충분한 감정적인 교류 없이는 파악하기 힘들다. 상대방의 몸짓과 억양 등을 통해 왜 이런 발언을 할 수밖에 없느냐에 대한 근거를 파악해야 하는데 이메일에서는 이런 행동의 근거를 찾을 수 없다는 말이 된다. 그러므로 동시 발생적이 아닌 미디어와 동시 발생적인 미디어는 정보와 문맥을 다룸에 있어 다르다. 이런 차이는 메시지를 만들어낼 때도 상당한 영향을 미치고 메시지를 해석하는 데 있어서도 큰 영향을 준다.

예를 들어 이런 분야의 연구는 이메일로 커뮤니케이션하는 협상가들에게 아주 긴 문장을 통해 상대방과 의사소통을 할 것을 제안한다. 많은 사항에 대해서 하나의 "번들(bundle)"로 상대방에게 보내는 것이다. 메시지를 보내는 사람은 하나의 이메일에 그가 보내는 논점들을 정리하여 보내게 된다. 이것은 더욱 업무 중심적이고 감정이 배제된 것이다. 하나씩 따로 보내는 것보다 이렇게 한 번에 메시지를 보냄으로써 상대방은 여러 가지 현안들을 서로 묶게 되고 보다 호혜적인 협상을 이끌어 낼 수도 있다. 이렇게 한 번에 여러 가지 현안을 동시에 정리해서 보내는 것은 메시지를 받는 사람에게 아주 높은 수준의 정보처리능력을 요구한다. 그러므로 메시지를 받는 협상가들은 의미를 잘 분리해서 적절한 피드백을 주는 데 어려움을 겪을 수 있다. 또한 입수한 정보를 잘 통합해서 쌍방에게 유익한 합의를 이루어 내는 일에 여러 가지 방해 요소가 따르는 것도 사실이다.

동시 발생적이 아닌 특징의 이메일 교신이 가장 보편적인 것이 되었을지라도 이메일은 협상가들이 동시에 온라인상에 들어가 있으면 거의 동시 발생적인 것일 수도 있다. 이메일의 병렬처리 특성이 직접 만나서 하는 협상보다 각 개인들에게 더 많은 정보를 나누게 하는 동기를 부여해줄 수도 있다. 여러 가지 현안에 대해 동시에 여러 가지 다른 관점을 이야기할 수 있게 해주기 때문이다. 하나의 현안에는 하나의 의견을 개진하면 되지만 여러 가지 현안을 동시에 받게 되면 다른 현안과의 연계성 등도 같이 이야기해야 하기 때문에 여러 가지 생각과 관점을 만들어낼 수 있다는 말이다. 이런 의미에서 이메일의 병렬처리 특성은 정보 교류 활성화에 도움이 된다. 병렬처리는 또한 기존에 존재하는 힘의 역학 관계를 약화시킨다. 그리고 직접적인 대결을 촉진한다. 실제적으로 벌어지는 대화에서는 힘을 기반으로 하여 주도권을 잡은 사람의 의견에 휘둘리는 경향이 있지만 이메일을 기반으로 하는 병렬처리에서는 그렇지 않기 때문이다. 그러므로 이메일이 가진 병렬처리 차원은 협상 중에 여러 가지 현안들을 동시에 고려하는 능력을 지원한다. 그래서 호혜적인 산출물을 만들어내는 데 기여하고 공동의 이익을 촉진시키는 역할을 하게 되는 것이다.

이메일과 정보 교환

사실과 수치에 의거하여 상대방과 교신하고 정보 교환을 하는 사람들은 이메일 커뮤니케이션을 해도 그리 나쁜 결과를 만들어내지 않는다. 감정을 배제하고 사실을 기반으로 판단하는 자세는 상당히 중요하다. 논리적으로 상대방의 의견에 반박하고 그에 걸맞은 전략을 수립한다. 분석적이고 이성적인 판단을 하는 것이다. 상대방이 전달해준 여러 가지 현안들의 우선순위를 정하고 그에 맞는 대응을 펼쳐나간다. 반면에 직관적이고 체험적인 것을 중요시하는 협상가들은 직접 만나서 협상을 하는 것을 선호한다. 상대방이 명시적으로 밝히지 않는 것에 대해서 직접 눈으로 보고 각 상황에 맞는 전략을 수립한다. 숨겨진 암시를 찾는 일은 때로는 단순히 논리적인 것을 넘어서는 상황도 발생시킨다. 직관적인 결정이 필요할 때도 많다. 정보 교환의 방식이 어떻게 다르냐에 따라 협상의 방법도 달라지게 된다.

결론

사람들은 점점 더 이메일에 의지하고 있다. 특정 사안에 대한 거래를 하기 위해서이다. 이메일 교신을 함으로써 시간을 아낄 수 있고 비용 또한 절약할 수 있다. 편의성이 증가하는 것도 이런 추세를 반영한다. 그러나 사회적 영향과 정보공유 과정에 대한 커뮤니케이션 매체의 효과를 살펴볼 때는 보다 민감해질 필요가 있다. 협상할 때 이메일의 효과성은 협상가의 커뮤니케이션 기준에 의존한다. 보편화된 이메일이 협상을 위해 좋은 방법인가에 대해서는 아직 더 많은 연구가 필요하다. 이메일을 이용하는 것은 협상에 관련된 당사자들을 방해할 수도 있고 협상의 진행을 개선시켜줄 수도 있다. 이메일과 같이 인터넷을 기반으로 하는 협상을 할 때 장애물을 최소화하고 효용을 극대화하는 첫 번째 방법은 잠재적인 위험성과 이익을 극대화하기 위한 개인적인 자각에 초점을 맞추는 것이다. 그렇게 함으로써 협상을 더 효율적으로 이끌어 가고 더 많은 이익을 수확할 수 있기를 바란다.

G. Richard Shell
Mario Moussa

설득의 여섯 경로

작업 환경에 있어서 사람들이 어떻게 다른 사람들에게 영향을 미치는 가에 대한 광범위한 연구는 그들이 상대적으로 분리된 협상의 움직임을 계속한다는 것을 밝혀내었다. 커뮤니케이션학의 학자들은 16개의 명확한 전략을 분류해 내었지만 우리들은 사람들이 그들의 생각을 전달할 때 6개의 설득 경로를 사용한다고 생각한다.

여러분이 경험한 협상의 실험실에서 이 여섯 가지 설득 경로를 실험해볼 수 있다. 여러분이 비행기에 탑승한다면 기내 방송을 통하여 여러 가지 메시지가 나올 것이다. "여러분은 비행기에 탑승하였습니다. 자리에 앉으시고 안전벨트를 매시기 바랍니다. 곧 비행기는 이륙할 예정입니다." 비행기 탑승과 같은 이런 순서로 설득의 여섯 경로에 대해 알아보자.

경로 1 : 이익 기반의 설득

당신이 비행기 좌석을 찾아 앉으면 작은 거래를 제안하는 사람이 생길지도 모른다. 창가 좌석을 배정받은 사람이 통로 좌석을 원한다며 자리를 바꿀 수

Source: "The Six Channels of Persuasion," by G. Richard Shell and Mario Moussa, from *The Art of Woo: Using Strategic Persuasion to Sell Your Ideas*, 2007, pp. 32-41. New York: Penguin. Used with permission.

있냐고 제안해오는 것이다. 이럴 경우 제안을 받은 사람은 "좋습니다. 당신이 내 가방을 위로 올리는 것을 도와주시면요."라고 말할 수 있다.

이익 기반의 설득은 언제 어디서든 일어날 수 있다. 한 사람의 이익은 다른 사람의 이익과 교환될 수 있다. 협상에 있어서 어느 한쪽이 가지고 있는 모든 것은 다른 한쪽에 의해서 사용될 수 있다. 자원, 지위, 능력, 정보, 일을 실행할 권한 등등이 그것이고 이런 것들은 모두 거래되어질 수 있다. 비행기 안에서 일어난 작은 거래에서 보듯이 이런 거래는 아주 명확하게 결정될 수도 있고, 명확하지 않을 때도 있다. 예를 들어 사무실에서 나의 전화를 동료가 대신 받아주는 경우, 나는 가까운 미래에 그 동료의 전화를 받아주어야 하는 것이다. 물론 그런 상황이 발생하는 경우에 말이다.

재미있게도 많은 고위직 임원들은 그들이 업무를 하는 데에 있어서 이런 거래를 하지 않는다고 말했다. 그들은 매일 많은 사람들과 미묘한 심리적인 에너지를 거래하고 교환하고 있는 데도 말이다. 다른 사람들의 관심에 호소하기 위해 열심히 일하는 사람들이 상대방의 이익과 관련된 거래를 하지 않는다니 재미있는 일이다. 물론 그들이 이렇게 말해도 좋다. 왜냐하면 설득 경로의 핵심은 권유이지 거래가 아니기 때문이다. 당신이 다른 사람들의 숨겨진 니즈를 파악해서 당신의 아이디어를 제시하려고 할 때마다 당신은 이익 기반의 설득을 하는 것이다.

경로 2 : 권위

비행기 안전벨트 사인이 깜빡인다: 권위 기반의 설득이다. 우리는 이 깜빡이는 신호를 인지하고 무조건 따라야 한다. 비행기 안에서 신호는 우리의 안전과 직결되어 있기 때문이다. 신호는 '권위'를 가지고 있다.

권위는 대부분의 작업 환경에서 가장 보편적으로 영향을 미치는 수단이다. 권위 경로는 위에서 아래로 내려오는 상황에서 통상적으로 사용된다. 아래 계급에 있는 누군가에게 어떤 일을 시킬 때를 생각하면 된다. 높은 계급의 사람들을 모시는 비서들조차 업무 경비 처리에 대한 권한을 가지고 있다면 이 경로를 이용할 수 있다.

비행기 안에서의 경우처럼, 우리는 자동적으로 권위를 따르려는 경향이 있다. 안전벨트 사인은 꼭 해야만 하는 것이라고 여겨지기 때문이다. 사회과학 연구에서 권위는 깊은 자극을 불러일으킨다는 것을 밝혀내었다. 정당한 상황의 지시가 올바른 반응을 가져오는 것이다. 팀장이 팀원에게 어떤 업무를 지시하였을 때 그 업무의 장점이나 순서를 묻지 않고 순순히 그 지시에 순응해서 업무를 처리하는 것과 같다.

1960년대 초반, 아주 유명한 심리 테스트가 연구가 있었다. 예일대학교의 스탠리 밀그램 교수가 한 이 연구는 평화를 사랑하는 독일 국민이 어떻게 히틀러 아래의 나치 정권에 굴복했느냐를 알아내기 위한 것이었다. 그 결과는 아주 대단했다. 그것이 옳고 그름을 묻기 전에 권위라는 것에 사람들은 반응하고 순응한다는 것이다. 이를 통해 대부분의 사람들이 불화를 일으키기보다는 그 상황에 순응한다는 결과를 알 수 있었다. 사람들은 많은 생각을 하지 않고 습관적으로 권위에 순응하는 것이다.

당신의 제안을 다른 사람들이 동의하게 만드는 수단으로서 권위 기반의 설득을 이용할 수 있다. 여기서 중요한 것은 그것이 독재적인 방법으로 순응을 이끌어내는 것이 되어서는 안 된다. 언제나 특정한 사항에 대해서 그 조직에 있는 사람들의 이익과 부합되어야 하고 설득을 위한 독립적인 판단과 설명이 수반되어야 한다.

경로 3 : 정치

다시 비행기로 되돌아오자. 곁에 앉아 있는 나이 많은 승객이 비행기 내의 공기가 잘 순환되지 않음을 불평하려고 한다. 그 승객은 기내의 공기가 탁한 것에 대해 투덜거린다. 첫 번째 움직임: 연대관계를 맺어라(조직 정치에 있어서 중요한 기술). "공기가 답답하지 않으세요?" 그 승객이 당신에게 질문한다. 당신은 공손하게 동의를 표한다. "에어컨을 켜달라고 같이 이야기합시다." 그러고 나서 승무원 호출 버튼을 누른다. 승무원이 다가온다. "우리는 공기가 좀 답답한 거 같아요."라고 그 승객은 말한다. "우리는 더 차가운 공기를 원해요."라는 운동을 옆에 앉은 나와 함께 벌이는 것이다. 승무원은 "알겠습니다.

손님, 잠시 후에 공기가 차가워질 것입니다."라고 조치를 취할 것이다.

사회과학자는 정치를 집단에서 일하는 개인들이 더 큰 조직의 행동에 대해 영향을 미치려는 과정이라고 정의한다. 정치 이론가인 한나 아렌트는 "정치력은 단지 행동하는 인간의 능력이 아니라 협력하는 인간의 능력에 부응한다."고 말했다. 우리는 선거의 역동성과 정당과 같은 전통적인 의미로 정치를 이야기하지 않을 것이다. 그러나 연대하는 것의 활용, 압박을 가하는 전술, 힘의 이동 같은 것은 반드시 정부를 이야기하는 것에 한정되는 것은 아니다. 사람들은 가족 내에서부터 사회 생활에 이르기까지 정치적으로 행동한다.

두 명의 스웨덴 경영학자가 거의 5백 개에 달하는 조직을 연구하고 2004년에 책을 출간했는데, 조사된 조직의 95퍼센트 이상에서 "어떤" 식으로든 정치적인 행동이 일어나는 것을 발견했다고 한다. 6퍼센트의 조직에서는 정치적인 행동이 "아주 많이" 일어난다고 했고, 5퍼센트의 조직에서는 전혀 일어나지 않는다고 했다.

그러나 학문적인 영역이든 비즈니스 세계이든 조직 행동에 있어서의 정치라는 것은 불법적인 것으로 여겨진다. 중요한 것은 우리의 조직에 정치가 있느냐 없느냐의 문제가 아니다. 바로 우리의 의견을 개진할 때 어떻게 더 기술적으로 행동하느냐이다. 우리가 기술적으로 상대방이 우리의 의견에 동의하고 순응하게 만드는 것이 문제의 핵심인 것이다.

많은 사람들이 "조직 정치"라는 말을 사용할 때, 그들은 그 말의 어두운 면을 생각하고 있다. 즉 자존심, 영역싸움, 중상모략 같은 말들을 생각한다. 그러나 정치는 밝은 면도 있다. 조직이 정치에 직면하고 그것을 잘 다룰 때 각 이익 집단의 다른 관점들이 알려지게 되며 각 집단의 대표자들이 충분히 논의를 거치는 과정을 갖게 된다. 다른 말로 하면 건전하고 생산적인 정치적 논쟁은 많은 현안들이 다양한 관점에서 보여질 수 있다는 것을 깨닫게 해준다.

정치의 어두운 면 또는 밝은 면을 떠나 당신이 상대방에게 새로운 생각을 전달하고 그 뜻에 맞는 무언가를 실행하려고 할 때 정치는 필연적으로 수반된다. 정치 경로는 다른 경로와 자연적으로 중복된다. 주어진 정치적 움직임은 이익, 권위, 관계, 가치 그리고 증거 기반의 설득과 결합될 수 있다.

경로 4 : 합리성

당신이 탄 비행기가 이륙을 위해 서서히 활주로를 움직인다. 이때 비상사태가 발생할 시 승객이 어떻게 대처해야 하는지를 알려주는 기내 영상물이 상영된다. 방송 내용 중에는 비행기가 바다에 추락했을 경우 좌석의 쿠션을 구명조끼로 이용할 수 있다는 등의 내용이 포함된다. 당신은 이 기내 영상물을 알고 있다. 이제 합리적 설득 모드이다. 이 영상물을 보고 당신은 설득되지 않는다. 첫째, 당신은 안전에 대한 기내 영상물을 이미 많이 보아왔다. 둘째, 당신은 비행기가 추락했을 때 좌석의 쿠션을 이용하여 생존했다는 사람의 이야기를 결코 들어본 적이 없다. 기내 영상물이 보여주는 것은 아주 구체적이고 자세한 정보를 담고 있다. 하지만 그것은 신뢰성이 부족하다.

합리성을 기반으로 설득을 규정하는데, 그 내용은 이유를 제시하거나 제안하는 것에 대한 장점을 증명하는 명확한 증거를 보여줌으로써 상대방의 태도나 신념, 행동에 영향을 미치는 것이다. 비행기의 예에서 명확해졌듯이, 청중들이 이유를 들을 의향이 있다면 당신은 그들에게 영향을 미칠 수 있다. 그러나 청중들이 그럴 의향이 없다면 어떤 논리적인 설득도 그들을 당신 편으로 이끌어 주지 못할 것이다.

모든 조직은 의사결정 과정에 있어서 가장 좋은 증거를 확보하려고 한다. 그래서 당신은 언제나 어떤 의견을 제시하는 과정에서 최고의 증거를 확보할 필요가 있다.

IBM의 전설적인 사장 톰 왓슨 시니어는 이런 합리적인 방법을 가지고 비즈니스에 접근하려고 했다. 그는 20세기에 가장 유명한 기업 슬로건을 만들어냈다. 그가 현금등록기를 만드는 회사에 근무할 때 이 슬로건에 대한 아이디어가 탄생했다. 그 누구도 자신의 아이디어를 말하지 않는 미팅에서 왓슨은 "여기 있는 모든 사람이 가지고 있는 문제는 충분히 생각하지 않는 것이다."라고 말했다. 다음 날 그는 다섯 개의 대문자가 있는 커다란 사인을 만들어서 프레젠테이션이 벌어지고 있는 연단에 그것을 붙였다. 그 사인이 바로 "THINK"이다.

IBM에 가면 모든 책상이나 회의실에 "THINK" 사인이 붙어 있음을 알 수 있다. 그러나 왓슨이 의도한 것은 정확이 무엇인가? 그는 이렇게 설명했다. “THINK는 ‘모든 것을 심사숙고하자.’라는 의미입니다. 그러나 우리는 논리적인 과정에는 관심이 없습니다.”

왓슨의 슬로건은 그가 IBM에 주입시키기 원했던 문화에 대한 것으로서 종업원들에게 큰 메시지를 전했다. 그것은 합리적인 생각에 기반을 둔 문화였다. 그러나 왓슨이 주장했던 것처럼 논리적인 것만으로 모든 것이 원하는 결과를 만들어내지는 않는다. 설득을 위해 합리성 경로를 사용하는 데 있어서 당신은 논쟁에 휘말릴 것을 대비해야 한다. 많은 사람들은 그들만의 관점과 편견에 기반해서 문제를 파악하기 때문에 같은 증거를 가지고도 다른 결론을 만들어 낼 수 있기 때문이다. 게다가 청중에게는 당신의 증거를 신뢰하지 않을 가능성도 많다. 비행기의 예에서 보았듯이 좌석을 구명조끼로 활용하는 것을 들었음에도 불구하고 그것의 실현 가능성을 믿지 않으면 그만이기 때문이다.

경로 5 : 영감과 감정 — 비전 경로

당신은 비행기 안에서 시간을 보내기 위해 기내 잡지를 꺼냈다. 기내 잡지에는 값비싼 승용차 광고가 나오고 그 차를 사면 마치 제임스 본드가 될 것 같은 기분이 든다. 이런 것을 “비전” 경로라고 한다. 당신으로 하여금 동기가 부여될 수 있게 하는 것이다. 동기가 부여된 당신은 희망, 열망, 팀워크 같은 감정에 빠져들 수도 있다. 물론 이런 경로는 실패할 수도 있다. 당신은 제임스 본드와 같은 타입을 싫어할 수도 있기 때문이다. 현실로 돌아오면 나는 5년된 혼다를 몰고 있을 뿐이다.

인간에게 동기를 부여하는 가장 깊은 곳에는 감정, 믿음, 내 자아, 신념의 뿌리, 문화적 관계, 그리고 인생 이야기가 있다. 이야기나 이미지 같은 비전 경로는 이런 인간의 깊은 곳을 자극한다. 어떤 설득 전문가는 “사람들은 사실 그 자체를 가지고 결정하는 것이 아니라 그 사실이 그들에게 어떤 의미를 가지느냐를 가지고 결정한다.”고 말했다.

당신이 굳이 카리스마 넘치는 지도자가 될 필요는 없다. 일상생활을 하는 모든 사람들은 스스로 좋은 시민, 좋은 전문가, 좋은 부모가 되려는 다짐을 한다. 이런 것들은 비전 설득의 훌륭한 기초가 된다.

경로 6 : 관계

비행기로 다시 돌아와 보자. 통로를 지나자 어린 소년이 아버지로부터 쿠키를 얻고자 조르고 있었다. 아버지는 말했다. “나중에 쿠키를 준다고 이야기했지 않니?” 소년이 대답했다. “아빠 내가 공항에서 얌전히 잘 있었잖아요. 지금 쿠키의 반을 먹으면 안 되나요?” 이제 어떻게 쿠키를 나누어 줄 수 있느냐가 관건이 된다.

관계의 중요성은 아무리 이야기해도 지나치지 않다. 긍정적인 관계는 당신의 메시지가 우호적으로 청중들에게 전달되게 한다. 심리학가 로버트 치알디니(Robert Cialdini)는 “우리는 우리가 알고 좋아하는 사람들에게 ‘예’라고 말한다.”고 했다. 반면에 부정적인 관계는 아이디어를 전달하려고 하는 사람들의 모든 것을 왜곡시킨다.

관계가 어떻게 커뮤니케이션을 진행시키거나 막는지에 대한 연구는 아주 심도 깊고 넓게 행해졌다. 보험을 판매하는 것에 대한 초기 연구에 있어서 연구자들은 보험 판매왕도 일반적인 보험 모집인에 비해 그다지 큰 차이점이 없다는 것을 발견했다. 보험 상품에 대한 지식, 고객으로부터 걸려오는 전화 수, 고객으로부터 받는 질문의 수나 종류 등에 있어서 큰 차이점이 없었던 것이다. 유일한 차이점은 보험 판매왕은 신속하게 고객과 경험이나 감정을 공유함으로써 고객을 편하게 해준다는 것이었다. 즉 고객과 동질성을 확보하는 것이다.

조직 안의 세계 또한 다르지 않다. 연구에서 밝혀진 대로 오랫동안 다른 사람을 알면 알수록 관계는 점점 더 긍정적이거나 혹은 부정적인 형태로 진행되는 경향이 있다. 작업 환경에서 사람을 처음 만나게 되면 신뢰라는 측면에서는 매우 낮은 관계를 형성한다. 단지 나이나 성별 정도로 동질감을 느끼게 되는 것이다. 그러나 관계가 지속되면서 서로의 실질적인 경험을 바탕으로 신뢰가 형성되기 시작한다. 마지막으로 아주 오래 지속되는 관계에 있어서는 신뢰가 모든 것의 바탕이 된다. 단순히 나이나 성별로 동질감을 느끼는 과정은 모두 사라지고 상대방의 행동을 감시하는 성향도 없어진다. 다른 말로 하면 그 사람을 시험하는 모든 과정이 끝나버렸기 때문이다. 신뢰가 구축되면 그 사람의 행동 하나 하나를 신경 쓰고 분석하는 일이 필요 없어진다.

사회생활에서의 관계는 상호 호혜주의를 기반으로 한다. 이것은 앞서 이야기했던 이익 기반 경로와 관련성이 있다. 우리는 관계를 통해서 미묘한 무언가를 서로 교환한다. 비행기 안에서 어린 소년이 공항에서 조용하게 아빠의 말을 따른 것에 대한 보상으로 쿠키를 지금 달라고 한 것과 비슷하다. 관계에 있어서의 교환은 가정에서나 직장에서나 끊임없이 나타난다. 관계를 위해 교환되는 것은 정보, 약속된 편의, 접근성, 회사 정책에서 기인한 일시적인 위안, 자존심, 승진을 위한 기회, 특권 확보, 비밀 등 여러 가지 형태로 존재한다.

정리하자면 당신이 상대방과의 유사점이나 상호 호혜주의를 이용할 때마다 또는 아이디어를 상대방에게 전달하는 전략의 일환으로써 현재의 지인이나 친구의 네트워크에 의존하고 있다면 당신은 관계 경로에 접근하고 있는 것이라고 할 수 있다.

결론

비행기 안의 상황을 이야기했지만 이것은 당신이 일하고 있는 세계와 다르지 않다. 사실 비행기 조종사나 승무원들에게는 비행기 안은 글자 그대로 일하는 세계다. 사람들은 비행기 안에서는 매번 그들의 지시에 따르게 된다. 게다가 우리가 지금까지 여섯 가지의 경로들을 명확하게 이야기했던 것처럼 나의 아이디어를 전달하는 것은 다른 사람에게 강요하는 것이 절대로 아니다. 설득이란 이익과 가치, 그리고 관계를 적절하게 연결시키는 일에 대한 것이다. 그리고 나의 메시지를 받는 사람들이 선택하는 경로에 대한 것이다.

Reading 2.5

Robert S. Adler

SECTION 02

거짓말쟁이와 협상하기

인간에 대한 불변의 진리 중 하나는 인간은 거짓말을 한다는 것이다. 그것도 자주 공공연히 한다는 것이다. 사실 많은 심리학자들이 주장하는 바에 의하면 속이고자 하는 충동은 우리의 유전자 안을 꿰차고 들어가 살고 있다고 한다. 이는 인간을 구성하는 보편적인 특징일지도 모른다. 속임수를 오랫동안 연구한 학자가 말했다. "거짓말은 특별한 것이 아니다. 거짓말은 아주 정상적인 것이다. 즉흥적이고 무의식적인 것이다. 냉소적이거나 냉정할 정도로 분석적이지도 않다. 우리의 마음과 몸은 거짓말을 분비해낸다."

많은 연구에서 밝혀졌듯이 거짓말을 하지 않는 사람은 거의 없다. 일기를 쓰는 사람들도 그들이 느끼는 감정을 포함해서 행동이나 계획에 대한 주제에 대해 30퍼센트에서 50퍼센트까지 거짓말을 쓴다고 한다. 새로 소개받은 사람들 중 약 60퍼센트는 상대방에게 호감을 주기 위해 몇 분 안에 거짓말을 한다는 것도 밝혀졌다. 사귀고 있는 커플이라면 서로에게 더 자주 거짓말을 한다는 것은 명백하다. 인사 담당 매니저의 아주 보수적인 계산에 의하면 회사가 접수하는 이력서 중 25퍼센트는 심각한 거짓 정보를 포함하고 있다고 한다. 더구나 거짓말을 하는 행동은 일찍 시작된다는 것이다. 전형적으로 세 살이나 네 살 정도에 시작된다.

Source: "Negotiating with Liars" by Robert S. Adler ,from the *MIT Sloan Management Review* 48, no. 4, Summer 2007. Used with permission.

이것은 놀라운 것이 아니다. 협상을 하는 상황에서 협상 과정은 종종 거짓과 기만으로 점철되기 일쑤다. 사실 많은 관찰자들은 기만이라는 요소가 없는 협상을 상상하는 것이 아주 어렵다는 것을 깨달았다. 이 분야의 전문가인 제임스 화이트(James White) 교수는 다음과 같이 썼다.

"한편으로는 협상가는 공정하고 정직하게 말해야 한다. 그러나 다른 한편으로 협상가는 그의 적을 잘못된 길로 호도해야 한다. 포커를 하는 사람들처럼 협상가는 상대방이 내 손에 있는 패가 더 가치 있는 것으로 생각해 주기를 바란다. 성공한 협상가와 거짓말을 하지 않은 사람의 분명한 차이점은 속이느냐 속임을 당하지 않느냐이다."

도덕성과 거짓말의 합법성

우리가 윤리적으로 나쁜 행동이라고 하는 것이 법적으로도 나쁜 것일까? 거짓말이 인간의 본성이고 거짓말을 지속적으로 하는 것이 보편적이라면 여러 상황에서 거짓말을 하는 것을 나쁜 것이라고 말할 수 있을까? 펜실베니아 대학 워튼 스쿨의 리차드 쉘(Richard Shell) 교수는 협상 상황에서 벌어지는 거짓말에 대해 보다 수용적인 태도를 가질 필요가 있다고 말했다. 그는 법 연구와 비즈니스 윤리학 교수다. 그는 Sloan Management Review에 1991년 기고한 글에서 "도덕주의자들이 협상에서 한낱 비윤리적인 행동이라고 여기는 것들이 법정에서 불법적인 행동이라고 규정한 것과 정확하게 일치하는 것으로 밝혀졌다."라고 했다. 그의 이런 주장을 쉽게 말하면 많은 법률적 판례는 법과 도덕이 상당이 중복된다는 것을 보여주는 것이다. 협상 상황에서 법률적으로 불법이라고 규정한 것은 윤리적으로도 나쁜 것이라는 말이다. 일반적으로 사기는 다섯 가지의 간단한 구성요소를 요구한다. (1) 자료에 대한 거짓 진술, (2) 거짓에 대한 지식이나 믿음, (3) 진술에 의존하는 상대방을 유도하는 꼬임, (4) 상처받은 쪽에 의한 정당한 의존, (5) 순진한 상대방에 대한 손해와 상처. 이런 요소를 기반으로 쉘 교수는 다음과 같이 결론지었다. "비윤리적인 거래 관행은 불법적인 것이거나 그렇게 보이지 않더라도 자세하게 끄집어내어 살펴보면 불법적인 것이 된다." 다른 말로 하면 불법적인 거래 관행은 단순히 나쁜 것이 아닌 불법적인 것이라는 말이다. 거래할 때 하는 거짓말은 명백하게 불법이다.

모든 기만행위가 모두 거짓말은 아니다

명백하게 쉘 교수의 논점은 한계가 있음을 우리는 안다. 협상가의 거짓말에 대한 그의 이의 제기에도 불구하고 협상 중에 상대방을 잘못된 방향으로 이르게 하는 것은 협상의 지극히 표준적인 것임을 그는 인지한다. 적어도 협상가들은 이런 것을 모두 인지하고 있다. 그 누구도 벼룩시장이나 중고차 시장에서 거래를 할 때 사는 사람에게 팔려고 하는 물건이나 자동차에 대한 모든 이력을 말하지 않는다. 내가 이 물건을 예전에 정확히 얼마에 샀으며 이 자동차가 어떤 하자가 있는지를 낱낱이 상대방에게 이야기하는 사람은 없다. 모든 것은 사는 사람이 물건을 보고 결정할 뿐이다.

사실 쉘 교수는 잘못된 정보를 상대방에게 알리는 사람들이 비도덕적이거나 비합법적인 행동을 했다고 주장하지 않았다. 실제 거래에서 법률적으로 구속력이 있는 말과 단순히 판매하는 제품이나 서비스를 과대 포장하는 말 사이에는 큰 차이가 있다는 것을 우리는 알 수 있다. 예를 들어 판매자가 "최고"로 좋은 제품이라고 말했을 때, 이 최고라는 말은 검증되지 않은 말일 수도 있다. 어떤 것을 기준으로 최고라고 하는지도 애매모호하다. 부동산 업자가 이 동네에서 "제일 좋은" 입지라고 말한다면 "제일 좋은"이라는 말은 법적 구속력이 있을까? "제일 좋은"이라는 말을 믿고 부동산을 구매한 사람이 나중에 제일 좋은 입지는 다른 곳에 있다는 것을 알았을 때 법률적인 소송을 걸 수 있을까? 사실 거래 관계에서는 과장된 칭찬이 아주 많다. "최고 등급의, 가장 안전한, 가장 정밀한" 등등의 말을 우리는 쉽게 접할 수 있다. 이런 과장된 발언이나 문장은 거래에서 어느 정도 용인되는 부분이 있다.

밝혀야 하는 정보를 명확하게 밝히지 않는 것은 어떨까? 그냥 대충 얼버무리고 넘어갔다면 법률적인 제재를 받을 수 있을까? 사실 상대방에게 정확히 알리지 않았다고 해서 법률적으로 제재를 받지는 않는다. 일요일 아침에 TV에 나와 인터뷰하는 정치인이나 행정가를 생각해보라. 그들은 질문한 것에 대해 정확히 답변하지 않고 화제를 다른 곳으로 돌리는 것에 탁월한 능력을 가졌다. 심지어는 질문을 받지도 않는 사항에 대해 대답하면서 그들이 하고 싶은 말만 늘어놓는다. 그들의 과장된 공약을 100퍼센트 믿는 사람도 없지만 그들의 말을 법률적으로 해석하려는 사람도 없다. 어디까지가 거짓말의 범주에 들어가고 어디까지가 거짓말이 아닌 진실인지를 판별하기는 사실 어렵다.

거짓말은 도덕적으로, 그리고 법률적으로 사실 모호하다. 이런 관점에서 보면 협상가들은 거래에 있어서의 기만행위에 대해 정신을 바짝 차릴 필요가 있다. 상대방의 기만행위에 속지 않을 만반의 준비를 하고 있어야 한다. 협상가들은 거짓말을 알아채고 그 거짓말에 대해서 어떻게 안전장치를 만들어 두어야 하는지를 잘 파악하고 있어야 한다.

우리는 거짓말을 간파해낼 수 있나?

모든 사람은 상대방이 거짓말을 할 때 그것이 거짓말인지를 알아내는 자신들만의 방법을 가진 듯하다. 거짓말을 하는 사람들은 눈맞춤을 피하거나 귀를 잡아당긴다거나 땀을 흘리는 등의 모습을 보인다. 목소리도 평소와 달라지고 웃음도 자연스럽지 못하게 된다. 질문에 대한 답을 할 때 시간이 보통 때보다 오래 걸리거나 손가락을 꼼지락거리거나 긴 숨을 몰아 쉴 때도 있다. 거짓말을 할 때 어떤 사람은 눈을 깜박이고 어떤 사람은 깜박이지 않는다. 이런 상대방의 행동을 관찰하면서 사람들은 그가 거짓말을 하고 있다고 생각한다. 물론 이런 생각들은 전부 개인적인 경험을 통해서 만들어진 것이다.

그러나 연구에 의하면 대부분의 사람들은 거짓말을 간파해내는 데 서툴다는 것이 밝혀졌다. 거짓말쟁이는 쉽게 알아차릴 수 없다. 많은 실험을 통해서 나온 결과에 따르면 거짓말을 알아차릴 확률은 아주 희박하다고 한다. 의도적인 아닌 아주 우연하게 발견할 확률 이상은 결코 될 수 없다는 것이다. 예를 들어 거짓말쟁이들이 그들의 시선을 다른 곳으로 돌린다는 것은 사실이 아니라고 판명되었다. 이와 유사한 다른 거짓말 판별 지침들도 믿을 만한 것이 못 된다고 밝혀졌다. 거짓말쟁이는 자세를 자꾸 바꾼다거나 그들의 머리를 특별한 방법으로 움직인다거나 하는 것들 말이다. 이런 자세들이 그들의 거짓을 은연중에 나타낸다는 생각들이 있던 것은 사실이다. 다리나 발의 특정한 움직임을 통해 거짓말쟁이는 그들이 거짓을 말하고 있다는 것을 상대방에게 암시하고 있다는 것이다. 그러나 실제로 아주 능력이 뛰어난 거짓말쟁이는 우리가 생각하는 이런 거짓을 나타내는 행동을 철저하게 통제할 수 있다. 상대방이 눈치를 전혀 못 채도록 말이다. 우리가 생각하는 거짓말쟁이의 특정한 행동에 대한 고정관념이 진실한 말을 오히려 곡해하는 것은 아닐까? 학생들은 비디오테이프를 보는 것보다 글로 된 기록을 보면서 더 많이 거짓을 판별해낼 수 있었다는 연구도 있었다.

거짓말쟁이를 알아내는 것이 얼마나 어려운 것인가에 대한 증거는 영국 경찰의 용의자 심문을 연구하는 분야에서도 잘 나타난다. 이 연구는 거짓말이 들통 나서 긴 감금 생활을 해야만 하는 개인에게 초점을 맞추었다. 아주 세밀한 검사 과정을 통해서 연구원들은 테이프로 녹화된 용의자들의 인터뷰 장면을 입수하였는데 용의자들은 심문 과정 동안 진실과 거짓을 모두 말하고 있었다. 이 연구의 입안자들은 독립된 관찰자들에게 테이프를 보고 용의자들의 여러 가지 행동을 살펴볼 것을 부탁했다. 예컨대 다른 사람의 시선을 싫어하는 행동이나 머리를 흔드는 것, 눈을 깜박이는 것, 몸을 긁는 행동, 말을 도중에 끊는 것, 대화 도중에 "아"나 "음" 같은 말을 하는 것 등을 세밀하게 관찰하도록 부탁한 것이다. 그리고 전형적으로 알려진 거짓말의 사례들과 이 테이프에서 용의자가 보여준 행동들을 비교했다. 이런 관찰에 의거해서 연구 입안자들은 몇 가지 중요한 결론에 도달했다. 첫째, 기만적인 행동에 대한 전형적인 기준이 있다는 것이 틀렸음을 알았다. 둘째, 전형적인 기만 행동에 대한 신뢰할 만한 기준이라는 것이 놀랍게도 아주 미미한 것이었다. 예를 들자면 용의자들은 거짓말을 할 때 긴 침묵을 했지만 눈은 오히려 덜 깜박거렸다. 결론적으로 말하면 거짓말을 하는 것에 대한 보편적인 특징은 없으며 거짓말을 쉽게 알아차릴 수도 없다는 것이다.

아직도 법을 집행하는 공무원, 판사, 정신과 의사, 거짓말탐지기 분석가, CIA 요원 등과 같은 사람들이 거짓말의 행태를 알아내기 위해서 여러 가지 기법을 활용하고는 있지만 거짓말을 정확하게 알아낼 수는 없다. 그들은 자신들이 거짓말을 간파하는 데 있어 강한 자신감을 표명하고 있지만 그들의 주장이 과학적인 자료들에 의해서 확신되는 것은 아니다.

거짓말 탐지기술에 대한 관심

지난 수년간 과학자들은 거짓말을 탐지하는 기술을 개발해왔다. 아직도 대부분은 논쟁 중이다. 그중 하나가 거짓말탐지기이다. 거짓말탐지기는 맥박 수와 혈압을 측정하는데 피부에 전해지는 전기적 특성을 이용한다. 법을 집행하는 분야나 비즈니스 분야에서도 널리 사용되는 거짓말탐지기는 정밀한 조사에 점점 더 많이 사용되고 있다. 그러나 거짓말탐지기에 대한 회의론자도 많이 있어서 1988년에 거짓말탐지기 사용을 금지하는 법안이 제출되기도 했다. 일상적인 비즈니스나 국가적으로 중요한 일을 거짓말탐지기에 의존한다는 것을 금지시키는 것이었다. 2002년 National Academy of Sciences(과학의 발전과 인류의 복지 증진을 위해 1863년 결성된 미국의 과학자 조직)는 지난 수십 년간의 거짓말탐지기 자료를 분석한 후 결론을 내렸는데 그 내용은 거짓말탐지기가 아주 정확할 것이라는 것에 대한 기대를 거의 하지 말자는 것이었다. 사실 10명의 스파이를 포함한 10,000명의 사람들을 대상으로 거짓말탐지기 실험을 했는데 무려 1,600명이나 되는 무고한 사람들이 거짓말탐지기 검사를 통과하지 못했고, 2명의 진짜 스파이는 오히려 거짓말탐지기 검사를 빠져나갔다는 것이다.

최근에 거짓말탐지기의 대안이 되는 기술이 제시되었다. 캘리포니아 대학의 교수이자 임상심리학자인 폴 에크만(Paul Ekman)에 의해 대중적으로 가장 큰 반향을 불러일으키는 방법이 도출되었다. 폴 에크만 교수의 설명에 따르면 사람들은 거짓말을 할 때 무의적으로 그들의 기만행위를 암시하는 복합적인 얼굴 표정을 보인다고 한다. 특정한 얼굴 표정이 아닌 수많은 배들이 한데 모인 큰 함대와 같이 여러 가지 표정이 한꺼번에 일어난다는 것이다. 그는 특히 의사나 변호사 같은 전문 직종의 사람들이 그가 고안한 방법을 실제로 사용할 수 있다고 주장했다. 그러나 이것 역시 회의적이다. 아주 작은 표정의 일부분까지 간파하는 데는 한계가 있으며 아주 작은 감정의 표현이나 숨김을 정밀하게 분석하여 비즈니스 협상에 적용하는 것은 어려운 일이기 때문이다.

다른 새로운 기술들에 대해서도 회의론이 많다. 음성강조분석기(voice-stress analyzer), 자기공명화상장치(magnetic resonance imaging machine), 열이미지 처리기술(thermal-imaging technology)이 개발되었지만 역시 이런 기술 자체에 대한 논쟁도 많다. 최근에 전 세계적으로 테러리즘에 대한 관심이 확산되면서 이 기술들은 거짓말을 정확하게 탐지할 수 있다는 점을 내세워 많은 광고 공세를 벌이고 있다. 그러나 이런 기술들이 내세우는 여러 가지 효과성에 대한 주장을 면밀히 검토하는 것이 법 집행관이나 국방 전문가들에게는 꼭 필요하다. 거짓말 탐지기술에 대한 주장과 여러 가지 논쟁이 있지만 실질적으로 비즈니스를 하는 사람들이 이런 기술을 업무에 활용하는 데에는 아직 갈 길이 멀다고 할 수 있다.

속임수 방어하기

위와 같은 논쟁이 계속되니 거짓말이나 속임수를 방어할 수 있는 현실적인 대안이 없는 것처럼 느끼는 사람도 있을 것이다. 그러나 이런 속단은 금물이다. 상대방의 속임수에 대한 위험성을 최소화하는 방법을 강구하면 된다. 특히 협상에 있어서 상대방의 속임수에 적절하게 대응하기 위해 고안된 일련의 방법을 통해서 말이다.

협상을 시작하기 전에

모든 협상 전문가들이 늘 하는 조언이 있다. "준비하고 또 준비하고 다시 준비하라." 준비하는 것은 특히 중요한데 상대방을 처음 만났을 경우나 위험성이 큰 협상일 경우에 특히 그렇다. 준비 단계에는 두 가지 요소가 있다. 상대방의 성격을 파악하고 상대방이 선의를 가지고 있는지를 아는 것이다. 그리고 협상 중에 벌어질지도 모르는 상황에 대한 시나리오를 예상해보는 것이다.

배경과 선의를 조사하라 최소한 협상 전에 일반에게 공개된 정보만이라도 알아보아야 한다. 정부기관에서 발표한 자료들은 최소한 미리 봐야 하는 것들이다. 상대방 회사가 법적으로 문제를 일으킨 적은 있는지 아니면 건전한 기업 활동을 했는지 미리 알아보는 것은 아주 중요한 일이다. 아마도 가장 빠르고 간편한 방법은 Google이나 Yahoo 같은 인터넷 포털 사이트를 이용하는 것이다. 상대방의 선의가 의심스러워진다면 신용도나 개인적인 정보를 검색할 수 있는 전문기관을 통해 문의하는 것이 좋다. 이런 정보를 다루는 법적인 정당성을 갖춘 전문가나 전문업체에게 문의하는 것이다. 물론 협상 파트너에게 직접 물어보는 것도 하나의 방법이다. 협상 파트너에게 이런 사항을 직접 물어보는 것은 나쁜 방법이 아니다. 그러나 어떤 협상가들은 이런 정보를 문의하는 것을 싫어하는데 그 같은 행동은 처음부터 상대방을 신뢰하지 않는다는 것을 의미하기 때문이다. 이 문제는 전적으로 당신이 어떻게 문의하느냐에 달려있다. 아주 정중하게 묻는 것이 중요하다. 상대방을 더 확신하기 위해서 이런 질문을 하는 것이라는 것을 알려야 한다. 상대방이 이런 솔직한 질문에 대답할 수 있다면 이 질문에 대한 부정적인 반응을 상쇄시킬 수도 있다.

협상에 대한 특별한 기본 규칙을 정하라 법에 의거해서 모든 계약은 "대등하고 공정하게" 이루어져야 한다. 이 의미는 기업 비밀을 공개할 의무가 없고 서로의 이익을 추구할 수 있다며 협상을 하다가 상대방에게 거짓말을 할 수밖에 없는 상황일지라도 상대방에게 기업의 중요한 기밀을 이야기하거나 문서로 된 정보를 줄 의무는 없다는 뜻이다. 정유 회사나 놀이공원을 짓기 위해 땅을 사려는 사람들을 대신해서 에이전트가 땅 소유주와 협상을 벌이고 있다고 가정해보자. 협상을 위임받은 에이전트는 이 땅을 어떤 목적으로 사용할 것인지를 땅 소유주에게 밝힐 필요는 없다. 사려고 하는 땅에 엄청난 양의 유전이 있다는 사실을 땅의 소유주에게 꼭 알릴 필요는 없다는 것이다. 물론 그 땅에 유전이 있다는 사실을 땅의 소유주가 모르고 있을 때에 해당이 된다. 그러나 어떤 전문가들은 협상에 들어가기 전에 어느 정도의 "협상 전 합의"를 고려해야 한다고 주장한다. 모든 정보를 상대방에게 다 줄 수는 없지만 그래도 부당할 정도로 협상을 연기하거나 호혜적인 협상 마무리를 하는 데 지나칠 정도로 여러 가지 문제점이 제시되는 것에 대해서는 협상 전 어느 정도 이야기를 하고 합의를 이루어야 한다는 것이다. 최소한 협상가는 아주 중요한 쟁점이 될 수 있는 정보를 숨기지 말아야 한다는 말이다. 위의 경우에서처럼 사려고 하는 땅에 유전이 있다는 사실 같은 정보가 이에 해당된다. 게다가 "호의적으로 협상에 합의하려는 것"에 대한 반대는 불법행위에 대한 제보 같은 역할을 해서 상대방으로 하여금 중요한 정보 공개를 꺼리게 만드는 주요인이 된다.

협상 과정 중에

일단 협상이 시작되면 거짓말을 간파하는 여러 가지 방법이 있다. 거짓말이 탐지될 수 없을 때조차 협상가는 여전히 거짓말에 대응하는 최소한의 보호 장치를 세울 수 있다.

기만행위에 대한 잠재적인 신호를 주시하라 거짓말을 하는 것에 대한 행동적인 암시가 없음에도 불구하고 항상 현실을 직시하는 것이 중요하다. 상대방의 기본적인 행동과 태도를 주의 깊게 관찰해야 한다. 활발한 사람이 갑자기 부끄러워 할 수도 있고 아주 조용했던 사람이 산만해질 수도 있다. 상대방이 왜 갑자기 그런 태도를 취하느냐에 주의를 기울여야 하고 추가적인 대응책을 마련할 필요가 있다.

다른 방식으로 질문하라 거짓말을 하려고 마음먹은 사람은 명백한 거짓말을 할 필요가 없다. 명백한 거짓말은 사기죄의 부담을 갖기 때문이다. 그래서 애매모호한 방식을 따른다. 즉 진실의 주변을 살살 돌아다니거나 맛을 보면서 혼란을 조장한다. 그리고 상대방이 오해할 수 있는 발언을 만들어낸다. 다음과 같은 상황을 예로 들어보자. 톰은 수지에게 연락하려고 존에게 수지의 전화번호를 물어보았다. 그녀의 이메일 주소만을 가지고 있던 존은 수지의 전화번호를 가지고 있지 않다고 말할 것이다. 이렇게 되면 톰은 수지의 그 어떤 연락처도 얻지 못하는 상황이 된다. 이런 답변을 피하기 위해 톰은 수지와 연락을 취하고 싶은데 어떤 연락처를 가지고 있는지를 존에게 물어야 한다.

비슷한 방식으로 다른 이야기를 생각해보자 메리가 샘에게 예전에 체포되었거나 또는 사기죄나 절도죄로 유죄를 선고받은 적이 있냐고 물어본다면 샘은 분개하며 이런 노골적인 질문에 대답할 것이다. "나는 그런 종류의 범죄로 체포되거나 유죄를 선고받은 적이 결코 없어." 그러나 이 답변은 사기죄로 기소된 적은 있지만 유죄를 선고받은 적은 없다는 사실을 슬쩍 둘러대는 것일 수 있다. 메리는 샘의 이런 태도에 더 이상 질문하지 못하고 사실을 간과할 수 있다. 나중에 메리와 샘이 법적인 다툼을 벌이는 상황이 전개될 때 법원에서 샘의 편을 들어줄 수도 있다. 왜냐하면 추가적인 질문을 샘에게 던져서 정확한 사실을 파악하지 못한 것은 메리이기 때문이다. 메리는 다른 방식으로 질문을 던졌어야 했다.

질문하는 사람이 알고자 하는 모든 이야기를 파악하지 못하고 확신이 가지 않는다면 다른 방식으로 접근할 필요가 있다. 질문자는 말하고자 하는 안건에 대한 핵심을 정리할 수 있다. 그런 후에 질문을 받는 사람에게 "예" 또는 "아니오"라는 대답을 받을 수 있게 해야 한다. 상대방이 "예" 또는 "아니오"라는 방식으로 대답을 해온다면 협상가는 철저하게 상대방에게 질문을 계속해야 한다. 역으로 말하면 협상가는 질문에 답하기를 거부하는 상대방으로부터 부정적인 무엇인가를 추론해야 한다. 그리고 이렇게 말할 필요가 있다. "나는 당신이 나의 질문에 직접적으로 답하지 않기 때문에 당신이 무언가 중요한 것을 숨기고 있다고 가정할 것입니다."

상대방에게 비밀을 자백할 것을 청하라 상대방이 기꺼이 진실을 말할 것 같지 않은 상황이 된다면 상대방이 관련 정보를 드러낼 수 있도록 압력을 가해야 한다. 그렇게 함으로써 중요한 사실이 있는지를 상대방에게 물어볼 필요가 있다. 밝히지 못한 비밀이 있다면 그것을 밝히라고 요청할 필요가 있는 것이다. 예를 들어보자. 셰리는 브래드가 그녀의 집을 매입하기를 원하는 숨겨진 이유가 있다고 강하게 의심하고 있다. 그러나 브래드가 마음에 품고 있는 진의를 파악할 수 없다. 다만 숨겨진 무언가가 있다고 생각한다. 셰리의 집이 "상품가치가 높은" 것으로 브래드가 생각하고 있다고 짐작은 하지만 진짜 이유를 알지 못하는 것이다. 이 시점에서 셰리는 다른 접근 방법을 취하고 브래드에게 물어볼 필요가 있다. "이 거래에서 나에게 아직 이야기하지 않는 무언가가 있는 거니?" 브래드가 어떤 것도 없다고 이야기한다면 어떻게 될까? 그리고 얼마 후에 이 집 근처로 고속도로가 뚫릴 것이라는 사실을 셰리가 알게 되었다면 어떻게 될까? 고속도로가 이 집의 인근에 건설된다면 집값이 오를 것은 명백한 사실이다. 아마도 셰리는 나중에 브래드를 상대로 소송을 걸지도 모른다. 중요한 사실을 이야기하지 않았기 때문이다. 브래드가 이 정보를 셰리에게 말할 법적 의무는 없다고 할지라도 무언가 숨기고 있다는 것을 부정함으로써 스스로를 법적책임 공방의 논쟁으로 몰아넣을 수 있다. 사기를 치기 위해 무언가를 숨겼다는 것이 중요한 핵심인 것이다.

당신이 이미 답을 알고 있는 질문을 하라 정직함을 테스트하는 데 가장 잘 알려진 방법은 당신이 답을 알고 있는 영역을 조사해보는 것이다. 전문적인 지식을 가지고 잘 아는 분야를 질문했음에도 불구하고 상대방이 거짓말로 대응한다면 당신은 신뢰의 문제가 있음을 간파할 수 있게 된다. 이 접근 방법에 관한 아주 유명한 사례가 있다. 1962년 쿠바의 미사일 위기(Cuban Missile Crisis) 때의 일이다. 소비에트 연방(소련)의 외무 장관인 안드레이 그로미코(Andrei Gromyko)와의 미팅에서 미국의 케네디 대통령은 쿠바에 소련의 미사일이 배치되었던 사실을 인정할 것을 요청하며 미리 준비해 간 사진을 제시하면서 그로미코를 압박했다. 그로미코는 이것이 일회성 사건일 뿐이라며 케네디의 질문을 부정했다. 그로미코는 계속 사실을 부정했다. 케네디는 화가 나서 쿠바에 봉쇄조치를 단행하고 모든 미사일을 철수할 것을 요구했다.

협상 중에 메모를 하라 거래가 종료된 후에 분쟁이 발생한다면 큰 문제가 아닐 수 없다. 합의에 이르는 과정에서 실제적으로 있었던 여러 가지 말들에 대해서 상대방의 과실을 잡아낸다는 것은 어려운 일이다. 노련한 협상가는 미래에 문제 발생의 소지가 있는 애매모호한 사항들을 사전에 차단하는 능력을 가지고 있다. 중요한 사항에 대해서 메모를 해놓는 것이다. 즉 잠재적인 문제 발생 가능성을 제거하기 위해 메모를 철저하게 하는 것이다. 어떤 이들은 상대방의 발언을 다시 그들에게 읽어주며 정확하게 그것들을 승인해 달라고 요청한다. 또 다른 이들은 증인으로서 제3자를 협상 과정에 부르기도 한다. 제3자는 협상 증인으로서의 역할을 수행하는 것이다.

최종 합의에 있어 서면으로 하는 것을 포함시켜라 사실에 대한 상대방의 발표나 제시는 거래를 합의에 이르도록 하는 기본적인 요소이다. 사실에 대한 일관된 발표를 서면으로 남길 것을 주장하는 것은 의미가 크다. 예를 들어 Acme Manufacturing Co.라는 회사는 소형 공구를 만드는 회사를 사는 것을 꺼리고 있다. 왜냐하면 앞으로 소형 공구의 수요가 얼마나 많을지에 신경이 쓰이기 때문이다. Acme사에게 확신을 주기 위해서 공구 회사의 주된 고객사로부터 받은 몇 년간의 구매확약을 제공할 수도 있다. 그러나 거래의 조건으로 Acme는 문서로 된 구매확약증서를 보여 달라고 주장할 수 있다.

만약의 사태에 대비하기 위해 조건 합의를 이용하라 때때로 문서로 된 합의서에 상대방이 말한 것을 포함시키고자 하는 의도를 말하는 것은 더 솔직한 대화에 불을 지핀다. 그러나 상대방이 처음에 말한 것만이 옳다고 주장해 온다면 노련한 협상가는 다음의 조치를 취할 수 있다. 조건적인 합의를 주장하는 것이다. 완벽한 합의가 아닌 지금 당장의 합의를 하는 것이다. 나중에 거짓으로 판명될 경우 무효로 한다는 식의 합의를 통해 협상을 중단 없이 계속해 나갈 수 있다. 조건 합의에서는 어떤 상황이나 사건의 발생을 조건으로 미리 결과와 해결책에 대해서 합의를 한다.

신뢰하라. 그러나 사실임을 검증하라 많은 사람들은 1987년에 맺어진 미국 로널드 레이건 대통령과 소비에트 연방 미하일 고르바초프 서기장의 중거리 핵전력조약(Intermediate Nuclear Forces Treaty) 협상을 기억할 것이다. 이 협상에서 레이건 대통령은 "신뢰하라. 그러나 검증하라."고 말했다. 상대방의 발표가 정확한 것인지를 판단할 수 있는 수단을 가지고 있을 때 협상의 쌍방은 더욱더 서로를 신뢰하는 경향이 있다. 상대방을 검증할 수 있는 수단이 많으면 많을수록 상대방을 믿게 되는 것이다. 사회는 협상 중에 벌어지는 비정직과 나쁜 의도를 방지하기 위해서 여러 가지 법적 제도적 장치를 발전시켜 왔다. 제3자 예약이나 채무이행보증 같은 것들이 대표적인 예가 되겠다. 상황에 따라 협상가들은 언제나 이런 메커니즘들이 적절한 것인지에 대해 고려해야 한다. 그래야만 달성하려는 목적을 성취할 수 있다.

클레어 루스(Clare Luce) 전 미국 대사는 이렇게 말한 적이 있다. “거짓말은 창조적인 능력을 증가시키고 자아를 확대하며 사회적 마찰을 감소시킨다.” 그의 말처럼 거짓말은 많은 유용한 목적에 기여한다. 인간 사회에서 거짓말이 유행하는 것은 놀라운 일이 아니다. 이것을 잘 안다면 협상가들은 협상 중에 기만당하는 것에 스스로를 잘 방어할 필요가 있다. 에이치 엘 멘켄(H. L. Mencken)은 “당신이 상대방의 입장에 있다면 당신 스스로도 거짓말을 한다는 사실을 알 때 상대방이 진실을 말하고 있다는 것을 믿기는 어렵다.”라고 말했다. 그나마 운이 좋은 것은 거짓말과 거짓말쟁이로부터 당신을 보호할 여러 가지 방법이 있다는 것이다.

Reading 2.6

Charles B. Craver

SECTION 02

협상의 윤리학

검사나 비즈니스맨에게 협상 과목을 가르칠 때 나는 협상 당사자 모두 거짓말을 하지 않는 전문적인 협상에 참여했음을 알리는 것으로 시작한다. 그러나 내가 만난 협상가들 중에는 정직하지 않았던 사람들이 있었던 것도 사실이다. 어떻게 협상가들은 솔직함을 저버리고 거짓말을 할 수 있을까? 그들은 문제의 본질을 잘못된 방식으로 해석한다.

두 사람이 협상을 위해 모였다. 한 사람은 물건을 팔 때 10만 불 이상만 받으면 된다는 지침을 받았다 다른 한 사람은 13만 불까지는 지불해도 된다는 지침을 받았다. 3만 불은 그들 선에서 결정할 수 있는 범위라고 할 수 있다. 그들은 작고 소소한 이야기로 협상을 시작해서 이제 가장 중요한 안건을 다루어야만 하는 시점에 다다랐다. 돈을 받으려는 사람, 즉 팔려는 사람은 15만 불 이하로는 팔 수 없다고 했다. 반면에 돈을 지불하는 사람, 즉 사려는 사람은 7만 5천 불 이상은 단 한 푼도 줄 수 없다고 했다. 그들은 성공적으로 협상을 시작했다고 기뻐했다. 그러나 사실 아주 뻔뻔스런 거짓말로 협상을 시작한 것이다. 이런 협상은 사실 긍정적인 결론을 만들어낼 수 없다. 물건이 가지고 있는 최소한의 가치를 서로가 잘 알고 있는 상황에서, 진지하게 접근하지 않는 협상이 성공적으로 완수될 가능성은 적다. 만약 변호사 사이에서 의뢰인의

Source: "Negotiation Ethics," by Charles B. Craver, from *The Negotiator Magazine*, December 2005. Used by permission of the author.

이익을 대변하는 협상 중에 이런 식의 부풀리기가 계속된다면 어떻게 될까? 상대방의 제안에 대해서 일단 자신의 원래 의중과는 상관없이 대응하는 것을 "훅 불어버리기"라고 표현해보자.

협상에 윤리가 없다면 어떻게 될까. 변호사는 변호사 협회가 정하는 윤리 강령이 있고, 회사를 대표해서 나온 협상가들도 윤리적인 것의 테두리를 벗어나지 않는 수준에서 협상을 진행한다.

긍정적인 허위진술

내 고객이 회사를 매각하려고 한다. 동시에 그 회사에 관심이 있는 사람이 나타났다. 회사를 팔려고 하는 사람은 적어도 5천만 불을 받고 싶지만 4천 5백만 불 선에서도 판매할 의향이 있다고 협상가에게 말했다고 가정해보자. 그 회사를 매입하고자 하는 사람이 그 회사의 가치가 얼마냐고 물어본다. 이럴 경우 나는 6천만 불을 부를 수 있을까? 명백하게 대답은 '예'이다. 이런 행위는 그저 아무런 정보 없이 "훅 불어버리기" 같은 행동이기 때문이다. 상대방이 제시한 조건에 대해서 일단 슬쩍 말을 꺼내보는 행위 같은 것이다. 이런 행동은 협상에서 얼마든지 용납이 된다. 회사에 매입에 관심이 있는 사람이 3천 5백만 불을 이야기했고 나는 그 이상으로 가격을 올릴 수 있는지 물어본다. 상대방은 더 이상 가격을 올릴 수는 없다고 이야기할 수 있을까? 물론 이번 경우에도 대답은 '예'이다. 왜냐하면 상대방도 "훅 불어버리는" 행동을 하는 것이기 때문이다.

만약 그 누구도 내 고객의 회사를 사려하지 않는다면 다른 입찰자들도 이 회사 매입을 고려하고 있다고 알리는 것이 윤리적으로 맞는가? 다른 변호사들은 이런 것 역시 협상 과정 중에 "훅 불어버리는" 행동이라고 말한다. 하지만 나는 그것에 동의하지 않는다. 나는 다른 사람을 개입시킬 경우에는 솔직하게 사실을 이야기해야 한다고 생각한다. 즉, 다른 구매 희망자가 있냐고 물어본다면 나는 진실된 정보를 전달해야 한다. 현재 구매 희망자가 없음에도 불구하고 회사 매각 협상을 진행하기 위해 다른 입찰자가 있는 것처럼 말해서는 안 된다. 이 회사 매입에 관심이 있는 몇 명의 희망자가 있고 그들이 4천만 불을 제시해 왔다면 이럴 경우 내가 5천만 불의 제시하는 것이 윤리적으로 맞는가? 사실 가격 자체에 대한 협상은 얼마든지 이루어질 수 있지만 발생하지도 않는 것을 있는 것처럼 말해서는 안 된다. 다른 입찰자가 없음에도 불구하고 다른 입찰자는 5천만 불을 지불할 의향이 있었다고 말하는 것은 피해야 한다.

내 고객이 팔고 싶은 회사의 가치를 내가 과장할 수 있을까? 사실 기업의 미래 가치를 지금 판단하는 것은 쉬운 일이 아니다. 그러나 미래의 가치에 대해 이야기는 할 수 있다. 회사의 미래 가치를 판단하는 것은 전적으로 주관적인 영역이다. 주관적인 것을 나쁘다고 말할 수는 없다. 그러나 잘못된 정보를 옳은 정보인 것처럼 이야기하는 것은 용인될 수 없다. 진실 자체는 협상 상대방에게 전달이 되어야 한다.

일부만 진실인 진술

겉으로만 진실된 말은 오해의 소지가 있을 수 있다. 자동차 사고로 다친 사람과 관련된 유명한 소송 건이 있다. 그의 갈비뼈는 금이 갔으며 연조직 손상을 입었다. 시간이 가면서 금이 간 갈비뼈와 손상된 연조직도 회복되었다. 사고를 낸 사람의 변호사는 소송을 건 원고인을 소송 사건을 많이 치러 본 의사에게 보냈다. 의사는 환자인 원고인을 면밀히 검사했고 그의 갈비뼈가 치료되었음을 알았다. 그런데 그의 대동맥에서 생명을 위협하는 동맥류를 발견하였다. 만약 사고를 낸 사람의 변호사가 아닌 소송을 건 원고 측 변호사가 원고인을 의사에게 보내서 이런 결과를 나왔다면 원고 측 변호사는 모든 것이 괜찮다고 말할 수 있을까? 분명히 말해서 아니다. 이것은 중요한 사실에 대한 허위진술이기 때문이다. 피고 측 변호사가 단순히 갈비뼈는 다 나았다고 진술할 수 있을까? 이 진술은 받아들여질 수 있을까? 그렇다면 이 진술은 검사 결과 아무것도 발견되지 않았다고 말할 수 있는가? 이것은 기만적인 것일까? 많은 변호사들은 이것은 허용될 수 없는 허위진술이라고 말한다. 이런 윤리적인 문제는 많은 소송 건에서 발견된다. 피고 측 변호사가 의사가 발견한 치명적인 손상에 대한 질문에 답변을 할 필요가 없을 수는 있지만 말했을 때 오해의 소지가 있는 것을 진술할 수는 없다.

위와 같은 경우는 많다. 허리케인에 손상된 집을 매매하는 경우가 그렇다. 팔려는 집은 고쳐진 것처럼 보인다. 집을 구매하려는 희망자가 집주인에게 물어본다. 허리케인으로 인해 손상된 부분의 수리가 전부 되었는지를 물어보는 것이다. 집 판매자는 천장 부분은 완벽하게 고쳐졌다고 대답하지만 손상된 처마에 대해서는 아무 말도 하지 않을 수 있을까? 집 구매 희망자가 집주인이 말을 하지 않아서 집이 완벽하게 수리되었다고 생각한다면 어떻게 될까? 집 구매자가 더 상세하게 물어보지 않았다고 해서 집 판매자는 아직 수리가 되지 않은 부분에 대해 이야기하지 않을 수 있을까? 질문하지 않았다고 해서 하자가 있는 집을 파는 것은 윤리적인 것이 아니다.

협상가는 명시적인 방법으로든 묵시적인 방법으로든 그들의 의사를 전달해야 한다. 중요한 것은 진실된 정보만을 전달하는 것이다. 듣는 사람으로 하여금 오해를 불러일으킬 수 있는 반쪽만 진실인 정보를 사용해서는 안 된다. 그들이 무엇을 이야기해야 할지에 대해서 확신을 갖지 못한다면 그냥 침묵해야 한다. 그들에게 말하기로 마음을 먹었다면 상대방이 오해를 불러일으키는 방향으로 가서는 절대로 안 된다.

허용될 수 없는 누락

많은 비즈니스와 법적인 상호 관계 속에서 가장 기본적인 룰은 매수자 위험부담이다. 판매자는 이것을 안다. 구매자가 정확한 질문을 하지 않고 판매자가 긍정적인 허위진술을 하지 않는다면 구매자는 살 물건이 가지고 있는 문제를 알 수 있는 방법이 전혀 없다. 문제가 있는 제품에 대해서 판매자가 아무런 이야기를 하지 않으면 법적인 책임을 물을 수 있을까? 사실 법은 하자에 대해서 밝히는 것을 규정하고 있다. 치명적인 하자가 있는 물건의 결점을 알리도록 요구하고 있고 있는 것이다. 이것은 판매자의 의무와 밀접한 관련이 있다. 이런 의무를 지키지 않은 판매자는 숨긴 결점에 피해를 입은 사람들로부터 소송을 당할 수도 있다.

이런 것은 주식이나 채권의 거래에 있어서도 동일하게 적용된다. 주식을 거래할 때는 기업의 정보를 정확하게 공지하여야 한다. 그 회사의 재정 상태를 확실하게 알 수 있을 때만이 투자를 결정할 수 있기 때문이다. 부정적인 정보든 긍정적인 정보든 공개하지 않으면 정보 누락에 대한 책임을 면하기 어렵다.

동맥류에 대한 사실을 안 피고인 측의 변호사는 어떤가? 이런 사실이 발견되었을 때 피고인 측의 변호사는 윤리적인 질문에 빠지게 된다. 이런 사실을 자발적으로 알려야 하는 것은 아니지만 이렇게 치명적인 위험이 사고를 당한 사람의 몸에 있다는 사실은 알고 침묵하는 것은 절대로 윤리적인 것이 아니라는 사실을 알고 있다. 더구나 그 환자의 몸을 검사한 의사는 증인이 된다. 몇 년 전 미국 변호사 협회는 그들의 윤리 강령을 수정했다. 그 내용은 생명과 직접적으로 관련이 있고 심각한 신체적 상해가 예상되는 비밀에 대해서는 공개해야 한다는 것을 포함하고 있다. 물론 이것은 아직 의무조항은 아니다. 변호사가 소송의 승패에 직결되는 정보를 자발적으로 공개할 필요는 없다는 것이 된다.

의뢰인이 특별하게 중요한 정보를 공개하는 것을 변호사에게 금지시킨 것이 아니라면 변호사가 의무적으로 개인의 생명이나 신체에 치명적인 정보를 공개하는 것을 의무화할 필요가 있다. 그리고 이런 윤리에 의거한 정보 공개 때문에 변호사가 소송에 져서 경제적으로 타격을 입는 것에 대한 것도 논의해야 한다고 생각한다. 옳은 일을 한 변호사가 피해를 입는다면 앞으로 윤리적인 일을 기대할 수 없게 되기 때문이다.

결론

허위진술이 그냥 용인되는 "훅 불어버리기"라고 여겨질지라도 그것은 명백하게 부적절한 것이다. 사실 명확하게 윤리적인 것과 비윤리적인 것에 대해서 선을 긋는 것은 쉬운 일이 아니다. 나의 학생들이 정확하게 구분 짓는 것에 대해 질문해왔다. 나는 상대방이 허위진술을 시도했을 때의 느낌을 물어보라고 답변했다. 협상을 하는 상대방이 솔직하지 않다고 느낀다면 나 또한 진실된 행동을 하지 않게 될 것이다. 마크 트웨인의 말을 하나 소개하고 이 글을 마무리하고 싶다. “언제나 옳게 행동하라. 옳은 행동은 어떤 사람들에게는 기쁨일 것이고 어떤 사람들에게는 놀라움일 것이다.”

Reading 2.7

G. Richard Shell

SECTION 02

협상 윤리에 대한 세 가지 학파

거래 윤리에 대한 세 가지 학파가 있다. 나는 이 세 가지 학파를 당신의 협상을 위해 소개하고 싶다. 그것은 아래와 같다.

(1) "거래는 게임이다." 포커 학파

(2) "상처 입을지라도 좋은 일을 하라." 이상주의자 학파

(3) "뿌린 대로 거두는 법이다." 실용주의 학파

이 세 학파를 하나씩 살펴보기로 하자. 이 세 가지 학파 중 어떤 학파가 가장 잘 당신의 태도를 반영할 수 있는지 알아보는 것이다. 당신이 어떤 관점으로 협상을 이해하고 있는지 살펴보는 것은 당신의 협상력을 높이는 데 큰 도움이 될 것이다. 쪼들리는 일상생활을 하면서 윤리적 기준을 생각하면 사람들은 그 기준을 오르려 하지 않고 타고 내려오려는 습성이 있다.

Source: "Three Schools of Bargaining Ethics," by G. Richard Shell, from *Bargaining for Advantage: Negotiating Strategies for Reasonable People*, 1999, pp. 215-222. New York: Penguin Books. Used with Permission.

“거래는 게임이다” 포커 학파

포커 학파는 협상을 어떤 규칙을 가진 게임으로 본다. 이 규칙은 법으로 규정되어 있다. 이 규칙 안에서 행동하는 것은 윤리적이다. 반면 이 규칙 밖으로 나가는 것은 비윤리적인 것이 된다.

포커 학파의 창시자는 알버트 카르(Albert Z. Carr)이다. 그는 트루만 대통령의 특별 컨설턴트였다. 카르는 1960년대에 책을 썼는데 책의 제목은 『게임으로서의 비즈니스(*Business as a Game*)』였다. 카르는 허세와 허위는 합법적인 협상 전술 게임에서 없어서는 안 되는 요소라고 했다. 이런 협상 전술을 완벽하게 습득하지 못한 고위 임원은 재화와 권력을 축적하지 못한다고도 했다.

포커 학파에 열중인 사람들은 협상하는 것과 포커가 완전히 같지 않다는 것을 인정한다. 그러나 속이는 기술은 협상이나 포커를 효과적으로 하는 데 아주 필수적인 것이라고 생각한다. 게다가 협상이나 포커를 아주 잘하는 숙련된 사람들은 상대방에 대한 확고하고 현실적인 불신을 보인다. 협상과 게임하는 과정에서 우정 같은 것은 무시해 버리고 교활하게 속이거나 은닉을 일삼는다. 아주 어려운 협상을 진행시키는 것이다. 게임이 끝난 후에도 상대방을 생각하지 않는다. 어떻게 상대방을 잘 속였는가가 중요하다. 물론 합법적인 테두리 안에서 말이다. 사실 전술은 법적으로는 옳다. 게임의 승리자는 존경받고 다음 게임을 위해 더 많은 준비를 한다.

우리는 어떻게 포커 게임을 하는지 안다. 그런데 게임을 어떻게 협상하는지도 알까? 문제의 본질은 이렇다. 게임을 하려는 사람들은 둘러앉는다. 그리고 어떤 방식으로 게임을 할지 논의한다. 내가 더 잘할 수 있는 게임 방식이 선택되도록 논쟁도 한다. 나의 목표는 나에게 유리한 게임 규칙이 정해지도록 하는 것이다. 나에게 더 익숙하고 내가 그동안 더 잘해왔던 게임 방식이 채택되어야 하는 것이 나의 목표다.

게임 협상에 있어서 양측은 과장할지도 모른다. 과장은 약한 것을 감추어준다. 다른 말로 하면 게임의 방식에서 당신이 상대적으로 약한 조항을 없애려고 하는 것이다. 최대한 상대방이 당신의 주장을 받아들이게 하려면 과장하는 것은 필수다. 약점은 철저하게 감춘다. 그러나 포커 게임을 하는 사람과는 달리 협상가는 자신의 장점을 언제나 드러내려고 한다. 협상가에게 있어 가장 효과적인 과장이란 현실적이고 매력적인 것이고, 대안이 알려지지 않게 하는 것이다. 경험 많은 협상가는 이것을 잘 안다. 그래서 게임을 협상하는 가장 중요한 기술 중 하나는 상대방의 대안이 협상가가 말한 것과 같이 좋은 것일 때 그것을 판단하는 것이다. 상대방이 당신이 과장하는 것을 알고 협상을 포기하거나 당신에게 신뢰할 만한 최후 해명을 요구해 온다면 당신은 지게 되는 것이다. 거래는 이루어지지 않게 된다.

위에서 이야기한 것처럼 포커 학파는 법의 규칙을 믿는다. 포커에서 카드를 다른 곳에 숨기는 일은 허용되지 않는다. 다른 사람과 공모하는 것도 안 되며, 바닥에 깔린 패와 같은 패를 가지고 있으면서 다른 패를 내는 것도 안 된다. 그러나 당신의 손 안에 있는 것을 가지고 속이는 것은 할 수 있다. 강한 패를 가지고 있어도 약한 패를 가지고 있는 것처럼 해서 상대방이 더 많은 돈을 걸 수 있게 할 수는 있다. 협상에 있어서도 마찬가지다. 물론 소송을 당할 정도의 사기를 쳐서는 안 된다. 협상가는 주도면밀해야 한다.

포커 학파는 세 가지 큰 문제점이 있다. 첫째, 포커 학파는 모든 사람이 협상을 게임으로 여긴다고 추정한다. 불행하게도 사람들은 이런 생각에 동의하지 않는다는 실증이 있다. 이상주의자도 실용주의자도 협상을 게임으로 생각하지 않는다. 상대방이 게임의 규칙에 동의하지 않았을 때조차 게임은 진행된다고 믿는 포커 학파는 생각을 바꾸지 않는다.

둘째, 모든 사람들은 규칙이라는 것이 냉정하다는 것을 안다. 그러나 법적 규칙이라는 것은 산업 분야에 따라 다르게 적용되고, 세계의 각 지역에 따라서도 다르게 적용된다.

셋째, 법은 단일한 판결 안에서조차 확실한 것이 아니다. 그래서 당신은 더 정확한 법률가에게 어떻게 해야 할지를 결정하기 위해 도움을 요청할 필요가 있다.

"상처 입을지라도 좋은 일을 하라" 이상주의자 학파

이상주의자 학파는 협상은 사회생활의 모습이라고 말한다. 일련의 독특한 규칙을 가진 특별활동이 아니라는 것이다. 집에서 적용되는 윤리가 협상의 영역에서도 그대로 적용된다는 입장이다. 사회에서 거짓말하는 것이 나쁘고 다른 사람들을 기만하는 것이 나쁜 것이라면 협상에서도 똑같이 나쁘다는 것이다. 또한 특별한 상황에서 거짓말을 하는 것이 괜찮다면 특별한 조건이 적용되는 협상에서도 거짓말을 하는 것은 괜찮다는 것이다. 예를 들어 상대방의 감정을 해치지 않기 위해 거짓말을 하는 것이 옳다면 그것은 괜찮다.

이상주의자들이 협상에서 속이는 행위를 전적으로 배제하는 것은 아니다. 예를 들어 상대방이 당신에게 많은 영향력이 있다고 판단하고 현재의 상황을 직접적으로 물어보지 않는다면 당신은 스스로의 입장을 약화시키는 정보를 상대방에게 자발적으로 제공할 필요가 없다. 나아가 질문을 해도 거절할 수 있다. 그러나 그런 예외적인 상황은 상당히 불편한 순간이 된다. 이상주의자 학파의 구성원들은 협상 테이블에서 솔직한 것을 선호한다. 솔직함 때문에 전략적 이익을 어느 정도 포기해야 할 때도 말이다.

이상주의자 학파는 철학과 종교에서 강점을 찾는다. 예를 들어 임마누엘 칸트는 다른 사람들이 따라주기를 바라는 윤리적 규칙은 우리도 따라야만 한다고 말했다. 칸트는 모든 사람들이 언제나 거짓말을 한다면 사회생활은 혼란에 빠질 것이라고 했다. 그러므로 당신은 거짓말을 해서는 안 된다. 또한 그는 다른 사람을 자신의 목적을 달성하기 위한 수단으로 다루는 것에 대해서도 인정하지 않았다. 협상에 있어서 거짓말은 개인적 이익을 얻기 위해 고안된 이기적인 행동이다. 그래서 비윤리적인 것이다. 많은 종교 역시 개인적 이익을 위해 신도들을 속이지 말라고 가르치고 있다.

이상주의자들은 협상에서의 기만 행위가 친구 사이의 우정을 훼손하지 않고, 비즈니스 관계의 책임 관계를 위반하지 않으며, 스스로를 충분히 지킬 수 없는 아프거나 늙은 사람들은 착취하지 않는다면 도덕적으로 분개하는 일을 거의 만들어내지 않음을 인정한다. 거짓말을 함으로써 살인 행위를 막을 수 있다면 그렇게 하라고도 한다. 그러나 도덕적으로 분개하지 않는 것과 가끔씩 거짓말을 하는 것이 용인된다는 사실이 협상에서의 기만을 옳은 것으로 만들지는 못한다.

이상주의자들은 협상을 게임으로 볼 수 있다는 생각을 강하게 부정한다. 그들이 느끼는 협상이란 진지하고 연속적인 커뮤니케이션 활동이다. 사람들은 상대방과의 차이점을 극복하기 위해 협상을 하고 그렇게 함으로써 사회생활은 모두를 위한 이익 활동이 된다. 사람들은 자신의 행동에 책임을 져야만 한다. 물론 보편적인 기준 아래에서 그들이 협상하는 방식에 대해서도 책임을 져야만 한다.

이상주의자들은 포커 학파의 구성원들은 약탈 행위를 하고 이기적이라고 생각한다. 포커 학파들은 이상주의자 학파를 순진하고 심지어는 약간 어리석다고 생각한다. 두 학파 사람들이 협상 테이블에 앉는다면 어떤 일이 벌어질까? 두 학파의 분노가 폭발할 것이다.

최근까지 이상주의자 학파 중 어떤 이는 핵심 현안에서 과장하는 것에 대한 철학적 판단을 찾기 위해 노력했다. 윤리적 관점에서 이런 노력이 성공했는지에 대한 합의는 아직 없다. 그러나 더 좋은 대안이나 유리한 가격에 대한 터무니없는 거짓말은 이상주의자들의 원칙 아래서는 비윤리적 행동임이 틀림이 없다.

이상주의자들의 큰 문제는 명백하다. 때때로 그들의 기준은 협상 테이블에서 현실적인 진전을 어렵게 만든다. 그들의 기준에 너무 얽매이다 보니 실질적인 협상이 이루어지지 않는 것이다. 이렇게 하다 보면 상대방의 계략에 오히려 당할 수도 있다. 이런 한계는 특히 이상주의자들이 다른 사람들의 이익을 대변할 때 큰 문제가 될 수 있다. 다른 사람의 이익을 대변하는 데 이상주의자들의 관점으로 협상에 임한다면 분명 한계가 있기 때문이다.

이런 한계에도 불구하고 나는 이상주의자 학파를 좋아한다. 아마도 내가 아직 학문 분야에 남아 있어서 그런 것 같다. 나는 나의 도덕적 기준이 일관되게 적용될 수 있기를 열망한다. 그러나 확실한 것은 이상주의는 윤리적 조건으로 협상을 생각하는 유일한 방법은 아니라는 것이다.

“뿌린 대로 거두는 법이다” 실용주의 학파

협상 윤리의 마지막 학파는 실용주의 학파이다. 앞에서 다룬 두 개 학파의 요소들과 습성을 포함한다. 포커 학파에 있어서 기만은 협상 과정에서 필요한 부분이 된다. 그러나 이상주의자 학파는 포커 학파와는 달리 허위로 이야기하지 않고 거짓말도 하지 않는다. 실용주의 학파는 현재나 미래의 관계를 유지하는 데 있어서 상대방을 속이는 것에 대해서 주목한다. 이들은 거짓말을 하고 비열한 전술을 구사하는 것이 당장의 이익을 추구할 수는 있지만 종국에는 더 많은 비용을 발생하게 한다는 것을 잘 안다.

거짓말과 기만은 신뢰를 형성하는 데 아주 큰 상처를 입힌다. 신뢰라는 아주 중요한 자산인데 훌륭한 협상가는 사회에서의 명성을 지키는 것이 극히 필요하다. 이런 성향은 다음과 같은 실용주의적인 신조로 정리될 수 있다: “뿌린 대로 거두는 법이야.” 포커 학파는 명성에는 큰 관심이 없다. 그저 규칙 안에서 게임을 승리로 이끄는 것에만 관심이 있다. 게임에 이기는 것이 포커 학파의 최대 관심사이다.

그럼 실용주의 학파와 이상주의자 학파는 무엇이 다른가? 실용주의자 학파는 이상주의자 학파보다는 자주 거짓말을 할 것이다. 예를 들어 실용주의를 신봉하는 자동차 영업 사원은 그가 판매하는 중고차의 부품 상태에 대한 크고 작은 거짓말은 비윤리적이라고 생각한다. 그러나 이 영업 사원이 “나의 매니저가 이 차를 1만 불 이하로 판매하는 것을 허락하지 않았습니다.”라고 말하는 것에는 문제를 느끼지 못한다. 물론 그의 매니저는 그에게 9천 5백만 불에 이 차를 팔라고 했다. 자동차 가격을 흥정함에 있어서 이 정도는 용인된다고 생각할 것이다. 중요한 것은 하자가 있는 자동차를 판매하지 않았다는 것이지 가격 흥정에 있어서 약간의 과장을 하는 것은 큰일이 아니라고 생각하는 것이다. 이 경우에 있어서 본질은 하자가 없는 자동차를 판매했다는 것이 된다.

실용주의자들은 협상하는 데 있어서 약점을 노출하는 것을 피한다. 예를 들어 당신이 알고 있는 사실에 대해서 “나는 모릅니다.”라고 말할 수 있나? 당신이 아는 사실을 이야기하는 순간 당신은 협상에서 패자가 될 수 있다. 이상주의자들은 이럴 경우에 질문에 답하는 것을 피하거나 화제를 돌릴 것이다. "나는 모릅니다."라고 말하는 순간 이것은 거짓말이 되기 때문이다. 그러나 실용주의자들은 "나는 모릅니다."라고 이야기할 것이다. 이렇게 이야기하는 것이 문제의 본질에 영향을 주지 않고 상대방과의 관계에 큰 상처를 입히지 않는다면 말이다.

행동에 있어서의 윤리학파들

윤리적 생각의 테스트로서 간단한 예를 들어 보자. 당신이 상업용 빌딩을 판매하는 협상을 하고 있다고 가정해보자. 상대방은 당신에게 다른 구매자로부터 새로운 제안을 받았냐고 질문해온다. 사실 당신은 별다른 제안을 받은 적이 없다. 위에서 언급한 세 가지 학파는 당신에게 무엇을 추천할까?

포커 학파 추종자들은 당신에게 거짓말을 제안할 것이다. 당신과 상대방은 이 거래에 있어서 아주 복잡한 계산을 하고 있는 비즈니스맨들이다. 그렇기 때문에 다른 대안에 대한 거짓말은 법적으로 중요하지 않을 것이다. 그러나 포커 학파의 구성원들은 다음 현안으로 넘어가기 전에 두 가지 질문에 대한 대답을 알고 싶을 것이다.

첫째 질문은 '이 거짓말이 쉽게 들통이 날까?'이다. 만약 거짓말이 쉽게 들통 난다면 거래에 악영향을 미칠 것이 뻔하다. 상대방은 다른 거짓말을 해오지 않을까 하고 긴장하며 마음을 열지 않을 것이다. 둘째 질문은 받지도 않은 다른 거래를 제안 받은 것처럼 거짓말하는 것이 과연 구매자를 협상에 나오게 하는 최선의 방법이냐 하는 것이다. 차라리 판매 기일 같은 것이나 더 나은 선택사항을 제시하는 것이 더 나은 것은 아니었을까 하는 생각도 해본다.

거짓말이 들통 나지 않고 제대로 먹힌다고 가정해보자. 대화가 어떻게 들리는가?

구매자 다른 곳에서도 제안을 받았습니까?

포커 학파 판매자 예, 사우디아라비아 회사에서 오늘 아침에 ______ 불로 거래를 하고 싶다고 알려왔습니다. 우리는 48시간 안에 답변을 주어야 하는 상황입니다. 그 사우디아라비아 회사와의 조건은 비밀이기 때문에 더 이상 말해 드릴 수가 없습니다만 현 상황은 제가 말씀드린 바와 같습니다. 어떻게 하시겠습니까?

이상주의자 학파는 이 상황을 어떻게 대처할까? 이상주의자들은 몇 가지 반응을 보일 것이다. 그러나 누구도 거짓말을 하지는 않을 것이다. 한 가지 반응은 다음과 같다.

구매자 다른 곳에서도 제안을 받았습니까?

이상주의자 학파 판매자 1 흥미로운 질문이군요. 그러나 답변을 거부합니다.

물론 그런 거절 표현은 구매자에게 큰 영향을 미친다. 다른 접근 방법을 채택할 수도 있다.

구매자 다른 곳에서도 제안을 받았습니까?

이상주의자 학파 판매자 2 흥미로운 질문이군요. 이런 질문을 자주 받습니다. 이런 식으로 말해 보겠습니다. 당신에게 이 부동산의 가치는 당신의 시장을 보는 감각과 또한 이 건물의 실질적인 필요성에 따라 결정되겠죠. 그러나 저는 제가 받은 모든 제안들을 아주 비밀스럽게 다루고 있습니다. 저는 다른 구매자와 한 협상 제안에 대해서는 절대 이야기할 수 없습니다. 물론 당신과 하고 있는 제안도 비밀을 유지할 것입니다. 절대로 다른 구매 의향자에게 이야기하지 않을 것입니다. 협상을 계속할 의향이 있으신지요?

물론 이런 접근 방식을 취하면 보다 효과적일 것이다. 이런 방식이 훨씬 진정성 있게 보인다. 거짓말을 하지 않았지만 무언가 매력적인 제안을 받은 것처럼 보일 수도 있다.

이상주의자들의 마지막 접근 방법은 솔직하게 이야기하는 것이다. 직접적으로 말하는 것이다. 이상주의자들은 거짓말을 할 수 없다. 일관되게 진실을 말하는 상황을 유지하는 것이다.

구매자 다른 곳에서도 제안을 받았습니까?

이상주의자 학파 판매자 3 솔직히 말씀드리면 지금 현재 아무런 제안도 받지 않았습니다. 그러나 조만간 다른 구매 의향자로부터 새로운 제안을 받기를 희망하고 있습니다. 아직도 거래에 관심이 있으시면 경쟁이 치열해져서 가격이 올라가기 전에 이 부동산을 사시는 것이 좋을 겁니다.

그렇다면 실용주의자들은 어떨까? 그들은 보다 더 미묘한 방법의 사용을 제안할 것이다. 아마도 협상력을 유지하기 위한 기만적인 방법이 될 수도 있을 것이다. 그러나 이것은 관계를 유지하면서도 일관되게 협상력을 지키는 방법인 것이다. 다시 한 번 구매자가 다른 곳에서 받은 제안이 있는지 질문하고 실제로 당신은 다른 제안을 받은 적이 없다고 가정해보자. 여기에 다섯 가지 실용주의자들의 제안이 있다. 그들은 완벽한 거짓말을 하지 않으면서 이런 질문을 차단함으로써 협상력을 유지한다. 이런 차단 기법은 이상주의자들에게도 도움일 될 것이다.

- **이 질문은 답변할 수 있는 경계를 벗어났다고 선언하라** "회사 방침에 따라 다른 사람과의 일은 밝힐 수 없습니다." 이것은 사실 아니면 거짓말이다. 그러나 당신의 명성을 유지할 수는 있다. 만약 이런 회사 방침이 정말 있다면 이상주의자들은 질문을 막기 위해 이것을 이용할 수 있다.
- **다른 질문에 대답하라** "시장 상황이 계속 움직이고 있고 우리의 계획도 변하고 있기 때문에 이 부동산을 시장에 더 오래 내놓고 있지는 못할 것입니다." 이것 역시 사실이 아니면 이 또한 거짓말이 된다. 이상주의자들보다는 실용주의자들에게 문제를 덜 일으키는 말이다.
- **질문을 회피하라** "더 중요한 질문은 우리가 당신으로부터 제안을 받을 것인지에 대한 것입니다. 나아가 언제 받을 수 있을지도 중요합니다."
- **당신의 질문으로 물어보라** "지금 어떤 대안을 살펴보고 있나요?"
- **주제를 바꾸라** "우리는 지금 다음 미팅에 이미 늦었습니다.", "오늘 입찰하실 건가요, 안 하실 건가요?"

이런 식으로 질문을 막는 기법은 공리적인 목적에 기여한다. 적어도 거짓말쟁이라는 오명을 쓰는 위험성을 줄여준다. 문제는 관계와 명성이다. 거짓말을 당한 사람이 다음 협상에서 당신을 여러 가지로 괴롭힐 것 같으면 실용주의자들은 거짓말을 하지 말 것을 주장한다.

당신은 어떤 학파에 속하는가? "실용주의적 이상주의" 같은 당신만의 학파에 속하는가? 다시 말하지만 나의 조언은 높게 목표를 정하라는 것이다. 진정한 협상의 압력은 종종 우리 모두를 윤리적 절충자로 만든다. 당신이 포커 학파의 기준 이하로 떨어졌을 때는 심각한 법적 책임을 감수하거나 심지어는 범죄에 대한 책임을 질 수도 있다.

NEGOTIATION

SECTION 03

협상의 문맥

Reading 3.1

Deepak Malhotra

양보의 예술

많은 사람들은 협상이 주고받는 것이라고 이해한다. 상대방의 양보를 얻어내려면 당신 먼저 양보를 해야 한다. 그러나 양보를 행하는 것은 쉬운 일이 아니다. 말로만 하는 양보는 양보가 아니다. 리차드 월튼과 로버트 맥커시가 쓴 책 『노동협상의 행동 이론: 사회 상호 시스템 분석(*A Behavioral Theory of Labor Negotiations: An Analysis of a Social Interaction System* (*ILR Press*, 1991))』에 나오는 경영층과 노조의 협상이 어떻게 마무리 지어졌는지 아래에서 알아보자.

제조회사의 대표는 노조의 대표와 협상을 시작하려고 하고 있었다. 가장 중요한 협상 현안은 임금을 올리는 것이었다. 노조는 4퍼센트의 임금 인상을 요구하고 있는 반면 경영층은 1퍼센트의 임금만 인상이 가능하다고 했다.

최고 경영자는 상황을 파악했다. 협상을 진행하느라 몇 주가 순식간에 지나가 버렸다. 양측은 서로의 입장만을 고수했다. 더구나 협상을 결렬시키겠다는 속임수를 쓰느라 많은 시간이 지나갔다. 그리고 마침내 평이한 결과로 절충되었다. 2.5퍼센트 임금 인상으로 협상이 성사되었다. 양측이 주장하는 중간 지점에서 협상이 마무리되었고 이것은 양쪽 모두에게 합의될 수 있는 것처럼 보였다.

Source: "The Fine Art of Making Concessions" by Deepak Malhotra from the *Program on Negotiation* newsletter at the Harvard Law School (www.pon.harvard.edu), January 2006, Vol. 9, No. 1, pp. 9-11. Used by permission.

사실 더 오랫동안 이 현안으로 논쟁하고 시간을 끌 수 있었지만 조기에 마무리될 수 있었던 것은 최고 경영자의 노력이 있었기에 가능했다. 그는 중재자의 조언과는 달리 3퍼센트 인상을 준비하고 최종 결과가 명백하다는 것을 알림으로써 노조 측과의 토론을 공개했다. 노조는 이런 제안에 만족했다. 그러나 그 제안을 받아들이지 않았다. 이 제안을 받아들이면 노조가 애초에 임금 인상 요구를 너무 낮게 책정했다는 지적을 받을 수 있기 때문이었다. 노조의 요구는 비현실적으로 높아졌고 파업을 할 수 있다는 협박도 일어났다.

양보는 협상에서 종종 필요하다. 이 이야기가 보여주듯이 양보를 한다고 해서 상대방이 고마워하지도 않고, 양보에 대한 보답으로서 양보를 해오는 것도 아니다. 나는 네 가지 전략을 제안하려고 한다. 이것은 상대방이 당신의 호의를 이해하고 내가 양보한 만큼 상대방도 양보하게끔 하는 전략이다.

1. 양보의 단계를 정하라

협상에 있어서 당신의 행동이 언제나 의미가 있을 것이라고 가정하지 마라. 당신의 양보는 상대방에 의해서 무시될 수도 있고, 그 양보로 인해 상대방은 당신을 얕볼 수도 있다. 왜 그런가? 상호 호혜적인 사회적 규범을 피하기 위해서인가? 결과적으로 양보를 단계화해서 상대방을 더 진지하게 만드는 것은 당신의 책임인 것이다. 위의 예에서 보았듯이 좋은 양보를 해도 상대방이 받아들이지 않는 결과를 만든 것은 당신의 책임이다.

양보를 단계화할 때는 몇 가지의 따라야 할 규칙이 있다. 첫째로, 당신이 양보함으로써 또는 당신이 요구하는 것을 중단함으로써 당신은 비용적으로 많은 부담을 가짐을 상대방에게 알려라. 이렇게 알려야 양보를 했다는 것이 명확해진다. 예를 들자면 최고 경영자는 3퍼센트 임금 인상이 최선의 제안이며 이 제안을 이사회에 관철시키기 위해서 얼마나 많은 노력을 했는지를 명시적으로 알렸어야 했다.

둘째로, 상대방이 얻을 이익을 강조하라. 나의 연구에 따르면 협상가는 얻을 이익을 바탕으로 양보를 한다. 반면에 상대방이 입을 손해는 거의 무시하는 경향이 있다. 최고 경영자가 노조가 얻을 이익을 강조하면 그것은 동종 업계의 다른 회사들이 제안하는 임금 인상보다 더 높다는 것을 명확하게 보여줄 수 있다.

셋째로, 당신 애초에 요구했던 것들을 너무 쉽게 포기하지 마라. 당신의 요구가 상대방으로 하여금 아주 하찮은 것이라는 인상을 주게 되면 상대방은 당신의 양보를 심각하게 받아들이지 않을 것이다. 반면에 상대방이 당신이 처음부터 요청했던 사항들이 심각하고 타당한 것이라고 여긴다면 당신의 양보는 아주 귀중한 것이 된다. 따라서 당신이 처음부터 요구했던 사항들이 정당한 것이라는 사실을 알리는 데 시간을 투자하고, 양보를 단계화할 때 이런 사항들을 충분히 이용하라. 예를 들어 제조업체의 최고 경영자는 양보를 더 느리게 해야 했다. 나아가 그는 마지막 제안을 처음부터 가지고 있던 생각이 아니라 노조가 처음부터 요구했던 임금 인상률에 더 많이 가까워진 것이라고 말해야 했다.

2. 호혜적인 행동을 요구하고 규정하라

양보를 단계화하는 것이 상대방으로 하여금 다른 양보를 이끌어내는 것에 기여한다고 하지만 상대방이 그런 양보를 하는 것에 소극적으로 나오면 시간을 끌 수도 있다. 상대방이 호혜적으로 나오게 하려면 명시적으로, 그러나 외교적인 것처럼 세련되게 요청하여야 한다. 상대방에게 요청할 때 그들은 행동을 한다.

예를 들어 IT 서비스 회사와 그 고객 사이의 협상을 살펴보도록 하자. 고객은 IT 회사의 서비스료가 납득하기 어려울 정도로 높다고 주장한다. 반면 IT 회사의 프로젝트 매니저는 서비스료가 아주 정확하게 계산되었다고 믿는다. 한정된 기일 안에 프로젝트를 완성해야 하니 지금의 서비스료는 아주 정당한 것이라고 여긴다. 프로젝트 매니저가 양보할 마음으로 "서비스료 가격을 인하해 드리는 것이 쉬운 일은 아니지만 고객님의 입장도 생각하여 어느 정도 조정을 했습니다. 고객님도 프로젝트의 기한을 조금 늘려주시는 것은 어떠신지요? 각 프로젝트 단계별로 한 달의 추가 기한을 주시면 저희로서는 아주 도움이 되겠습니다."라고 말한다.

이 매니저의 말은 세 가지 목표를 달성했음을 이해하기 바란다. 첫째, 양보를 단계화했다. ("이것은 저희에게 쉬운 일이 아닙니다. 그러나 약간은 수정을 했습니다.") 둘째, 전술적으로 호혜적 행동을 요청했다. ("고객님도 프로젝트 기한을 조금 늘여주시는 것은 어떠신지요.") 셋째, 호혜적인 행동의 구체적인 사항을 규정했다. ("각 프로젝트 단계별로 한 달의 추가 기한을 …") 각 단계별 요소가 중요한 것일 때 상대방도 호혜주의적인 행동의 필요성을 제고한다. 어떤 것의 가치는 당신 스스로 올리는 것이다. 그 누구도 당신 자신보다 그 일이 가치 있음을 알지 못한다. 이것을 늘 기억하기 바란다. 당신이 명확하게 말하지 않으면 상대방은 그 가치를 정확하게 판단할 수 없다.

호혜주의적인 행동을 요청하고 규정하는 전략은 여러 가지 문맥에 활용된다. 이 전략을 어떻게 사용하는지 이해하는 사람은 큰 이익을 얻을 수 있다. 전술 컨설턴트나 프로젝트 수주업자들이 이 전략을 이용하는 것은 대표적인 예가 된다. 고객이 컨설턴트의 업무를 칭찬한다. 스마트한 컨설턴트라면 이 칭찬을 받을 사람은 내 매니저(또는 다른 잠재 고객들)라고 할 것이다. 이런 방식으로 컨설턴트는 감사하는 고객이 누구에게 가장 호혜적인 행동을 해야 하는지를 규정하는 것이다.

3. 조건이 있는 양보를 하라

바람직한 업무 관계의 특징은 양보를 하는 데 있어서 양측 다 인색하게 굴어서는 안 된다는 것이다. 양쪽 모두 상대방의 이익과 관심사에 대해서 알고 공동의 목표를 달성하는 방향으로 성실하게 노력해야 한다.

불행하게도 이런 규범을 증진시키는 것이 바람직하지만 언제나 그것이 가능한 것은 아니다. 최근 최고 경영자 수업을 듣는 내 학생이 협상 중에 주고받는 상호작용은 행복 이상의 것이라고 말했다. 물론 협상 중에 계약 대리인이나 고객과 많은 문제도 일으키지만 말이다. 어떤 사람들은 신뢰할 수 없고 또 어떤 사람들은 너무나 자기중심적이기 때문이다. 이렇게 문제와 갈등을 일으키는 사람들은 상호 호혜적인 행동을 거부하는 것이 보통이다.

최고 경영자들에게 나는 이렇게 조언했다. 신뢰도가 낮거나 일방적인 협상이 진행될 때는 조건이 있는 양보를 하라는 것이다. 조건이 있는 양보란 당신의 양보에 대한 보답으로 상대방 역시 양보하는 것을 의미한다. 당신이 특별한 사안에 대해서 양보를 해주었다면 상대방도 특별한 사안에 대해서 양보를 해줘야 하는 식이다. 예를 들어 최고 경영자가 고객과 서비스 계약을 재협상한다면 고객이 요청하는 양보는 현재의 계약서상에서는 불가능한 것이지만 특정한 조건하에서는 가능하다는 입장을 보이는 것이다. "우리 회사는 부가적인 서비스를 제공하겠습니다. 그러나 그럴 경우 고객님도 추가적인 서비스를 구매 해주셔야 합니다." 내지는 "이 가격이 현재 저희가 해드릴 수 있는 가장 좋은 가격입니다. 그러나 고객님이 요청 사항을 조금만 조정해 주신다면 저희들도 가격에 대해서 다시 고려해 보겠습니다."라고 말할 수 있다.

조건이 있는 양보는 위험성이 거의 없다. 그리고 상대방의 호혜적인 행동이 보장되지 않다면 당신 또한 위험을 무릅쓸 필요는 없다. 그러나 조건이 있는 양보는 신뢰를 형성하는 데 방해가 됨도 명심하기 바란다. 조건을 제시하면서 양보를 하는 것은 어떤 의미에서 보면 진정한 양보가 아니기 때문이다. 당신이 양보할 때마다 상대방으로부터 즉각적인 양보를 요청하는 행동은 공동의 만족을 이루려는 것이 아닌 이기적인 것으로 보일 수도 있기 때문이다.

4. 양보를 나누어서 하라

어떤 시나리오가 당신을 더 행복하게 만드는가?

시나리오 A

길을 걷다가 당신은 20불짜리 지폐를 발견했다.

시나리오 B

길을 걷다가 당신은 10불짜리 지폐를 발견했다. 다음 날 다른 거리에서 당신은 또 다른 10불짜리 지폐를 발견했다.

당신이 발견한 돈의 총액은 각 시나리오별로 똑같다. 그러나 많은 사람들은 시나리오 B일 때가 더 행복하다고 했다. 일반적으로 광범위한 연구를 통해서 우리 대부분은 나쁜 소식은 한꺼번에 받기를 선호하고, 좋은 소식은 조금씩 나누어서 받기를 좋아한다는 것을 알았다.

연구를 통해서 발견된 이런 사실은 양보도 조금씩 나누어 하면 더 좋다는 것을 설명한다. 예를 들어 당신이 집을 사려는 상황을 상상해보자. 당신이 처음 제안한 가격과 판매자가 부른 가격에 많은 차이가 있다. 당신은 최대 4만 불까지 가격을 올릴 의향이 있다. 이 상황에서는 양보를 두 개로 나누어서 하는 것이 효과적이다. 먼저 3만 불로 제안해보고 1만 불을 올려서 4만 불로 제안하는 것이다. 결국 당신은 가격에 있어서 1만 불의 양보를 한 것이 된다.

양보를 나누어서 하는 또 다른 이유가 있다. 첫째, 많은 협상가들은 그들의 제안을 몇 번에 걸쳐 주고받는 것을 기대한다. 거래가 성사되기 전에 그들은 한 번 이상의 양보를 하게 된다. 당신이 첫 번째 제안에서 모든 것을 다 주게 되면 상대방은 당신이 협상을 지연시키는 것으로 오해할 수도 있다. 앞서 살펴보았던 제조회사의 최고 경영자와 같은 경우다. 3퍼센트를 한꺼번에 제시함으로써 상대방은 오히려 그것을 호의적으로 받아들이지 않고 다른 협상안이 있은 것처럼 오해하고 말았다.

나누어서 제공하는 방법은 당신으로 하여금 한꺼번에 큰 양보를 할 필요가 없다는 사실을 일깨워준다. 당신이 조금씩 양보할 때 당신은 그에 대한 보답으로 원하는 양보를 얻을 수 있을 것이다. 당신이 할 수 있는 모든 양보를 다 사용하기 전에 말이다. 위의 부동산 협상에서도 우리는 이 같은 사실을 잘 보았다.

마지막으로 작은 양보를 한다는 것은 상대방으로 하여금 당신이 융통성이 있는 사람이라는 인상을 주며 나아가 당신이 상대방의 말에 주의를 기울이고 있다는 의지를 보여준다. 당신이 매번 양보를 할 때마다 당신은 그것을 단계화할 수 있으며 상대방의 호의도 발견할 수 있다.

위에서 제시한 전략들은 당신의 양보가 무시되거나 이용되지 않게 하는 것을 목표로 하고 있다. 그러나 상대방이 호혜적인 행동을 거부할 때를 아는 것도 중요하다. 거절은 양보한 측에 상처를 입힌다. 호혜적인 행동을 거부하는 것은 관계를 껄끄럽게 만든다. 신뢰를 형성할 수도 없고 나아가 더 많은 양보 또한 받아낼 수도 없다. 그래서 능력 있는 협상가는 그들 스스로의 양보와 상대방의 양보에 대해 잘 파악하여 호혜적인 행동을 준비한다.

Reading 3.2

Keith G. Allred

SECTION 03

신뢰가 낮으면 비용을 많이 지불해야 한다

협상 초기에 오해와 불신에 대항하는 것은 협상가로 하여금 악순환을 피하고 선순환을 유지할 수 있게 해준다.

수십 년 동안 식품업계에서 호멜 식품(Hormel Foods: 미국 미네소타 주에 있는 가공식품 제조업체)은 노사 관계가 가장 협력적이고 생산적인 회사 중 하나였다. 호멜 식품은 이런 건강한 노사 관계에서 얻어지는 이익을 잘 누려왔다. 그러나 1970년대 말부터 임금 문제가 촉발되었고 노사 관계는 점점 악화되어 갔다. 이 문제는 호멜사가 설립된 미네소타 주의 오스틴 시에 있는 공장에서부터 시작되었다.

1985년에 지방 노조와 함께 노동계약을 재협상 의지를 나타낼 때까지 논쟁을 벌이고 있던 노조 측과 회사 측은 각각 공격적인 접근 방법을 취하기로 결정하였다. 그러면서 상대방의 호전성과 비합리성을 더욱더 확신하게 되었다. 계약 협상은 1986년에 결론이 났는데 호된 9개월 동안의 파업을 하고 많은 노조원이 해고된 후였다. 노조원들은 조기 퇴직을 강요받기도 하였다. 이 과정에서 오스틴 시의 이웃들은 등을 돌려버렸고 지역사회라는 큰 천은

Source: "The High Cost of Low Trust" by Keith G. Allred, from the *Program on Negotiation* newsletter at the Harvard Law School (www.pon.harvard.edu), June 2004, Vol. 7, No. 7, pp. 1-4. Used with permission.

조각조각 잘린 천 쪼가리로 전락해 버렸다.

그러나 이런 식으로 관계가 나빠진 경우는 불행하게도 비즈니스 세계에서 아주 일반적이다. 협상에 있어서 관계는 아주 중요한 요소다. 비즈니스 세계에서 관계가 아주 중요한 요소인 것과 같은 이치다. 논쟁이 벌어지고 의심하는 관계는 서로를 좌절시킬 뿐만 아니라 산출물을 얻는 데 큰 비용이 들게 한다. 이와는 대조적으로 협력하고 신뢰하는 관계는 협상의 성공을 촉진시킨다.

의심과 보복은 어떻게 관계에 뿌리내리는가? 또한 신뢰와 협력은 어떻게 관계 속에서 구축되는가? 수십 년에 걸친 사회과학적 연구들은 “호혜적 규범”의 힘을 확인시켜 주었다. 인간은 상대방의 행동에 비슷한 방식으로 대응하는 경향을 가졌다. 우리가 존경을 받고 다른 사람들로부터 도움을 받으면 우리 또한 상대방을 존경하고 그들을 돕는다. 하나의 행동은 또 다른 행동을 낳고 이런 행동들은 계속 우호적으로 이어진다. 우호적인 행동들은 선의를 만들어 내고 이런 관계는 공고하게 유지된다. 반면에 전투적인 대응은 반복과 의심이라는 악순환을 영속화시킨다.

관계의 악순환과 선순환을 촉발하는 원인에 대한 연구가 활발한데 나는 특히 악순환을 피하고 선순환을 유지하는 주된 요인에 대해 알아보려고 노력해왔다. 나의 연구에서 수백 명의 고위 임원들은 주어진 항목에 대해서 4명에서 10명까지의 동료들에게 평가를 받았다. 여기서 나는 당신이 협상이나 비즈니스 관계를 어떻게 향상시키고 악순환의 고리에서 벗어나 선순환으로 진입할 수 있는지에 대해 이야기할 것이다. 내가 연구를 통해서 알아낸 것과 다른 사회과학자들이 규명해낸 것들은 당신에게 큰 도움이 될 수 있을 것이다.

악순환이 촉발되다

관계의 악순환은 상대방의 비합리적인 행동이나 호전적인 행동을 과장되게 바라보는 인간의 습성에서 기인한다. 상대방의 행동을 사실 그 자체보다 과도하게 생각하는 데서 빈번하게 발생하는 것이다. 과장되게 상대방의 행동을 인식한 나머지 나도 그에 대응하여 부정적으로 상대방을 대하게 된다. 초기에 잘못 인식한 것을 기본으로 우리의 적대심은 스스로를 만족시키는 “자기충족

예언(self-fulfilling prophecy)"을 만든다. 잘못된 결과를 예언하고 상상하는 것이다. 상대방은 가만히 있음에도 불구하고 상대방이 나의 행동에 대해 분명히 부정적으로 대응할 것이라는 상상을 하는 것이다. 우리의 초기 인식이 이런 적대적인 반응을 만들어내고 결국 우리가 두려워하는 일들이 벌어질 것이라는 것을 인식하지 못하게 된다. 여기 악순환을 촉발하는 대표적인 예들이 있다.

순박한 사실주의

대부분의 사람들은 그들이 바라보는 세계가 현실을 반영한다고 여긴다. 연구자인 롭 로빈슨(Rob Robinson), 다커 켈트너(Dacher Keltner), 앤드류 워드(Andrew Ward), 그리고 리 로스(Lee Ross)는 이런 현상에 대해 세 가지 관점으로 묘사했다. 이런 현상은 "순박한 사실주의(naive realism)"라고 알려져 있다. 첫째, 문제를 직면할 때 우리는 스스로를 합리적이고 객관적이라고 생각한다. 나는 상대방에 비해 더 합리적이고 객관적이라는 생각에 빠져들기 시작하는 것이다. 둘째, 동일한 문제를 바라보는 누군가도 내가 내리는 결정과 똑같은 결정을 내릴 것이라고 가정한다. 나와 같은 방식으로 문제를 인식한다고 생각하는 것이다. 셋째, 상대방이 나와 다른 결론을 내리면 그들은 비합리적이라고 의심하거나 무언가 미심쩍은 동기가 있을 것이라고 생각한다. 상대방이 다른 결론을 내리는 것을 인정하지 않는 것이다. 특히 마지막 추론이 관계의 악순환을 만들어내는 것이다. 우리와 다른 의견을 내는 것을 인정하지 않고 상대방을 의심하게 되며, 때에 따라서는 극단적인 조치만이 우리가 택할 수 있는 것이라고 여긴다. 종종 이런 인식들은 고통을 준다는 면에서 균형이 잡혔다. 서로 완고한 태도를 고수하고 다른 사람의 입장은 전혀 고려하지 않는다. 마치 난치병과 같이 치유될 수 없는 나쁜 관계 속으로 빠져들게 된다. 관계라는 측면의 비용은 상승하며 관계는 결국 파괴된다.

확증적 편향

협상에서 우리는 또한 "확증적 편향(confirmatory bias)"의 희생자가 된다. 확증적 편향은 우리가 굳게 믿고 있는 것만을 옳다고 여기는 습성을 말한다.

우리의 가치관, 기대, 신념 등에 부합하는 것만을 믿고 그렇지 않은 것은 무시하거나 결점을 찾아내어 나쁜 것으로 만들어 버리는 것이다. 같은 정보를 주었지만 서로 완전히 반대되는 성향을 지닌 집단은 전혀 다른 방식으로 그 정보를 해석한다. 찰스 로어드(Charles Lord), 리 로스(Lee Ross), 마크 레퍼(Mark Lepper) 같은 학자들은 사형에 대한 논쟁에서 벌어지는 다른 의견을 관찰함으로써 연구의 성과를 올릴 수 있었다. 특히 두 그룹으로 나뉜 사회 활동가들의 사형을 보는 관점은 아주 달랐다. 그들에게 사형이라는 주제를 주고 두 개의 글을 읽게 했다. 그 결과 한쪽은 사형이 존속되어야 한다고 했고 다른 한쪽은 폐지되어야 한다고 했다. 완전히 다른 의견을 낸 것이다. 연구자들은 사회 활동가들이 제시한 관점의 변화를 측정했다.

진실성의 차이

진실한 마음을 이용하려다 비참한 결과를 초래한 조직을 나는 목격한 적이 있다. 항공우주산업 분야에 있는 한 회사는 종업원들의 피드백을 받는 것을 목표로 "품질관리서클(quality circle: 생산에 있어서 품질의 관리 및 향상을 위해 의견을 나누는 그룹)"을 만들어 실행했다. 하지만 회사가 종업원의 어떤 의견에도 대응을 해주지 않자 종업원들은 대단히 화가 났다. 종업원 중 한 명이 이야기했다. "회사가 평소에 내가 생각하는 것을 신경써주지 않을 수 있습니다. 그러나 내 의견을 듣고 나서 그것을 무시해 버리는 것은 모욕적인 것입니다." 종업원들이 근무하는 현장에는 그곳의 법칙이 있었던 것이다. 당신이 진실로 상대방의 관점에 관심이 없다면 그것에 대해 묻지 마라.

그들은 법 관련 저널에 게재된 같은 내용의 글을 읽었음에도 불구하고 사형제 존속에 찬성하는 사람들은 그들의 입장을 더 강력하게 굳혔고 사형제를 폐지해야 한다는 사람들 역시 더욱 강력하게 사형제는 없어져야 할 제도라는 의견에 확고한 입장을 보였다. 글을 읽을 때 양측은 자신의 의견을 지지해 줄 수 있는 내용만을 선별적으로 받아들였고 그렇지 않은 경우는 모두 허점이 있는 것으로 받아들인 것이다. 양측 모두 그들 스스로 합리적이고 객관적이라고 믿었기 때문에 "사실"을 바라보는 상대방의 무능력에 당황해버린 것이다. 결과는 말할 것도 없이 극단적인 대립의 악순환이었다.

비난하는 자와 변명하는 자의 편견

유해한 행동이 관계를 악화시키는 악순환을 촉발한다는 것에 대해 어떻게 책임을 묻을 수 있을까? 우리의 연구에서 나의 동료와 나는 "비난하는 자의 편견(accuser bias)"을 발견하였다. 어떤 사람이 우리에게 유해한 무엇인가를 했을 때 우리는 그 사람에게 지나칠 정도로 책임을 묻는 경향이 있다. 다음의 상황을 가정해보자. 비영리 단체의 개발 이사인 리사는 론으로부터 단체를 위한 보조금 신청서에 대한 보고가 필요하다. 론은 이 단체의 마케팅 이사다. 론이 리포트를 제시간에 전달하는 것에 실패한다면 리사는 론이 담당한 이 리포트를 제출 기한까지 완수하지 못한 것에 대해서 큰 비난을 할 것이다. 또한 누구나 그를 책임감이 없는 사람으로 비난할 것이다. 나아가 그녀는 론의 직접적인 책임이 아닌 업무 능력에 대해서도 낮게 평가할 것이다. 덧붙여 언제나 시간에 쫓기어 상사가 시킨 일을 한다는 것도 직접적인 관련성은 없지만 이야기할 것이며 이런 론의 행동들이 유해한 것이라고 설명할 것이다. 비난하는 자의 편견은 화를 더 나게 만들고 적대감을 크게 상승시킨다. 이는 론으로부터 보복하고 싶은 충동을 더 만들어 낼 것이다.

우리가 유해한 행동을 한 사람을 비난하기는 쉬운 반면 스스로 자초한 유해한 행동에 대해서는 관대해진다는 연구 결과가 나왔다. 스스로의 잘못에는 벗어나려는 경향을 보이는 것이다. "변명하는 자의 편견(excuser bias)"은 바로 이런 것이다. 스스로의 잘못된 행동에 대해서는 눈에 장애가 있는 것처럼 보지 못한다. 하지만 다른 사람의 잘못은 최대한 부수적인 것까지 보면서 정작 스스로의 잘못된 행동에는 전혀 거리낌이 없다. 론은 리사의 비난에 대응할 수 있을 것 같다. 론이 시간에 쫓기어 일을 하는 것이 아니라 직장 상사가 언제나 다급하게 일을 주기 때문이라고 말이다. 리사의 눈에는 론이 언제나 일을 느리게 처리한다고 보이겠지만 론의 입장에서는 언제나 직장 상사가 급하게 일을 시키니까 일을 느리게 하는 것처럼 보인다고 말할 수 있다는 것이다.

승리하는 특징

나의 연구에서 논쟁하는 관계에서 탈피하는 데 성공한 매니저나 고위 임원들은 그들의 동료로부터 다음과 같은 평가를 받았다. (1) 그들은 능력평가에서 평균 이상의 평가를 받았다. 합리적인 사람은 다른 결론을 내릴 수 있다는 것을 잘 인식하고 있다. (2) 다른 사람을 비난하는 수위를 낮추고 문제가 발생하면 그것에 대한 책임을 인정한다. 전문가들도 비슷한 평가를 했다. 유능한 매니저와 임원들은 상대방을 말을 듣고 이해하는 특징을 가지고 있었다. 나아가 상대방의 관점을 존중함으로써 협력적이고 신뢰하는 관계를 유지한다는 것이다.

동료, 부서, 조직, 국가는 협상을 한다. 이런 상황에서 비난하는 자와 변명하는 자의 편견은 치명적인 역할로 작용해서 악순환을 눈덩이같이 크게 만들어 버릴 수 있다. 리사가 론이 놓쳐버린 제출 기한을 탓하며 비난을 퍼부으면 론도 비난하는 자에게 편견을 가지게 될 것이고 리사의 행동을 주시할 것이다. 리사가 어떤 실수를 저지를 때를 기다릴지도 모른다. 그리고 리사가 실수를 저지르면 리사의 공정하지 못한 면을 부각시킬 것이다. 고달픈 보복의 악순환이 시작되는 단계가 되는 것이다.

선순환이 촉발되다

우리는 관계의 악순환이 어떻게 시작되는지를 지켜봤다. 그렇다면 그 반대는 어떨까? 바로 선순환을 이야기하는 것이다. 관계의 선순환을 만드는 강력한 촉진제는 "공정성 인식(fairness perception)"이다. 연구자들은 협상 결과의 공정성에 대한 사람들의 인식을 아주 중요한 것으로 이해해왔다. 최근에는 협상 과정 자체가 공정한 것인지에 대해서 면밀히 관심을 기울였다. 우리는 협상 과정에서 우리의 목소리가 더욱더 많이 반영될 때 협상을 공정한 것으로 판단하는 경향이 있다. 상대방이 우리의 관점을 더 고려할 때 공정함에 대한 우리의 감각은 더 상승한다.

공정성 인식은 우호적인 관계를 만드는 데 강한 암시를 가지고 있다. 첫째, 우리가 정당하게 대우받고 있다고 느낄 때 결과에 대한 우리의 만족은 더 커진다. 결과가 우리가 정말 원하는 것이 아닐지라도 말이다. 둘째, 우리가 공정하다고 느끼는 협상 과정을 통해서 도출된 합의는 기꺼이 준수한다. 반면에 우리가 공정하지 않다고 느끼는 협상 과정을 거쳐서 만들어진 합의에 대해서는 꼭 준수해야 한다고 느끼지 않는다. 셋째, 우리가 더 정당하게 대우받고 있다고 느끼면 느낄수록 우리는 상대방을 신뢰하고 상대방에게 더 협력한다. 우리의 목소리가 상대방에게 잘 경청되고 있다고 느끼면 협력해야 한다는 마음이 살아나고 협상에서의 신뢰가 더 커진다는 것이 연구를 통해 밝혀졌다. 이것은 상대방이 꽤 많은 양보를 하는 것보다 더 큰 만족을 줄 수 있다. 협상에서 단순히 많은 양의 양보를 했다고 해서 상대방이 만족하는 것은 아니다. 상대방이 공정하다고 느낄 때, 상대방의 의견이 공정한 방식으로 잘 반영된다고 느낄 때, 관계의 선순환은 촉진된다.

관계의 악순환을 피하고 선순환을 증진하라

관계의 악순환을 극복하는 것은 쉬운 일이 아니다. 잘못된 인식에서 기인한 것이라면 더더욱 그렇다. 그러나 대부분의 사람이 협력적으로 움직여서 호혜적인 방향으로 나아간다면 상대방도 이익을 얻을 것이다. 그럼 상대방의 정말 나쁜 의도와 당신이 단지 나쁘다고 착각한 것을 어떻게 구별해낼 수 있을까? 본질적으로 나쁜 것과 우리가 왜곡시킨 사실은 엄연히 다른 것이다. 우리가 첫 번째로 할 일은 당신이 추정하고 가정하는 것을 테스트해보는 것이다. 당신이 비합리적이라고 인식하는 상대방의 행동에 공격적인 반응을 하기 전에 지금의 현안에 이해관계를 가지고 있지 않은 상대방에 대한 당신의 관점을 점검해보는 것이다. 당신이 비합리적이라고 생각하는 사안에 대해 상대방이 더 많이 이해하고 있다면 그것은 당신과 당신의 협상 파트너가 합리적인 방법으로 다른 의견을 가지고 있다는 말이 된다. 상대방이 나쁜 것이 아니라 당신과 다른 의견을 가지고 있다는 것이다. 상대방이 나쁜 의도를 가지고 있다고 가정하기 전에 각 상황을 고려하고 상대방이 다른 설명을 할 수 있다는 개연성을 열어두자. 비난하기 전에 상대방에게 왜 그런 행동을 했는지에 대해 설명해 달라고 부탁하라.

당신이 관계의 선순환을 만들 때 명심할 것이 있다. 상대방과 가깝고 긍정적인 관계를 가지고 있다는 것이 협상에서 쌍방에 이익이 되는 산출물을 만들어 주지는 않는다는 것이다. 가까운 관계가 반드시 협상 성공의 보증수표는 아니다. 하버드 비즈니스 스쿨의 케슬린 맥긴(Kathleen McGinn) 교수가 연구에서 볼 수 있듯이 배려심이 많은 협상 파트너는 상호 이익이 되는 대책을 세우는 것에 성공하지 못했다. 때때로 협상가는 쌍방 모두의 산출물에 많은 관심을 기울여야 한다. 그들이 만들어내야 할 최상의 이익을 간과해서는 안 된다. 선의라고 하는 것은 언제나 공동의 이익을 적극적으로 추구하는 것과 연계되어야 한다. 선의 자체만으로는 협상에서 성공할 수 없다. 선의가 좋은 관계를 만들 수는 있다. 그러나 좋은 관계를 유지한다고 해서 언제나 협상이 성공적으로 마무리되지는 않는다는 것이다.

그들을 이길 수 없나? 그렇다면 연합해서 맞서라

2006년 풍력 에너지 개발업자의 대표자들은 와이오밍 주의 목축업자와 접촉하기 시작했다. 개발업자들은 그들의 목축지에 풍력 터빈을 짓기 위해서 목장주들을 설득했다. 전형적으로 개발업자들은 서부 지역 여러 주의 수많은 땅주인들로부터 땅을 임대하여 풍력 기지를 짓는다. 와이오밍 주에서 목축업자들은 그들의 땅을 휩쓰는 바람의 진정한 가치를 모른 채 임대 계약서에 서명을 했다.

미국 농무부의 프로그램 코디네이터 그랜트 스텀보우는 와이오밍 주에서 벌어지고 있는 이런 이야기에 대해 듣고 목축업자들에게 브레인스토밍을 했다. 목축업자들은 함께 뭉쳐 일함으로써 더 나은 거래를 성사시킬 수 있음을 알았다.

스텀보우는 "풍력 연합"을 결성했다. 목축업자와 농부들이 10만 에이커의 땅을 함께 모아 대응하는 것이었다. 집단으로서 개발업자와 토지의 임대권을 협상하고 이익은 풍력 연합에 속한 사람들이 나누어 가는 방식이었다. 현재 와이오밍 주에서만 여덟 개의 풍력 연합이 존재한다. 이런 와이오밍 주의 사례는 다른 서부의 주에서도 채택되고 있다.

하나의 개발업자로부터 수동적으로 제안을 기다리기보다는 풍력 연합은 12개의 풍력 개발회사에 토지 임대권에 대해 알렸으며 때로는 입찰 방식으로 개발업자를 경쟁시켰다. 결과적으로 연간 수십만 달러의 수수료를 벌어들일 수 있었다. 스텀보우는 한 방송국과의 인터뷰에서 이렇게 말했다. "우울한 목축 시장에서 외로이 버티던 목축업자들에게 이것은 금광과 같은 것이었죠."

Source: "Can't Beat Them? Then Join a Coalition" from the *Program on Negotiation* newsletter at the Harvard Law School (www.pon.harvard.edu), March 2009, Vol. 12, No. 3, pp. 1-4. Used with permission.

협상가로서 당신의 능력으로는 벅찬 상황에 직면하면 어떻게 하겠는가? 협상 상황에서 당신이 너무 약해서 희망이 없어 보일 때 어떻게 하면 협상 능력을 회복할 수 있는가에 대해서 이야기해 보자. 일단 주의 깊게 당신 주변에 어떤 사람들이 있는지를 살펴볼 필요가 있다. 서서히 게임의 방식을 바꾸는 것도 고려해보자. 협상의 전체적인 포트폴리오를 바꿀 필요도 있다. 적절한 상대방을 발견했다면 그들의 공정함에 호소하는 전략을 구사한다. 이제부터 협상 테이블에 앉은 당신이 어떻게 협상력을 증가시킬 수 있는지 알아보겠다.

와이오밍 주의 목축업자들이 배운 것처럼 상대적으로 약한 상대방과 함께 힘을 모음으로써 협상에서 좋은 결과를 얻을 수 있다. 여러 작은 힘이 모아 보다 큰 힘을 만들어 협상을 이끌어 가는 것이다. 연합의 구성원으로서 당신이 강력한 상대방을 만났을 때 필요한 힘과 자원을 이용하는 것이다.

연합이 어떻게 작동하는가

변호사, 대리인, 그리고 제3자들은 여러 가지 상황에서 전문가적인 관점으로 협상에 대한 지침을 제공한다. 이들이 수행하는 일은 이혼 소송부터 책 판매, 기업의 합병에 이르기까지 그 범위는 광범위하다. 그러나 이런 전문가들도 여러분들을 대신해서 협상을 할 수 없는 경우가 있다.

협상을 위한 연합은 "혼자 가지 마라" 전략을 사용하는 것이 좋다. 협상을 위해 한 명 또는 그 이상의 전문가를 고용하는 것보다는 협상력이 조금씩 모자라는 여럿이 모여서 집단으로 협상하는 것이 더 효율적일 수 있다. 보다 조직적인 힘으로 상대방과 협상을 진행하는 것이다.

노동조합은 협상을 위한 연합의 전형적인 예가 된다. 만약 회사가 노동자 개개인과 협상을 진행한다면 회사는 보다 나은 복지를 요구하는 노동자에게 다른 사람을 고용해 버리겠다고 위협을 가할 수도 있다. 이와는 대조적으로 노동조합을 통해 단체로 회사 측과 협상을 한다면 이야기는 달라진다. 그들은 회사 측으로부터 보다 나은 이익과 보상을 얻어낼 수 있다. 적어도 특정 현안에 대해 서로 경쟁하지 않고 의견을 한데 모아서 회사 측에 전달할 수 있을 것이다. 그러면 개별적으로 협상할 때보다 더 많은 보상을 받을 수 있다.

잠재적인 연합 구성원들을 위한 세 가지 진실

1. 공통의 적이 협상력이 약한 자를 서로 경쟁하게 하여 함정에 빠뜨리려고 한다면 연합을 할 때가 된 것이다.
2. 연합해서 하는 협상은 당신이 상대방으로부터 받는 제안의 질을 높여줄 뿐만 아니라 더 효율적으로 상대방과 이야기할 수 있게 해준다.
3. 협상의 현안과 철학이 당신이 생각하는 것과 충돌한다면 연합을 통해 만족하지 못할 수도 있다.

왜 연합하나?

와이오밍 주의 이야기로 다시 넘어가보자. 풍력 개발업자와 개별적으로 협상을 하는 목축업자는 아주 헐값에 임대 계약을 해야 하는 위험에 내몰린다. 모든 것을 떠나 개발업자는 자신들의 헐값 임대 계약 요구가 받아들여지지 않으면 바로 다른 목축업자를 찾아가 협상을 시작할 수 있다. 그러나 목축업자가 연합을 하면 그들은 곧 개인이 아닌 집단이 되고 조직화된다. 연합은 많은 개발업자와 협상을 시작할 수 있고 더 좋은 조건으로 계약을 성사시킬 수 있다.

연합은 협상력이 약한 사람에게 몇 가지 이익을 가져다준다. 첫째, 약한 사람이 연합하게 되면 다른 사람과 불필요한 경쟁을 피할 수 있다. 상대방이 나와 협상을 하다 곧바로 나의 이웃과 협상을 하는 경우는 없어지게 된다. 그리고 협상하려는 공동의 목표가 생김에 따라 나와의 협상을 중단하겠다는 협박을 할 수 없게 된다. 그들이 나의 이웃에게 협상하러 간다고 해도 연합에서 정한 공동의 기준이 있어서 별 소득이 없기 때문이다.

정리해보면 연합이란 연합한 모든 사람에게 골고루 이익이 돌아갈 수 있도록 도와주는 보다 효율적인 협상 과정이라고 할 수 있다. 소비자도 연합할 수 있고 다른 모든 분야의 구성원들도 연합해서 산출물을 나누어 가질 수 있다.

패에 합류하라

당신은 언제 개인이 아닌 집단으로서 협상에 임해야만 하는가? 어떻게 당신의 연합이 생산적으로 기능하는지 확신할 수 있는가? 여기에 세 가지 귀중한 조언이 있다.

1. **연합할 기회를 인식하라** 연합은 종종 당신이 연약한 존재가 되었을 때 성립 가능성이 높아진다. 상대방이 당신보다 협상력이 세서 홀로 대응할 수 없을 때 이루어지는 것이다. 연합은 긴 시간 동안 조직될 수도 있다. 오랜 시간 동안 연합하여 조직화되는 경우도 많다. 물론 개별적인 사안에 대해서만 비공식적으로 연합되기도 한다. 단순히 한 가지 현안에 대해서만 연합이 이루어지고 그 현안이 타결되면 다시 개개인으로 나누어지는 식이다.

고객들이 시장을 지배하며 이익을 취하고 있다고 판단되면 당신의 경쟁자와 연합하여 일시적으로 판매 전술을 공조하여 구사할 수도 있다. 예를 들어 이익을 거의 낼 수 없는 업계의 회사들이 힘이 모아 시장에서 대응하는 것이다. 제 살 깎아 먹기식 가격 인하를 서로의 합의하에 중단하는 것이 좋은 예이다. 비슷한 다른 예도 있다. 중소기업들이 집단적으로 연합하여 보험회사와 협상을 진행해서 직원들을 위한 단체 건강보험료를 낮추는 것이 그것이다. 100여 개 업체가 큰 보험회사를 상대로 보험료 협상을 한다면 1개의 회사가 보험료를 협상하는 것보다 훨씬 강력한 힘을 만들어낼 것임은 너무도 당연한 일이다.

2. **연합하는 것에 대한 찬성과 반대 의견을 잘 판단하라** 연합을 형성하는 것에 합의하기 전에 당신의 연합 파트너를 만나라. 만나서 진지하게 연합함으로써 파생되는 잠재 이익과 비용에 대해서 이야기를 나누어라. 이것은 MIT 공대의 로렌스 서스킨드(Lawrence Susskind) 교수가 조언한 말이다. 아래 질문에 답하라. 만족하기 전에 당신을 연합이라는 굴레에 묶어 넣지 마라.

- 연합이 상대방과 협상하기 위해 잘 조직되어 있는가?
- 내가 연합의 구성원이 되기 위해서 지불할 것이 있다면 얼마를 지불해야 하나? 앞으로 연합을 유지하면서 얼마를 더 지불해야 하는가?

- 연합이 윤리적으로 좋은 명성을 가지고 있는가? 또한 그동안 성공했던 업적이 있는가?
- 연합이 협력해서 만들어가는 협상의 가치를 이해하고 있는가?
- 협상이 잘 진행되지 않는다면 우리가 직면해야 할 결과들은 무엇인가?
- 성공적인 거래의 이익이 이런 여러 가지 위험성보다 뛰어난가?
- 우리가 협상에 성공한다면 연합은 발생된 가치를 어떻게 배분할 것인가?

비용이 많이 드는 노동 파업, 소비자들의 불매운동 그리고 구성원의 명성에 오랫동안 해를 입히는 것은 위험한 연합이다. 이런 연합은 그들을 투쟁적인 전략에 가둘 뿐만 아니라 상대방의 힘과 인내를 저평가한 데서 기인한 것이다. 이러한 함정을 예방하기 위해서는 실제적으로 아주 강경하고 냉혹한 협상 전술에만 의지하는 집단을 피해야 한다.

3. 집단의 상호작용을 관리하라 당신 스스로가 새로운 연합을 구성하기로 결정하였다면 서스킨드 교수가 조언한 대로 당신은 잠재적인 파트너로부터 확실한 확약을 받아야만 한다. 연합에 대한 구성원들의 충실도가 변할 수도 있기 때문이다. 연합이 구성되면 정책 사안을 준비하는 매니저를 지정하거나 고용한다. 같이 일을 하기 위해서 기본적인 규칙을 정하고 조사를 하는 업무를 배정하여 도출된 결론을 정리하라. 모든 사람이 주목해야 하는 아주 중요한 협상에 대해서는 이를 이끌 수 있는 지도자급 협상가가 필요하다. 또한 협상 현안에 대해 외부와 커뮤니케이션할 수 있는 대변인도 필요하다.

협상 과정 동안 합의하지 못한 사안들을 구별하여 신속하게 상대방에게 말하는 것 역시 매우 중요하다. 협상 테이블에서 서로 잘못 이해한 부분에 대해서 수정하여 바로 잡는 것도 필요하다. 결정을 내려야 할 시점이 되었을 때 만장일치를 지향해야 하지만 거의 완벽한 합의 근처까지 도착했다면 과감히 수용할 의향도 가지고 있어야 한다.

SECTION 03

Reading 3.4

Lisa Bracken

연합을 만들고 협상 기간 내내 충성도 유지하기

충성도와 연합은 협상에 있어 놀라울 정도로 강력한 힘을 제공한다. 연합을 구성하는 각 구성원들의 충성도는 형성된 연합의 성패를 좌우한다. 구성원들이 하나의 목적으로 공고하게 단합된 경우도 있지만 그렇지 못한 경우도 많다. 연합을 구성하는 것 못지않게 연합의 충성도를 유지하는 것 역시 매우 중요한 일이다. 특정한 상황에서는 연합의 충성도가 약해진다. 이 글에서는 연합이 구성되는 역학을 조사하고 연합 안에서 당신의 영향력을 계속 이어 나가 연합을 강력하게 유지하는 방법에 대해 고찰한다.

연합을 구성하려고 하는가?
우선 다음의 여섯 가지 필수 고려사항을 주목하라

연합을 구성하고 이끌어 나갈 것인지 단순이 참가만 할 것인지를 결정하는 데 있어서 다음의 여섯 가지 고려 사항은 당신의 의사결정 과정에 큰 안내자 같은 역할을 할 수 있다. 또한 연합 안에서 당신의 입장을 명확하게 해주며 연합의 목적이 달성되도록 유도하는 요소들을 관리하는 데도 큰 도움을 줄 수 있다.

Source : "Building and Maintaining Coalitions and Allegiances throughout Negotiations," by Lisa Bracken, from The *Negotiator Magazine*, March 2006. Used with permission of the author.

1. 공통의 목적을 발견하라

당신은 집단의 목적을 달성하기 위한 수단과 방법을 공유하고 있는가? 연합은 공통의 목적을 달성하기 위해서 각 구성원은 기계의 부품처럼 자신의 역할을 수행하며 집단의 목적을 이해해야 한다. 각 구성원들이 조화를 이루어야 한다. 큰 성공을 거두기 위해서는 연합의 추구하는 궁극적인 목적을 공유해야 한다.

2. 연합 안에서 당신이 얼마나 많은 영향력을 가질 것인지를 결정하라

조직이 목표를 달성하여 나오는 산출물에 있어서 당신의 기여도와 지분이 높다면 당신은 가능한 한 많은 영향력을 발휘하고 싶을 것이다. 물론 구성원과 협력하는 태도를 늘 견지하며 연합에 참여하여야 하고 목적에 대한 인식을 계속 유지하는 것이 원칙이다. 그래서 균형을 이루는 것이 문제가 된다. 너무 큰 목소리를 내어도 안 되고 그렇다고 연합에 미치는 큰 영향력에 대해 모르는 척해서도 안 된다. 연합 안에서 당신의 위치를 더욱 가치 있게 하는 것이 필요하다. 또한 연합의 주축으로서 당신은 안정되고 고정적인 존재가 되어야 하며 당신의 참여는 궁극적인 산출물을 만들어내는 데 필연적인 것이 될 수 있도록 만들어 가는 것이 중요하다.

3. 당신이 선도할 것인가 아니면 다른 사람이 앞장서게 할 것인가?

당신이 연합을 형성하고 이끌지라도, 당신이 연합 안에서 주요 인물일지라도 당신은 한 구성원으로서 연합에 참여하여야 한다. 동시에 다른 구성원들이 그들의 생각과 관심사를 연합의 운영 과정에 도입할 수 있게 해주어야 한다. 다른 구성원들보다 당신의 영향력이 크다고 할지라도 너무 전면에 나서는 것이 좋지 않을 수도 있기 때문이다. 효과적으로 연합을 운영하고 싶다면 실무를 담당하는 구성원들이 보다 적극적으로 앞장서서 연합을 이끌어 나갈 수 있게 해주어야만 한다.

4. 당신의 뒤로 다른 참여자들이 멀어져 가는 것을 인지하고 있나?

연합 안에서 주요 인물로서의 역할을 너무 착실하게 수행함으로써 다른 참여자들이 이탈하고 있다는 것을 느끼지 못할지도 모른다. 당신의 영향력만을 과시하게 되면 일반 참여자들은 소외감을 느끼고 당신을 떠날 수도 있다. 마치 전쟁에서 전투를 진두지휘하고 있는데 싸울 사람들이 하나둘씩 뒤로 퇴각하는 것과 같다고 하겠다. 이런 상황을 당신의 적이 이용할 수도 있다. 연합이 소기의 목적을 달성하고 효율적으로 남게 되려면 주의 깊게 이런 분위기를 사전에 간파하여야 한다.

5. 정보의 소통을 어떻게 통제할 것인가?

모든 연합의 모임에서는 여러 가지 정보가 교환된다. 여기에는 공개되어도 될 정보가 있고 공개되어서는 안 되는 아주 민감한 정보도 있다. 정보가 외부에 공개되느냐 마느냐는 아주 중요한 문제다. 공개될 정보와 공개되지 않아야 될 정보를 잘 관리하는 것은 연합의 성패와도 깊은 관계가 있다. 정보를 소통함에 있어 어떤 방식으로 통제할 것인가를 늘 고려해야 하며 우선적으로 공개되어야 할 정보의 내용을 결정하고 분별력 있게 관리하여야 한다.

6. 연합을 깨지기 쉽고 불완전한 디자인이라고 인식하라

연합이 공통의 목적을 가지고 만들어졌다고 할지라도 각 개인은 여러 가지 동기로 연합에 참여한 것이고 서로 추구하는 이익도 다르다. 그렇기 때문에 연합은 언제든지 깨질 수 있다. 연합의 결속력은 순식간에 약화될 가능성을 늘 가지고 있다. 깨질 수 있는 개연성이 언제나 존재한다고 처음부터 인식한다면 더 많은 준비를 할 수 있을 것이다.

중단하는 것이 당신에게 더 좋은 상황이라면 관계를 다시 조정할 때가 된 것이다

당신이 연합을 구성할 의도가 있다면 왜 그렇게 하는지 그 이유를 먼저 생각하라. 연합을 구성하려는 사람들의 동기를 살펴보라. 연합이 만들어내는 행동이나 이익을 골고루 공평하게 나눌 수 없다는 생각을 구성원들이 한다면 그 연합은 단단히 결속되지 못한다. 불평등하다고 생각될 때 구성원들은 연합이라는 형태를 굳이 취할 필요가 없다. 상호간의 이익이 공평하다는 생각이 있을 때만 연합은 계속 유지될 수 있기 때문이다.

나는 연합의 구성원으로서 나의 이익과 다른 사람의 이익이 어떻게 하면 절충될 수 있을까를 고심했다. 그러던 중 한 친구가 나에게 정말 따끔한 조언을 해주었다. "자네의 목적과 다른 구성원들의 목적은 아주 다를 수 있다는 것을 기억하게." 친구의 이런 말은 참 중요한 의미를 갖는 것이었다. 당신의 가족과 연합의 구성원 중 누구의 복지를 먼저 챙길 것인가? 이런 질문은 참으로 어려운 것이다.

당신 개인의 이기적인 목적과 전체 이익을 조화시킬 수 있느냐의 질문을 스스로에게 던져볼 필요가 있다. 전체의 이익이 먼저라는 말을 할 수 있는 사람은 거의 없을 것이다. 만약 전체의 이익이 더 중요하다고 말할 수 있다면 당신은 진정한 귀족이다. 그러나 현실에서는 개인의 이익보다 전체의 이익을 먼저 생각하는 것은 지극이 어려운 일이다.

연합 활동을 중단하는 것이 당신에게 더 좋은 상황이라면 당신의 관계를 다시 조정할 때가 된 것임을 알라. 내부 구성원들의 충성도가 약화되고 모두가 그런 것을 인지한 상황이라면 연합을 이끌어 나갈 동력은 상실된 것이다.

연합의 결속력 강화하기

공통의 목표를 갖는 것을 넘어서 연합의 결속력을 강화시키는 네 가지 중요한 방법이 여기 있다.

1. 장·단기간 목표를 통해서 상호 이익이 있다는 것을 보여라

연합이 활동을 하면서 발생된 이익이 공평하게 분배된다는 것은 매우 중요하다. 한 사람에게만 이익이 편중된다는 생각이 퍼져서는 안 된다. 연합에서 특정 부문에 많은 투자를 하고 있다면 왜 그 분야에 자원이 배분되었는지 잘 설명하여야 한다. 구성원이 불공평하다고 느끼는 순간 연합은 위기에 빠지게 된다. 자원을 투자할 때 장기적 관점에서 보면 어떤 결과가 나올지, 단기적이라면 언제 투자한 자원이 회수되어 분배되는지를 명확하게 알려야 한다.

2. 커뮤니케이션은 연합을 강하게 만드는 중요한 요소다

커뮤니케이션은 아무리 강조해도 지나치지 않다. 구성원에게 정기적인 모임을 열어 그동안 진행 상황을 알려주는 것은 대단히 바람직한 일이다. 보안이 유지되는 장소를 선정하고 알려야 할 정보를 선정하여 모두에게 명쾌하게 전달하는 것이 중요하다. 구성원들에게 정보의 중요성을 알리고 정보를 특별히 관리해야 함을 상기시켜 주어야 한다.

3. 진정한 리더십을 보여라

유능한 리더는 구성원을 이끌지 않는다. 다만 그들의 자신감을 고취시킬 뿐이다. 연합은 많은 도전에 직면도 하고 여러 가지 민주적인 과정의 이익도 취한다. 의견을 논리적으로 개진하고, 구성원들의 참여를 고취시키고, 특정한 부류만을 선호하지 않고, 신뢰할 만한 정보로 구성원 안심시키는 것이 리더의 조건이 된다. 과장되지 않은 진정한 리더십을 통해서 연합의 지속성은 보장될 수 있다.

4. 당신은 당신의 성공을 보장할 수 있다

연합에는 위험성과 이익 모두가 잠재되어 있다. 위험하지만 이익이 있다는 사실이 당신에게 많은 생각을 하게 한다. 당신이 연합을 구성하기 전에 연합이 가지고 있는 자연적인 불안정성에 대한 고찰에 많은 시간을 할애하기 바란다.

연합을 어떻게 구성할 것인지 효율적인 관리를 위해서는 얼마나 많은 사람과 자원이 들어가는지에 대한 기준을 정하라. 이렇게 사전에 많은 고찰과 연구를 하면 할수록 연합은 강하게 구성된다. 그리고 당신의 성공을 보장할 수 있는 원천이 된다. 마지막으로 당신의 성공을 구조화하는 데 유례없이 훌륭한 지렛대 역할을 한다.

NEGOTIATION

SECTION 04

개인적인 차이점들

Reading 4.1

Michael Benoliel
Linda Cashdan

협상의 고수되기

"여러분은 스스로를 유능한 협상가라고 생각하는가?" 나는 이 질문을 협상론 과정 초기에 학생이나 매니저들에게 한다. 대부분은 손을 든다. 이것은 놀라운 일이 아니다. 훈련되지 않은 협상가들은 스스로의 능력을 과장하고 협상 고수가 되는 것에 대한 잘못된 인식을 가지고 있기 때문이다. 이들은 협상 능력이라는 것을 "타고난 것" 또는 "자연적인 기술"로 생각한다. 그래서 자신의 능력을 과장되고 이기적인 관점으로 바라본다. 스스로의 덫에 걸리는 것이다. 사실 협상은 후천적으로 습득된 것이며 훈련뿐만 아니라 여러 가지 지적 요소와 태도, 기술이 뒷받침되어야 하는 것이다.

협상가의 지적 능력

서구 사회의 기반은 과학과 기술이다. 경험적 지식에 바탕을 둔 지적 능력은 계속 발전되었고 최고의 지위에까지 올랐다. 20세기에 개발된 성과 측정은 사람의 나이와 IQ를 결정하는 정신 능력 간의 비율에 의거한 공식을 사용한다. 학교는 IQ를 학생 배치에 활용하고, 군대는 각 군인들에게 보직을 부여하는 데에 활용한다.

Source: "Become a Master Negotiator," by Michael Benoliel with Linda Cashdan, from *Done Deal: Insights from Interviews with the World's Best Negotiators*, 2005, Chapter XI, pp. 217–238. Avon, MA: Platinum Press, an Imprint of Adams Media. Used with permission.

협상가는 복잡한 아이디어를 이해하고 사실을 기반으로 추론한다. 그리고 행동의 과정을 계획하고 문제를 해결하며 이성적인 결정을 내리는 인지적 지적 능력을 가져야만 한다. 어떤 연구자들은 인지적 지적 능력이 오랫동안 많은 수의 상대방과 복잡한 협상을 진행해야만 하는 협상가에게 지극히 중요한 역할을 한다고 제안해왔다. 게다가 인지 능력을 가지고 이성적으로 협상함으로써 협상가들은 심리적인 덫에 걸리는 것을 피할 수 있다. 심리적인 덫이란 감정적으로 대응하거나 잘못된 정보를 가지고 판단하는 심리적 실수를 말한다.

유능한 협상가는 협상의 현안을 완전히 꿰뚫는 인지 능력을 가지고 있다. 협상을 사전에 잘 준비하고 적절한 협상전략을 개발한다. 또한 방대한 양의 정보를 분석하고 합성함으로써 협상 자체를 지적으로 접근해서 만족을 가져온다.

팜 앤 쓰리콤(Palm and 3Com)의 최고 경영자를 역임했던 에릭 벤하모우는 협상을 좋아한다. 협상이 목표를 사전에 평가하고 잘 짜여진 계획을 수립하여 나아가 자신이 원하는 제안을 관철할 수 있게 해주는 역할을 하기 때문이다.

감정적 능력

인지적 능력은 협상에서 반드시 필요한 것이지만 이것만으로는 충분하지 않다. 효과적으로 협상하기 위해서는 감정적인 능력도 가져야만 한다. 학자들은 협상에 있어서 감정의 효과에 대한 연구를 했다. 이를 통해 긍정적인 협상가는 정보를 효과적으로 처리하고 보다 창조적이며 문제해결에 있어서도 더 혁신적이라는 것을 증명했다. 게다가 긍정적인 감정은 보다 만족스럽고 낙천적으로 미래를 내다보게 하는데, 이것은 협상 당사자 모두가 승자가 되는 상황을 만들 수 있는 가능성을 높인다.

다니엘 골맨은 저서 『감정적 능력(*Emotional Intelligence*, 1995)』에서 많은 종류의 능력을 다루고 감정적 능력을 정의했다. 그의 정의에 따르면 감정적 능력은 "나의 감정과 다른 사람의 감정을 조화시키는 것"이 된다. 감정적 능력은 다음과 같은 것을 포함한다. 스스로를 아는 것, 스스로를 규제하는 것, 스스로 동기를 부여하는 것, 인내심, 그리고 감정이입 등인데 이런 특징은 유능한 협상가가 가져야만 하는 것들이다.

스스로를 아는 능력

스스로를 아는 것은 당신의 생각, 기분, 충동, 행동에 대해 인식하는 것을 의미한다. 얼마나 당신에게 영향을 미치고, 당신과 협상하는 사람들에게 영향을 미치는지를 스스로 아는 것은 아주 중요한 일이다. 1996년 북아일랜드에서 평화협상을 하는 회장으로서 상원 원내총무를 역임했던 조지 미첼(George Mitchell)은 이런 능력을 입증하였다. 1년 반의 협상 동안 그는 수백 시간을 같은 안건을 가지고 협상하였는데 그중 많은 시간을 듣는 데 할애하였다. 그는 내면을 돌아보고 그의 느낌을 협상에 반영했다. "나는 좌절했고 화가 났다", "나는 내가 화가 났음이 드러나지 않도록 노력했다" … "나는 매우 화가 났고 그것을 밖으로 표시했다", "내가 화난 것을 그들이 눈치 채면 그들도 놀라기 때문이었다."라고 그는 적었다. 끝으로 미첼은 이렇게 결론지었다. "그것은 너무 늦었다. 내가 말한 어떤 것도 합의를 만들어내지 못했다." … "나는 미래를 봐야만 했다. 나는 다시 낙관할 것이다." 협상가가 스스로의 생각과 느낌을 잘 아는 것은 협상에서 아주 중요한 일이다.

자기 규제

협상에서 감정 통제의 중요성은 이미 백 년 전에 인식되었다. "천성적으로 폭력적인 사람은 협상을 하는 데 어울리지 않는다."라고 프랑스 외교관인 프랑스와 드 카리에르는 그의 저서 『왕자와의 협상 매너에 대해서(*On the Manner of Negotiation with Princes*)』에 썼다.

자기 규제는 모든 감정을 가리는 것이 아니다. 적절한 상황에서 감정을 행동으로 전환하는 것이다. 이것은 감정을 다스리는 것이기도 하다. 아주 중요한 상황에서 극단적인 분노를 억제하는 능력이다. 협상에서 이런 능력은 전략과도 깊은 관계가 있다.

숙련되지 않은 협상가들은 전투적으로 협상을 이끌어 간다. 감정에 이끌리게 되는 것이다. 감정에 이끌려 협상을 진행하는 것은 대단히 위험한 일이다.

스스로 동기부여 받기

스스로 동기를 만들어내는 것은 어렵고 좌절되는 상황에서 당신에게 에너지를 주는 역할이며 당신의 목표를 향해 일관되게 하는 힘이 된다. 마치 달성하려는 일에 레이저 광선의 초점을 맞추는 것과 같다. 올림픽에 참가하는 선수들, 세계적인 음악가, 체스 챔피언 등은 스스로 동기를 부여하여 크게 성공한 예이다. 어려운 시절을 참고 견디면 그 분야의 최고 전문가가 될 수 있다. 실망하지 않고 어려움을 극복하는 것이야말로 협상가가 가져야 하는 속성 중 하나다.

지미 카터 대통령은 1978년 앙숙이었던 이집트와 이스라엘의 평화 협정을 성공적으로 중재하였다. 캠프 데이비드 협상이라고 불리는 이 협상을 통해 그는 진정한 동기부여가 무엇인지를 잘 보여주었다. 어려운 난관을 극복하고 역사적인 평화협상을 마무리한 것이다. 수십 세기 동안 반복해왔던 두 민족과 국가 간의 협상에서 일시적인 좌절과 실망을 극복하는 것이야말로 불가능해 보이는 것을 가능하게 만드는 원동력이 된다.

인내

인내는 스스로 만들어내는 동기부여를 유지하는 데 결정적인 요소가 된다. 협상 당사자가 많은 시각차를 보이게 되면 긴 시간이 필요하게 된다. 쌍방이 양보하지 않고 반복하는 상황은 긴 시간을 요구한다. 특히 노사 간의 협상이 그렇다. 서로 주장하는 바가 극과 극이면 만족스런 결과를 그 누구도 보장할 수 없게 된다. 인내는 이런 상황에서 협상을 성공으로 만드는 필수조건이 된다.

감정이입

감정이입은 감정적 능력의 다섯 번째 구성요소이다. 이것은 스스로 아는 능력 위에 구축된다. 상대방의 감정을 이해해서 상대방에게 제안할 전략을 수립하는 데 이용하는 능력이라고 할 수 있다. 단순히 언어로 전달되는 감정을 읽는 것이 아닌 비언어적인 것에 대한 통찰력을 포함한다.

감정적 능력의 특징은 스스로 아는 능력, 자기 규제, 스스로 동기부여 받는 능력, 인내, 그리고 감정이입이다. 이 모든 것은 감정을 조절하는 데 꼭 필요하고 중요한 것이다. 당신이나 상대방이 협상 과정에서 이런 요소들을 잘 파악하고 이해하고 있어야 함은 물론이다.

대인관계 능력

하워드 가드너(Howard Gardner)는 1983년 그의 책 『마음의 틀』에서 IQ 검사의 중요성을 이야기하고 각 개인은 넓은 지적 능력의 범위를 가졌다고 주장했다. 이것은 예술가와 건축가의 공간적 능력, 댄서나 운동선수의 운동 능력, 작곡가, 가수, 음악가의 음악적 능력, 성공한 외교관이나 영업 사원, 법률가, 중재자, 교수자의 대인관계 능력을 포함한다.

대인관계 능력 또는 사회적 능력은 다른 사람을 이해하고, 동기를 부여해 주는 능력이다. 나아가 그들과 협력해서 일을 하는 능력이라고 할 수 있다. 사회적인 능력을 갖춘 협상가는 어떻게 해야 바람직한 관계를 만들어 나가는지 알 뿐만 아니라 다른 사람의 말을 잘 경청한다. 또한 하는 일을 잘 조절해서 상대방을 이끌어 가는 능력을 갖추었으며 조직 내의 각 집단에게 이익이 골고루 돌아갈 수 있도록 해결책을 제시한다. 조직 내의 사람들이 무엇에 관심이 있으며 그들을 어떻게 이끌고 나아갈지를 잘 파악하는 사회적 분석가로서의 역할도 한다.

3배수 역량

당신은 인지적, 감정적, 대인관계 능력을 가졌다. 그것은 3배수 역량을 발전시키기 위한 것이다. 이 역량은 협상의 고수가 되기 위해서 필수적이다. 협상가가 가져야 하는 많은 기술 중에서 가장 중요한 것은 문제의 본질을 꿰뚫는 것, 관계와 신뢰를 구축하는 것, 협상 과정을 관리하는 것이다.

인지적 능력은 문제의 본질을 꿰뚫기 위해서 중요하다. 현안을 제대로 파악하는 것이다. 감정적 능력과 대인관계 능력은 관계와 신뢰를 구축하는 데 중요하다. 협상 과정을 관리하는 것은 이런 세 가지 모든 능력의 조합을 요구한다.

3배수 역량 협상 모델은 다른 모델들과 대조적이다. 더욱더 역동적이기 때문이다. 세 가지 역량은 협상가를 더욱 유능하게 만든다. 이런 세 가지 역량은 협상을 시작하기 전부터 연구와 준비를 하게 한다. '협상의 구조물'을 건축하는 것과 같다. 협상할 의제를 수립하고, 협상 팀을 조직하는 등 준비 작업을 하는 것이다.

협상이 시작되면 문제의 본질을 이해하는 과정에서 관계를 만들고, 신뢰를 구축하는 단계를 지나 협상의 과정을 관리하는 것으로 옮겨가는데 이런 관점에서 보면 유능한 협상가는 시간을 적절하게 잘 이용하는 것과도 일맥상통한다. 협상이 사전 준비 단계를 지나게 되면 협상 상대방을 알아가면서 신뢰가 구축되기 시작하고 이제 쌍방이 협상의 과정을 주시하는 단계로 접어드는 것이다. 유능한 협상가란 이런 협상의 단계를 잘 인식하고 그에 맞는 행동과 태도를 취해야 한다. 세 가지 역량이 효율적, 동시적으로 발휘될 수 있도록 협상가는 역량 개발을 위해 노력해야 함은 물론이다.

협상 고수의 가장 중요한 자질

3배수 역량인 문제의 본질 꿰뚫기, 관계와 신뢰 구축하기, 협상 과정을 관리하기에 이어 성공적인 협상을 위한 다른 핵심 요소들이 있다.

조화

숙련되지 않은 협상가들은 스스로의 이익과 니즈에 전적으로 집중한다. 이와는 대조적으로 협상 고수들은 다양한 각도에서 상황을 본다. 나뿐만 아니라 상대방의 입장과 이익을 고려한다. 상대방을 고려하기 때문에 그에 맞는 행동이 나온다. 그러나 무조건적으로 상대방에게 동의하는 것이 아니다. 상대방의 관점에서 상황을 들여다보는 능력을 키운다는 말이다. 나의 일방적인 관점으로 상황을 파악하기보다는 보다 관조적인 입장에서 상대방의 입장을 이해하려는 노력을 경주하는 것이다. 나만의 관점으로 현안과 상황을 바라보면 나만의 이익을 추구하는 우를 범하기 때문이다.

실용주의

유능한 협상가는 목표를 높게 잡지만 다분히 현실적이다. 실용적으로 사고하며 추상적이고 이념적인 원칙에 얽매이는 일이 없다. 막연한 생각은 도움이 되지 않기 때문이다. 필요하다면 악당과도 협상을 한다. 이미 고인이 된 이스라엘의 전 총리 이츠학 라빈(Yitzhak Rabin)은 1993년 팔레스타인 정치 지도자인 야시르 아라파트(Yasir Arafat)와의 평화협상에서 실용주의적 비즈니스 모델을 사용했다. 사실 아라파트는 테러리스트였고 살인자로 악명이 높았다. 그러나 라빈 총리는 아라파트가 팔레스타인의 유일한 지도자라고 믿었다. 개인적인 감정을 넘어 보다 실용적인 관점에서 계산된 국가적 이익을 생각함으로써 라빈은 아라파트와 협상을 진행했다.

혁신

유능한 협상가는 창의적이고 유연하다. 협상의 교착 상태를 보다 창의적인 방법으로 풀어 나갈 줄 안다. 교착 상태를 보다 유연한 방법으로 풀어가는 능력은 협상가에게는 꼭 필요하다. 그는 현재의 관점에서 조금 탈피하면 새로운 관점이 보이기 시작함을 안다. 교착 상태에서 협상을 결렬시키기보다는 새로운 방법을 제안함으로써 난관을 타개하는 것이다.

창의적인 능력은 교육되어지는 것이다. 창의적인 협상가는 다수의 생각을 거부하고 다르게 생각할 용기를 가져야만 한다. 새로운 장애물이 나타나도 그것을 헤쳐 나갈 수 있는 인내를 겸비해야 하고 위기를 극복하여 다시 회복할 수 있는 탄력을 배워야 한다.

창조성은 전문적인 조절 기능이다. 예를 들어 변호사들은 의뢰인의 대변자가 되는 훈련을 한다. 그래서 법적인 시스템 안에서 이기는 게임을 해야 한다. 그래서 전투적인 협상을 하는 경향이 생긴다. 적대적인 방법을 채택한다. 그러나 보다 창의적인 방법으로 협상에 임하기 위해서는 브레인스토밍 방법 등을 이용함으로써 보다 유연해져야 한다. 그래서 음악을 듣거나 명상을 하는 식의 완화요법을 사용함으로써 창의성과 유연성을 키워야 한다.

통찰력을 가져라

협상가들은 미래를 창조한다. 그들이 질질 끌던 분쟁을 해결하거나 성공적인 비즈니스 거래를 협상하여 새롭고 희망에 찬 더 나은 미래를 창조한다.

통찰력이 있는 협상가는 현상 유지보다 더 나은 무언가를 제안하기 위해 이상적인 목표를 세운다. 더 나은 미래를 믿는 것은 중요하다. 이스라엘의 전 총리였던 시몬 페레스(Simon Peres)나 언론 재벌 섬너 레드스톤(Sumner Redstone) 같은 협상가들은 낙관론자들이었다. 그것이 정치분야건 경제분야건 상관없다. 물론 그들의 비전은 추상적인 아이디어가 아닌 구체적인 행동으로 옮겨질 수 있는 것이었다. 분쟁 없는 사회를 지향하고 번창하는 비즈니스를 꿈꾸지만 그것은 늘 실행될 수 있는 구체적인 계획들과 연결되어졌다.

협상가는 위험을 무릅쓰고 무엇인가에 도전하는 사람들이지 결코 도박꾼들이 아니다. 이것이 통찰력이다. 그들은 남들이 보지 못한 가능성을 발견하여 처음으로 도전하는 사람들이다.

전략가가 되어라

유능한 협상가는 언제나 협상 중 벌어지는 특수한 상황에 적합한 전략을 가지고 있다. 그들은 각각의 상황에 맞는 전략이 필요하다는 것을 잘 알고 있다.

모든 상황은 다르다. 각 상황에 맞는 전략을 그때그때 구사하는 능력이야말로 유능한 협상가의 핵심적인 자질이 된다.

요약 정리

협상의 고수가 되는 것은 타고난 능력일 수도 있다. 하지만 대부분의 경우 학습되어지고 수많은 연습을 통해서 연마되는 것이다. 유능한 협상가는 여러 가지 능력이 필요하다. 인지적, 감정적, 그리고 사회적 능력이 그것들이다. 이런 능력을 협상 전, 협상 중, 협상 후의 상황에 따라 수준에 맞게 구사할 수 있어야 한다.

이런 능력들은 협상 역량을 기르는 기초가 된다. 당신의 핵심 역량이 3배수(문제의 본질을 꿰뚫기, 관계를 형성하기, 과정을 관리하기)라면 당신은 협상 상대방의 이익과 조화되는 전략을 사용할 수 있다. 문제를 해결하기 위해 실용적으로 접근하고 혁신한다. 나아가 협상이 추구하는 목적을 달성하기 위한 비전을 창조하고 미리 계획되었지만 유연한 전략을 개발시킨다.

협상은 스트레스를 받고 시간이 많이 들며 때로는 좌절하고 지치는 과정이다. 그러나 이런 어려운 상황을 인내를 가지고 유연하게 대처하는 것이야말로 협상가가 추구해야 할 최고의 가치라고 할 수 있다.

Reading 4.2

Ray Friedman
Bruce Barry

SECTION 04

당신은 협상가가 되어야만 하는가?

수십 년간 연구자들은 개인적인 성격과 거래에서 얻어지는 산출물과 어떤 관련이 있는가를 밝혀내기 위한 연구를 계속해왔다. 그들은 성격을 측정하기 위한 틀을 연구했다. 이런 연구에는 마키아벨리즘, 권위주의, 그리고 대인관계 성향도 포함된다. 그러나 결과는 모순적이었고 결론에 이르지 못했다. 우리는 그래서 더 포괄적이고 세심한 연구를 하기로 결정했다. 개인적인 차이와 협상에 대해서 연구하기로 한 것이다. 연구 결과는 놀라운 것이었다.

우리는 성격에 대한 연구를 진행함에 있어 최근의 연구 업적을 기반으로 시작하였다. 수백 종류의 특이한 성격을 하나씩 일일이 다루는 대신에 심리학자들은 성격에 관한 다섯 가지의 지극히 중요한 요소를 발견했다. 그리고 이런 요소들을 측정하는 더 좋은 방법을 개발했다. 그중 세 가지는 협상과 관련이 있을 수도 있다. "외향적인(extroverted)" 사람은 사교적이고, 말이 많고, 흥분을 잘 한다. "선뜻 동의하는(agreeable)" 사람은 관대하고, 협조적이고, 유연하다. "성실한(conscientious)" 사람은 조직적이고, 인내심이 강하고, 계획적이다. 이런 세 가지 성격 요소 또는 특성에 더하여 우리는 또한 일반적으로 지능(IQ)이 협상의 산출물에 얼마나 영향을 미치는가에 대해서도 조사했다.

Source : "Should You Be a Negotiator?" by Ray Friedman and Bruce Barry, from *Owen Manager*, Summer 1999, pp. 8–9. Owen Graduate School of Management, Vanderbilt University. Used with permission.

Win-Lose 협상을 들자면 중고차에 대한 가격 흥정을 이야기할 수 있는데 선뜻 동의하는 사람들은 상대방의 의견에 영향을 많이 받고 의견 충돌이 일어날 때 더욱 불안감을 느낀다고 생각했다. 그들은 스스로 첫 제안을 할 때 덜 공격적이다. 그러다 보니 상대방의 첫 제안에 쉽게 결정을 내리는 경우도 있었고 상대방의 제안을 마지못해 받아들이는 경우도 많았다. 외향적인 사람은 비밀스러운 정보를 더 많이 공유하고 그들 역시 상대방의 첫 제안에 영향을 많이 받는다고 생각했다. 왜냐하면 그들은 상대방과 사회적으로 더 친밀한 관계를 맺기 위해 그런 경향을 보인다. 성실한 사람은 협상에 있어서는 더 나은 편이라고 우리는 생각했다. 그들은 상대방의 첫 제안에 대해 역제안을 더 잘하는 경향이 있다. 이와 비슷하게 우리는 지능이 협상에 도움이 된다고 가정했다. 지능이 높으면 높을수록 구사되는 전술이 어떤 의미를 지니는지를 잘 이해하기 때문이다.

이런 예측을 시험해보기 위해서 우리는 수백 명의 학생을 대상으로 모의 비즈니스 협상을 해보았다. 간단한 Win-Lose 상황을 전제하는 것도 포함시켰다. 공급자와 제조업체의 협상인데 부품 가격에 대한 것이었다. 학생들의 성격 검사도 해보고 지능을 측정하는 방법으로서 표준화된 학업 시험 점수도 알아봤다(SAT나 GMAT 같은 시험은 지능이나 인지능력을 알아보는 좋은 측정 방법이다).

놀랍게도 성실성과 지능은 어떤 영향도 미치지 못했다(종업원의 성취도 연구에서는 성실성과 지능은 성공을 예측하는 가장 중요한 요소들이다). 그러나 쉽게 동의하는 성질과 외향성은 우리가 예측한 대로 거래에서 나오는 산출물에 영향을 미쳤다.

외향성을 가진 사람들은 상대방이 높은 가격으로 협상을 시작하면 상대방보다 더 높은 가격으로 첫 제안 가격을 올리는 경향을 보였다. 다른 말로 하면 외향적인 사람들은 상대방이 극단적으로 높은 가격을 제시하면 그것에 마음이 많이 흔들린다는 것이다. 상대방에 의해서 마음이 흔들리게 되면 좋은 성과를 올릴 가능성은 낮아지게 된다. 상대방이 아주 높은 가격을 제시하게 되면 외향적인 사람들은 협상의 대상이 되는 것을 스스로가 생각하는 것보다 높은 가치가 있다고 생각하는 것이다. 쉽게 동의하는 사람들도 같은 문제를 가지고 있는데 이러다 보니 결과적인 측면에서는 그리 좋은 성과를 올리지 못한다.

Win-Lose 협상 형태에서는 당신이 얼마나 상대방과 사회적으로 관계를 맺고 있는지가 차이점을 만들어낸다. 그러나 지능과 계획은 그런 차이점을 만들어내지 못한다. 당신이 외향적이거나 쉽게 합의하는 사람이라면 이러한 성격 때문에 Win-Lose 거래에 있어서 오히려 스스로의 능력을 감소시킬 수 있다는 사실을 알기 바란다. 당신은 Win-Lose 거래 형태에서 상대방의 전술에 의해 쉽게 영향을 받을 수 있다는 말이다. 상대방에게 끌려 다니는 협상에서 성공하기란 아주 어려운 일이다. 어쩌면 당신은 이런 형태의 협상을 해서는 안 되는 사람인 것이다.

그러나 우리는 외향적이거나 쉽게 동의하는 사람들의 이런 위험성을 극복하기 위한 방책을 한 가지 발견했다. 모의 협상에 참가한 사람들은 이런 그들의 성향을 잘 밝히지 않았다. 왜냐하면 스스로에게 높은 기대감을 가졌기 때문이다. 많은 연구에 의해 입증된 굳건한 원칙이 있는데 그것은 협상 테이블에 나온 사람들은 평소보다도 더 잘하려고 하는 강한 열망이 있다는 것이다. 강한 열망을 가지고 나온 사람은 상황 속에 내재한 협상의 역학에 관심을 기울이고 더 적극적이고 공격적으로 거래에 임한다.

그러므로 당신이 외향적이거나 쉽게 동의하는 성격의 소유자라면, 그리고 협상 테이블에 가야만 하거나 가고 싶은 상황이 벌어진다면 스스로 더 높은 기대와 열망을 가져야 한다는 것을 잊지 마라. 이것은 누구나 말할 수 있는 보편적인 조언처럼 보여도 실제로 많은 협상가, 특히 경험이 많지 않은 협상가들은 사전에 이런 생각을 충분히 하지 않는다. 심각하게 상대방에게서 내가 무엇을 얻어내야 할지를 생각하는 것은 매우 중요하다. 잘할 수 있다는 자신감과 열망이 부족한 사람들은 적당한 기대했던 것보다 더 큰 난관에 직면할 수 있다. 연구는 높은 기대 수준이 더 좋은 결과를 만들어낸다는 것을 말해준다. 나아가 성격이 특정 형태의 협상에서 산출물을 만들어내는 데 방해요인이 될 수도 있다는 것도 알았다.

또한 우리는 아주 다른 형태의 협상도 연구했다. 창의적으로 문제를 해결함으로써 상호적인 이익을 창출해내는 협상도 있다. 위의 경우처럼 한 가지 현안에 대해 흥정하는 것 같은 협상도 많이 있다. 팔려는 물건의 가격 흥정과 같은 것이다. 싸게 살 것인지 비싸게 팔 것인지는 단순히 흥정에 의해 결정이 된다. 그러나 훨씬 복잡한 상황들이 많다. 몇 가지 현안을 동시에 다루는 경우도 있고, 이익을 공유해야 하는 경우도 있다. 물론 이익을 나누어 가져야만 하는 경우도 있다. 이런 상황에서는 어떤 시점에서의 합의가 쌍방을 위해 이익을 만들어 내는가와 절충은 어디에서 이루어져야 하는가를 판단하는 것이 매우 중요하다. 수많은 관심사와 현안을 동시에 다루어야 하는 상황에서는 더더욱 그렇다. 이렇게 여러 가지를 한꺼번에 직면하는 형태를 때때로 "잡다한 동기(mixed motives)" 상황이라고도 부르는데 복잡한 비즈니스 협상, 정치적인 논쟁 등에서 많이 발견된다. 협상가는 쌍방이 만족하는 공통적인 요소를 발견하고 성공적인 합의를 이끌어야 한다. 이처럼 상호 이익을 창출하는 협상을 Win-Win 협상이라고 부를 수 있다.

Win-Win 협상에 대해서 우리는 다른 예측을 했다. 쉽게 동의하는 사람과 외향적인 사람들이 더 잘할 것이라는 예측이다. 정보 공유와 협력은 문제 해결에 도움이 된다. 또한 지능이 플러스 요소가 될 수 있다고 예상했다. 인지능력이 복잡한 문제를 해결하기 위한 창의적인 해결책을 만들어내는 데 도움을 줄 수 있기 때문이다. 우리는 다시 학생들을 모의 협상에 참가시킴으로써 이 예측을 시험해 보았다. 모의 협상은 쇼핑몰 개발업자와 잠재적 세입자와의 협상이었다. 가격은 현안이 아니었다. 이 협상에서는 지분을 어떻게 나누고, 분양 받은 후의 재임대를 어떻게 할 것인지에 대한 수많은 법적인 현안을 타결해야만 했다. 우리는 성격과 지능에 대한 예측을 시험하기 위해서 양자가 만들어낸 합의들을 면밀히 평가하고 분류했다. 쌍방이 협상 당사자의 개인적인 성격에 기인하여 공동 이익을 만들어낼 수 있는지, 이런 과정에서 지능이라는 변수가 영향을 미치는지에 대해서 연구했다.

놀랍게도 쉽게 동의하는 성향과 외향성은 영향을 미치지 못했다. 다른 사람과 사회적으로 좋은 관계를 맺으려는 성향이 Win-Win 협상의 결과에 영향을 미치지 못한 것이다. 그러나 지능은 우리가 기대했던 결과를 만들어내었다. 지능이 높은 협상가는 보다 창의적인 해결책을 만들어내었고 어려운 협상 상황에서도 아주 조직적이고 체계가 잘 잡힌 해결책을 수립했다. 협상가가 더 높은 지능을 가질수록 쌍방이 가질 수 있는 파이의 크기는 더 커졌다.

앞의 이야기에도 의외의 결과가 나왔지만 다음 이야기에도 반전이 있다. Win-Win 협상에서 성격이라는 요소가 중요할 것이라는 예측은 맞지 않았다. 우리는 협상을 하는 쌍방 중 어느 일방이 공동으로 만들어낸 이익에서 누가 더 큰 부분을 가져가는 것에 대해 조사했다. 생성된 이익을 정확히 반으로 나누기 전에는 틀림없이 쌍방 중 어느 한쪽이 더 큰 이익을 가져갈 것이기 때문에 누가 더 많은 부분을 차지하느냐의 문제인 것이다. 당신은 두 명의 협상가 중에 더 스마트한 사람이 더 많은 부분을 가져갈 것이라고 생각할 수도 있다. 그러나 놀랍게도 스마트한 사람과 협상을 한 상대가 더 많은 부분을 가져갔다. 즉, 스마트한 사람이 이익을 더 적게 가져갔다는 말이 된다. 이 이야기가 주는 교훈은 창의적인 문제 해결책에 대한 니즈가 있는 협상일수록 최상의 상대와 협상하려고 노력한다는 것이다. 최고로 스마트한 상대방과 협상을 해야 더 큰 이익을 얻을 수 있다는 것을 알기 때문이다. 그렇기에 상대방은 우리 쪽보다 더 스마트할 수 있다. 이런 복잡한 상황에서 진정한 이익은 호전성을 가진 상대방과의 충돌에서 생겨나지 않고 쌍방을 위한 가치를 더하여 문제를 해결하려는 창의적인 방법을 찾는 데서 나오게 된다. 우리의 연구는 협상 테이블에 앉은 더 스마트한 협상가(당신이건 당신의 상대방이건 상관없이)가 보다 창의적인 문제해결 방법을 찾을 가능성이 높다는 것을 발견했다.

우리가 연구한 것을 한 발짝 물러서서 보면 결과는 아주 흥미롭다. Win-Lose 협상에서는 성격이 중요한 요소였지만 지능은 중요한 것이 아니었다. Win-Win 협상에서는 성격은 중요한 요소가 아니었지만 지능은 중요한 요소였다. 모든 협상마다 최상의 협상가는 없다. 그 누구도 모든 협상에서 최고의 협상가가 될 수는 없다. 각 상황에 맞는 협상가가 있을 뿐이다. 최고의 협상가가 되는 것은 전적으로 협상가가 처한 상황에 달려 있다.

당신 스스로의 성격을 간파하고 당신이 직면하고 있는 협상이 어떤 형태인지를 아는 것이 관건이다. 많은 사람들은 거래에서의 성공은 대담성과 전술적인 공격성이라고 가정한다. 그러나 우리의 연구는 더욱 복잡하고 다른 이야기를 전해준다. 각기 다른 협상 상황은 각기 다른 형태의 협상 전술이 필요하며 아울러 그에 맞는 완전히 다른 협상가를 요구한다. 성격은 당신에게 유리하게 작용할 수도 있고 불리하게 작용할 수도 있다. 우리가 진행하는 많은 협상론 강의는 협상할 때 당신의 성향은 어떤 것이며, 아울러 상호이익을 만들 수 있는 협상을 어떻게 판단하는지도 제시한다. 유능한 협상가는 이런 두 가지 질문 모두에 아주 사려 깊은 답을 가지고 있다.

NEGOTIATION

SECTION 05

문화를 내재한 협상

문화와 협상

조 로마노(Joe Romano)는 대만으로 사업상 출장 중에 엉겁결에 단 한마디의 말을 실수로 흘렸다가 계약을 하마터면 거의 날려버릴 뻔했다. 보스턴에 소재한 신생 기술 마케팅 회사인 하이 그라운드(High Ground, Inc.)의 직원인 로마노는 10년 동안 아시아로 출장을 다녔고 중국어와 대만어에 능숙하다. 그럼에도 그는 유력 대만 제조업체의 최고 임원을 만났을 때 말실수로 중요한 계약을 거의 날려버릴 뻔했던 바를 떠올린다. '안녕하세요, 총괄 사장님'을 뜻하는 'Au-ban'이라고 이야기해야 하는 상황인데, 로마노는 이렇게 설명했다. "그런데 긴장해서 '안녕하세요, 총괄 사장 사모님'을 뜻하는 'Lau-ban ya'를 실수로 말해버렸어요. 결국 저는 20명의 고위 대만 임원들 앞에서 총사장을 여자라고 말한 것이 되었고, 그들은 웃어버렸지요. 총사장은 저를 죽이고 싶다는 표정으로 쳐다보았는데, 아시아의 남성들은 항상 권위 있어 보이는 데 주력하기 때문입니다. 그래서 저는 그 CEO가 멍청한 미국인의 사과를 받아들이려 할 때까지 그에게 용서를 구해야 했습니다."

말실수(현지 언어)나 현지 의전에 부합하지 못하는 것은 국제적으로 협상할 때 피하기 쉽지 않으나, 그것 때문에 좀처럼 계약성사가 깨지지는 않는다. 로마노가 터득한 것처럼, 굽실거리며 사과를 하면 관계를 돈독히 하는 데 장기적으로 도움이 된다.

정말 문화적인 이유로 계약이 깨지는 것은 두 가지 중요한 점을 고려하지

Source: "Culture and Negotiation,"by Jeanne M. Brett, from *Negotiating Globally: How to Negotiate Deals, Resolve Disputes, and Make Decisions Across Cultural Boundaries*, 2nd ed., 2007, Chapter 2, pp. 25-52. San Francisco: Jossey-Bass, a Wiley Imprint. Used with permission.

못하는 데에 내재해 있다. 협상을 계획할 때와 전략을 선택할 때였다. 나의 제자 세 명이 (그들 노력만으로) 중국 원난성에 대형 시멘트 제조 기지를 수립하려던 라파즈 사의 최초 및 2차 시도를 연구하던 도중에 이 사실을 발견했다. 라파즈는 프랑스 회사로서, 건축자재 제조의 세계적 선도자이고 시멘트, 모래/자갈 혼합재, 콘크리트/지붕 자재 및 석고, 4개 분야 각각에서 세계 최고 위치를 점유하고 있다.

라파즈의 사업 계획 실수는 중국 정부의 이해 관계를 파악하지 못함에서 기인했다. 라파즈는 2개의 국영 시멘트 제조업체를 전부 인수함으로써 원난성 시장에 수익성 확보와 함께 빨리 진입하고자 했다. 라파즈는 가격이 괜찮으면 중국 정부에서 매각하리라 가정했다. 그러나 라파즈의 생각은 틀렸다. 중국 정부의 관심사는 매각 대금에 있는 것이 아니라, 라파즈의 첨단 시멘트 제조 공정에 접근하는 데 있었다. 2004년 이 협상 당시 중국 정부는 해외 자본 투자를 충분히 확보하고 있었다. 따라서 중국 정부가 필요로 한 것은 해당 건축재 제조 산업의 비효율을 개선할 방안이었고, 일자리를 유지하면서 건축자재의 안정적인 공급을 확보하는 것이었다. 중국 정부는 또한 국영기업을 곧바로 외국기업에 매각하는 것과 국영기업을 이전하는 것 중 어떤 것이 공공성의 관점에서 원난성의 이익에 좀 더 유리한지 알고 싶었다.

라파즈의 전략적인 실수는 원난성 협상 시에 파견할 담당자 선택에 기인했다. 라파즈는 처음에는 그들 투자팀의 중견 간부 2명을 보내어 2명의 원난성 시멘트 회사 최고위층과 협의토록 했다. 라파즈는 중국 협상단이 중국 공장을 매입하는 데 적합한지를 조사하는 기업 실사단 정도라고 생각했지만, 중국 협상단은 유력한 향후 사업 파트너가 경영진과의 사업 타당성 검토 협의 시에 연구원을 보냈다는 데에 발끈했다. 산지브 크리슈나(Sanjeev Krishna — World Bank 산하 International Finance Corporation의 신흥 개발도상국 보건과학과의 투자 자문가)에 따르면 중국에서의 기업 실사는 서양에서의 기업 실사와 다르다 한다. 그가 조언하길 중국에서는 기업 실사에 착수하기 전 피매수 기업과 확고한 관계를 미리 다져두어야 한다. 서양에서는 일반적으로 개별 기업이 확고한 관계를 수립하기 전에 많은 기업 실사가 이루어진다.

이 이야기의 결말은 라파즈는 원난성에서 사업을 영위하고 기술적인 노하우가 중국 시멘트 사업에 이전되고 있다는 것이나, 최종적인 계약은 라파즈가 최초 구상했던 것과는 확연히 다르다. 라파즈는 홍콩 소재 회사와 윈난성 시멘트 사업권의 80퍼센트 지분을 소요하는 조인트 벤처를 수립하는 것이 목표였지만 결론적으로, 라파즈는 최초로 목표했던 100퍼센트가 아닌, 지분의 절반도 안 되는 40퍼센트로 협상을 마무리했다.

이 장은 문화가 어떻게 협상에 영향을 미치느냐에 관한 것이다. 여기서 다양한 차원과 유형의 문화를 특징짓는 방법에 대한 소개부터 시작한다. 어떻게 문화가 협상에 영향을 미치는지 예시하는 일반적인 구조에 대해서 설명하게 된다.

세계의 다양한 분야에서 협상하는 실례는 많지만, 다만 명심할 것은 이 장에서는, 예를 들자면 중국 대륙의 특정 지역에 현지 관습에 대해 어떻게 협상할 것인가에 대해서는 다루지 않는다. 이것에 대한 이유는 문화적 원형과 문화적 고정관념에 대한 장에서 더 상세하게 다룰 것이다. 어떤 문화에 대한 경험(체험)이 있다고 해서 향후 협상에서 성공을 보증하지는 않는다. 로마노는 아시아에서 10년 동안 협상한 경험이 있다. 라파즈는 중국에서 1994년 사업을 시작했다. 10년 후, 라파즈가 윈난성에서 협상을 개시했을 때, 이미 쓰촨성에서 시멘트 생산을 하고 있었다. 문화적 지식을 협상전략에 적절히 통합시키는 것은 경험보다 더한 것을 필요로 한다. 바로, 어떻게, 그리고, 왜, 문화가 협상에 영향을 주는지에 이해가 필요한 것이다.

문화란 무엇인가?

문화는 사회적 단체의 차별적인 특성이다. 그것은 어떤 단체 사람들이 사회적 상호 작용의 근본 문제에 대응하는 유형화된 방식으로부터 비롯된다.

문화를 설명하는 유용한 비유에는 빙산이 있다. 수면 위로 보이는 빙산보다 아래에 문화에 대한 것이 훨씬 많다. 또한 빙산처럼 문화는 정체된 것이 아닌 흘러가고 이동한다. 그림 1은 문화라는 빙산을 도해해서 보여준다. 문화라는 빙산의 출렁이는 수면 위로 행동양식과 제도가 보인다. 수면 밑으로는 2개의 더 깊고, 심리학적인 단계가 있다. 다음 장에는 각각을 개별로 살펴볼 것이다.

그림 1 | 빙산으로서의 문화

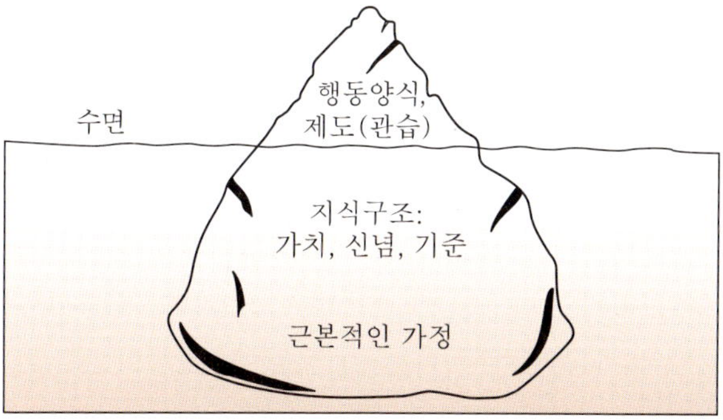

행동양식과 제도(관습)

빙산의 수면 위로 문화적 개별체의 특징적인 행동양식과 문화의 명백한 관습이 존재한다. 가장 분명한 문화적 행동양식의 차이 중 일부는 인사 방식의 차이이다. 예를 들자면, 일본에서는 사람들이 목례를 하고, 인도에서는 함께 손을 합장하고 머리를 조금 숙이는 나마스테(namaste), 남미에서는 상대방의 어깨를 붙잡고, 프랑스/이탈리아/스페인에서는 서로의 볼에 키스를 한다. 다른 나라의 인사 예법을 존중하는 것은 항상 예의 바른 것이다. 로마에 가면 무엇을 따라야 하는지에 대한 조언이 실린 웹사이트도 있지만, 협상을 할 때 반드시 문화적으로 상대방 문화를 따라서 할 필요는 없다. 당신은 결국 문화적 이단자이다. 아무리 문화적 경험이 있다고 해도, 당신은 일본인이 정확한 각도로 목례하는 것인지는 알아채기 어렵다. 이유인즉슨 목례의 각도는 인사하고 있는 사람의 지위에 달려 있기 때문이다.

협상 테이블에서 보고 있는 상대방의 행태를 분석하는 것은 매우 중요하다. 당신의 문화적 시각으로 그들의 행동을 해석하는 것은 협상을 위태롭게 할 위험이 있다. 예를 들자면 인도에서 온 중견 간부들이 협상하는 수업을 처음 보았을 때, 그들이 고개를 옆으로 자꾸 움직이는 것을 보고 깜짝 놀랐다. 미국에서는 고개를 옆으로 자꾸만 움직이는 것은 아니오/아니오/아니오를 의미한다! 나는 협상이 잘 안 될 것으로 보았고, 내가 보고하는 도중에도 수업에 참석한 상당수가 이런 행동을 계속하는 데 좀 기분이 좋지 않았다. 나를 초청한 교수에게 물어보았다. “저 사람들 뭐 잘못 되었나요? 제 수업을 싫어하나요? 어떻게 하면 내일은 좀 개선될 수 있을까요?” 그 교수가 답하길 “왜 그렇게 생각하십니까?” 나는 답했다. “저 사람들은 오후 내내 아니오/아니오/아니오라고 고개를 흔들었습니다.” 그는 “아! 그 행동은 ‘지금 열심히 듣고 있습니다.’라는 의미입니다.”라고 답했다.

나는 당신이 협상 테이블에서 접하게 될 모든 행동 형태를 미리 예측할 수는 없다. 당신만의 문화적 시각으로 상대방의 행동을 해석하는 것이 일반적이라 추정했다. 그러나 그렇게 해석하면 종종 잘못된 결과를 낳을 수 있으며, 협상 관계나 궁극적으로 협상 결과에 영향을 줄 수도 있다. 국제적으로 협상할 때 이런 문화적 편견을 피하기 위해서는 해당 국가의 언어뿐만 아니라, 해당 국가의 몸동작 및 테이블 건너편의 전략 행동 행태를 해석할 수 있는 문화 번역가를 필요로 할 수 있다. 당신의 문화 전문가는 또한 당신이 협상의 문맥을 이해할 수 있게 도와줄 수 있어야 하는데, 예를 들자면 협상 안에 내재된 관습적인 환경이다. 빙하 그림에서 제도는 협상에 영향을 미치는 경제적, 사회적, 정치적, 법적, 종교적이고 규범화된 환경을 의미한다.

문화는 자유시장경제 또는 사회주의 체제와 같이, 제도화된 선택에서 명백히 나타나고 제도화된 선택에 기초하는 원칙과 규범의 일체로서 제도 이데올로기에 내재되어 있다.

이런 문화적 제도는 민족국가의 사회적 기초를 제공하므로, 이 때문에 이 책에서 우리는 국가 영역 내에 한정된 문화에 주로 관심을 갖는다. 민족국가는 그 나라 특유의 제도화된 문화를 지니고 있다. 미탈(Mittal) 사에 의한 아르셀로(Arcelor) 사의 합병의 결과를 살펴보자. 아르셀로 주주들은 러시아의 독점 재벌인 알렉세이 모르다쇼프(Alexsei Mordashov)가 이끄는 러시아 회사인 세버스탈(Severstal) 사에 매각되는 것보다는, 영국에 사는 인도인에 의해 경영되고 유럽연합법이 적용되는 로테르담에 법인이 소재한 미탈에 매각되는 것을 원했다. 왜 그런 것일까? 세버스탈보다는 유럽에 기반을 둔 미탈의 정치,

법률 및 경제적 환경이 겉으로 보기에 주주들에게 훨씬 더 위험 부담이 적게 보였다.

민족국가의 규범화된 구조와 관련된 또 다른 이유는 정부가 그들의 제도화된 이데올로기로부터 유래함에 관심이 있고, 협상 시 그들의 접근 방식에 반영된다. 라파즈의 경우에서 보는 바와 같이 중국 정부는 해외 자본 투자를 장려함에도 불구하고, 일부 지분 보유를 유지하는 것을 포함하여 최신 기술 습득과 고용을 유지하고 건축 자재를 확보하는 데 강력하게 제도화된 관심을 가지고 있었다.

실제 국제적으로 협상과 관련된 가장 중요한 현실은 현지 정부가 빈번히 테이블에 있거나 근처에 있다는 것이다. 그런 점에서 서유럽/동유럽 기업들도 비슷하다. 그들의 협상 경험과는 무관하게, 매우 빈번히, 새로운 문화적 환경에서 사업을 하고자 할 때, 장애를 심하게 접하게 된다. 가장 최근의 한 예로서, 중국 국영 해외석유 개발공사(CNOOC)에서 2005년에 우노칼(Unocal)에 대한 입찰에 실패한 바 있는데, 결국은 미국 업체인 셰브론(Chevron)에 의해서 인수되었다. CNOOC는 기업 인수가 미국 국회에 의해서 차단될 수 있다는 위험을 고려하지 못했다. 미국 국회 승인이 희박해지자, CNOOC는 셰브론이 우노칼을 고가에 입찰할 수 있게 내버려 두었다. 진행 중인 협상에서 제도화된 환경을 이해하지 못하는 것은 협상을 파탄에 놓이게 할 수 있다.

문화적 가치, 신념, 기준 및 지식 구조

빙산의 수면 위에 볼 수 있는 행동양식화된 제도는 가치, 믿음, 기준 및 지식 구조가 문화적으로 공유된 심리 체계로 수면 밑에서 지지되고 있다. 문화를 그것의 가치 또는 기준으로 특징짓는 것은 쉽지만, 그렇게 할 때에는 두 가지 중요한 함정을 피해야 한다.

첫 번째 피해야 할 함정은 문화적 원형(중앙으로 향하는 경향)을 문화적 고정관념(문화에 있어서 모든 사람이 똑같다는 생각; 평균치 주위에 편차가 존재하지 않을 것이라는 생각)과 구별하지 못하는 것이다. 원형과 정형화된 것(고정관념) 사이에는 차이가 있다는 점을 명심하라. 항상 문화 내에는 차이가 있게 마련이다.

두 번째 피해야 할 함정은 문화가 개인 수준에서 측정된 특징으로 구별되는 것이 아니고, 문화적 원형을 (문화적 단체 구성원에 걸쳐 평균화되어서) 집합적으로 형성하는 데 있음을 이해하지 못하는 데 있다. 문화적 협상 행동양식과 집단의 심리학적 요소 사이에 관련성을 가장 발견할 확률이 높은 것이 문화 단체 수준에서이다. 개인적인 수준의 문화적 가치는 좀처럼 개인적 수준의 협상 행동양식 또는 결과를 설명해주지 못한다.

그림 2는 함정 각각의 의미를 당신이 시각화하는 데 도움을 줄지 모른다. 그림 2의 각각의 벨 커브(종형 곡선)는 심리학적 특징에 관한 다른 문화의 분포에 대해서 도식화해 준다. 곡선의 최상단으로부터 떨어지는 선은 문화적 원형을 보여준다. 각각의 문화적 원형 주변에는 산포가 있고, 각각의 산포에는 밑으로 하강하는 '꼬리'가 있음을 주목하라. 또한 중심부 양쪽 문화 모두에 상당히 많은 구성원이 있고, 곡선에서 겹치는 영역이 있다. 문화 2의 모든 구성원은 문화 1의 모든 구성원보다 문화적 변수에서 덜 극단적이다. 사실 N1은 문화 1의 문화적 협상가이고, N2보다는 문화 2의 원형에 실제로 더 근접하다. 이런 문화적 중첩은 개인 수준에서 측정된 문화의 심리학적 요소가 왜 협상 행동양식 또는 다른 종류의 결과를 예측하지 못하는지를 설명하는 데 도움을 준다.

그러면 왜 당신은 문화의 심리학적 특징을 볼 수 없고 문화에서 모든 구성

그림 2 | 문화적 원형(기본)과 문화적 고정관념(전형)

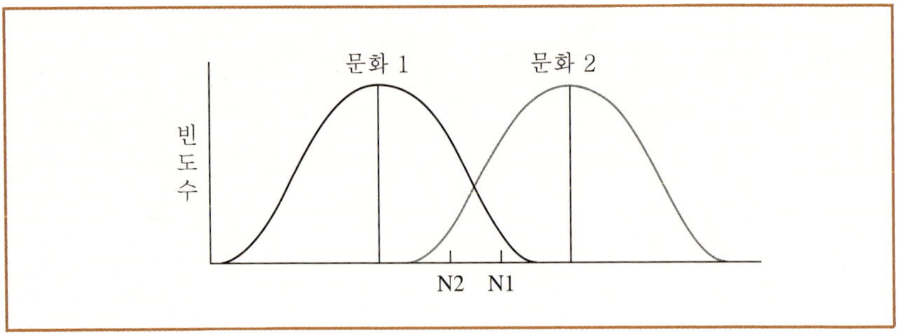

원을 특징화하지도 못하며 최소한 개인적 수준에서 협상 결과를 제대로 예측하지 못하면서 굳이 이 연구를 해야 하는가? 심리학적 특징이 문화적 빙산 밑에 있다 할지라도, 당신은 종종 그런 특징들이 문화의 제도적인 이데올로기와 해당 문화 구성원의 행동양식 특징 유형에 반영되어 있음을 볼 수 있다. 모든 문화적 구성원이 문화적 원형과 같지 않더라도 종형 곡선의 특징 때문에 더 많은 문화적 구성원들이 곡선의 꼬리보다는 중앙의 종 구간의 부류에 속할 것이다. 이는 문화가 극단적으로 이질적이지 않으면(곡선이 아주 평평하면), 당신과 협상하는 어떤 이는 꼬리 쪽보다는 문화 중앙부에 속한 경우일 확률이 높다. 추가적으로 문화적 원형을 알면 당신의 사업 계획 문서를 작성 시, 상대방이 원하는 관심사가 무엇인지 예측하는 데 도움이 된다. 또는 당신 자신의 전략적 선택을 할 때, 당신은 그들이 할 수 있는 전략적 판단을 예상하는 데 도움이 된다.

문화적 가치

가치는 사회적 상호 작용에서 무엇이 중요한가를 나타내는 판단이다. 또한 문화적 가치란 단체에 의해서 공유되는 판단이다. 민족별(국가별) 문화는 공유된 가치의 측면에서 달라진다. 2개의 그런 차이는 협상에 있어서 특히 중요하다: 개인주의 대 집단주의와 계급 시스템 대 평등주의. (그러나 다른 가치도 연속적으로 따르는 데, 예를 들자면 전통적인 방식에 대한 집중 대 변화에 대한 개방, 특정한 협상에 있어서 민족적인 차이를 설명하기도 한다.)

개인주의 대 집단주의 연속적인 개인주의 대 집단주의는 개인의 이익을 집단의 이익보다 높게 가치를 삼는 문화와 집단의 이익을 개인의 이익보다 높게 가치를 삼는 문화 사이에서 구별된다. 개인주의 문화에서는 사회적, 경제적 및 법률적 제도가 개인의 자율성을 증진하고 개인의 성과에 대해서 보상하며 개인의 권리를 보호한다. 집단적인 문화에서는 확립된 제도가 사회적 의무를 강조함으로써 개인의 가정, 직업 및 공동체에서의 타인과 상호 의존성을 강화한다. 아울러 개인적인 성취 때문에, 개인이 상호 의존적인 타인에 대해서 되돌아보게 된다. 법률 제도는 개인의 이익보다는 집단의 이익을 지탱한다.

연구조사는 일반적으로 북미(멕시코 제외)와 유럽 국가들을 개인주의적 국가로 분류하고, 동아시아와 남미 국가, 세계 나머지 국가들을 대부분 다소간 집단주의적 국가로 분류했다. 아프리카에 대해서는 연구한 바 없다.

개인주의가 강한 문화에서 오거나 또는 집단주의가 강한 문화에서 온 경우, 협상자들의 이익, 목적 및 여타 등등에 영향을 미친다. 예를 들자면, 개인적인 문화가 강한 곳은 이기심에 대해서 관용적인데, 이는 협상가들의 목표와 논쟁 시 그들의 전략적인 접근에 반영된다. 반면 집단주의 문화가 강한 곳은 사회적 의무에 대한 문화 강조 때문에, 간접적인 대치와 체면 세우기에 대한 협상가들의 선택이 반영되어진다.

여러 가지로 비슷해 보이는 문화권에서조차 협상전략에 있어서는 문화적 차이가 있음을 분명하게 보여주는 예가 있다. 이스라엘 클라이언트를 위한 프로젝트에 종사하는 미국 소프트웨어 엔지니어가 문제에 직면하고 이에 대해서 협의하는 과정에서 상이한 해결방법 때문에 아주 힘든 상황을 겪었다고 이야기한다. "이스라엘 문화에도 아주 비슷한 부분이 있고, 그들은 논쟁하길 좋아합니다. 나는 노력하며 그들과 좀 더 협력하려고 했지만 상호 문화를 통합하는 일련의 방법을 궁리해낼 때까지, 그 과정에서 아주 큰 스트레스를 받았습니다."

우리 자신의 연구에 따르면, 이스라엘의 중간 관리자들은 내가 지금까지 연구한 어떤 다른 문화의 중간 관리자부터 개인적인 사회적 동기를 지닐 가능성이 높다.

그러나 이것이 가장 넓게 심리학자들에 의해 연구되는 문화적 가치임을 고려하면, 이 책에서 당신이 기대하는 것보다 개인주의 대 집단주의에 대해서 훨씬 덜 보게 될 것이다. 일부 학자들은 개인주의와 집단주의 사이의 차이가 기본적 심리적인 과정에 영향을 미친다고 주장하면서도 "이 결론에 대한 임상적인 근거는 원하는 만큼 확정적이지 않다"라고 인정한다. 심지어 2004년 발간된 『협상과 문화의 핸드북(*Handbook of Negotiation and Culture*: Michele Gelfand 편집)』에서 개인주의 대 집단주의가 문화에 끼치는 영향에 대한 내용이 주류를 이룬다. 그러나 협상 절차와 결과를 개인주의 대 집단주의로 연결하려는 시도에 대해 이 장에서 언급되는 연구 검증 내용은 부실하다. 나는 여러

다문화 협상팀에서 계약 확정, 쟁점 해소 및 협상 결정의 협상 상황에서, 자기 이익과 안건 수준의 가능한 차이를 넘어서는 연관 관계의 증거를 보지 못했다. 사회적 진퇴양난의 협상 상황에서는 개인주의적 대 집단주의적 사회적 차이와 연관된 효과의 분명한 연구 증거가 있다. 사회적 논란 상황에서는, 집단주의 문화에 속한 사람들은 개인주의적 문화에 속한 사람들보다 훨씬 더 협력적이다.

정리하자면 개인주의 대 집단주의를 고려하는 문화적 가치는 우리에게 협상에 대한 문화적 효과를 이해하는 데 있어 큰 규모의 수단을 부여하지 않는다. 이런 이유는 개인주의와 집단주의는 문화의 다른 요소로부터 고립의 역할을 하지 않기 때문이다. 심리적인 문화는 가치, 믿음, 기준 및 지식 구조의 혼합체이다. 단지 어떤 문화가 다소간 개인주의적이라는 것을 안다고 해서 협상에서 할지 모르는 행동양식에 대해 일반화하여 말할 수 있는 것은 아니다. 우리는 문화의 요소들을 좀 더 보아야만 한다.

계급주의 대 평등주의 계급주의 사회에서 사회적 지위는 사회적 힘을 결정한다. 사회적 힘은 그대로 다른 상황에도 전이된다. 지금 이 순간의 사회적 힘이 다른 상황에서도 똑같이 힘을 발휘하는 것이다. 평등주의 사회에서는 사회적 경계가 더 낮다. 한 계급에서 다른 계급으로 전이해 가는 것이 비교적 쉽다. 사회적 지위라는 것은 지금 이 상황에서만 유효하며 다른 상황으로 가더라도 여러 가지 변수에 따라 결정된다.

서구 문화 중 특히 북유럽 국가들은 평등한 성향을 나타낸다. 당신이 남유럽이나 아프리카 대륙으로 이동하거나, 중남미로 가면 문화가 보다 계급적이라는 것을 깨닫게 될 것이다. 아시아 문화도 역시 계급주의적인 것으로 분류된다.

다문화 연구에 있어서 크리스틴 베파르(Kristin Behfar), 메리 케른(Mary Kern), 그리고 나는 계급주의와 평등주의에 있어서의 가치 차이는 협상 과정 중 얼마나 구성원들이 참여하느냐를 결정짓는 중요한 요소가 된다고 주장한다. 예를 들어 인도에서는 지위가 높은 연장자가 협상팀에 있다면 그에게 존경을 표시하여야 하며 그의 이름을 함부로 부를 수 없다. 지위가 높은 연장자를 부를 때는 항상 Sir XYZ의 형식을 띠어야 한다. Sir라는 호칭을 통해서 예의와 존경을 표할 수 있는 것이다. 멕시코에서도 이런 행태는 광범위하게 관찰된다. 그러나 미국의 비즈니스 문화에서는 이런 광경을 찾아볼 수 없다. 미팅을 진행할 때 모두는 평등하게 취급된다.

계급 문화에서는 높은 지위를 가진 사람과 대립하는 것을 아주 꺼린다. 모든 것이 사회적 계급 차원에서 이루어진다. 계급 사회에서 갈등이 발생할 경우에는 직접적인 충돌보다는 사회적 순위에 따라서 간접적으로 해결되는 경향이 강하다. 사회적으로 지위가 높은 제3자가 이 분쟁에 개입했을 경우에는 어느 한쪽의 일방적인 양보가 없도록 여러 가지를 고려하여 해결한다.

계급 문화에서의 사회 관계는 책임과 의무라는 이름의 그물망에 의해 제한된다. 이런 것들은 평등사회에서는 찾아볼 수 없다. 예를 들어 계급 문화에서 사회적 약자는 사회적 강자의 의견을 따른다. 동시에 사회적 강자는 약자를 배려하는 의무가 있다. 사회적 약자를 배려함으로써 사회적 강자는 존경을 받는다. 그러나 평등사회에서는 이런 것이 없다. 예를 들자면 1990년대 러버메이드(Rubbermaid: 지금은 Newell Rubbermaid)는 플라스틱 주방용품을 만드는 최고의 회사였다. 그러나 유통업계의 최강자인 월마트보다는 낮은 지위를 형성하고 있었다. 월마트는 제품을 구매하는 위치에 있었고, 러버메이드는 제품을 공급하는 위치에 있었기 때문이다. 1994년과 1996년 사이에 원료 값이 세 배 가까이 폭등하는 바람에 러버메이드는 공급가격 인상을 요구했다. 그러나 월마트는 이런 러버메이드의 요구를 거절했다. 동시에 러버메이드 제품을 안 좋은 위치에 진열했다. 러버메이드의 판매대에는 다른 경쟁사의 제품이 진열되었다. 이처럼 평등사회는 계급의 높고 낮음으로 서로를 이해하고 도와주는 것이 아닌 철저한 경쟁을 통해 비즈니스가 이루어진다.

계급 문화에서 온 협상가와 평등 문화에서 온 협상가는 이런 면에서 많은 갈등과 오해를 불러일으킬 수 있다. 이미 힘의 분배가 고정적이어서 낮은 계급이 높은 계급의 의견을 따를 수밖에 없는 문화에서는 협상을 통해 최선의 대안을 찾는다는 것이 아주 생소할 것이다. 그러나 평등사회에서는 BATNA (Best Alternative To Negotiated Agreement)의 개념은 보편적인 것이고, 상황에 따라 변할 수 있는 유연한 것이다. 협상가가 BATNA에 만족하지 못하면 그것을 더 좋은 것으로 발전시키기 위해 다시 협상을 할 수 있다. 이렇듯 협상은 각 문화의 특징을 내재한다. 협상 전에 협상가들은 각 문화의 특징을 잘 파악하는 노력을 하여야 한다.

믿음

믿음이란 기대하는 것이다. 문화는 그 문화에 살고 있는 구성원들의 사회생활을 인도해주는 훌륭한 기능을 가지고 있다. 영국, 일본, 호주에서는 내 친구 마라가 운전을 할 것이다. 마라는 호주 사람이어서 운전석이 오른쪽에 있는 차를 운전할 줄 알고 교통 규칙도 안다. 다른 운전자도 그녀가 알고 있는 운전 규칙을 알 것이라고 믿는다. 그녀의 믿음은 우리를 안전하게 목적지에 데려다 주는 역할을 한다. 미국이나 유럽, 또는 북아프리카에 있다면 내가 운전할 것이다. 중국이나 인도에 있다면 우리는 택시를 탈 것이다.

믿음은 협상에 스며든다. 상대방의 이익과 우선권에 대한 믿음, 권력에 대한 믿음, 전략적 결정에 대한 믿음, 유보가격(reservation price)에 대한 믿음 등이 그것이다.

신뢰는 협상에서 아주 중요하다. 협상을 호혜적으로 할 것인지 투쟁적으로 할 것인지를 전략적으로 선택하는 것과도 밀접한 관련이 있다. 신뢰 없이 필요한 정보를 상대방과 나눌 수는 없다. 특히 아주 중요한 호혜적 협상에서는 더더욱 그렇다. 협상에서의 신뢰는 정보를 공유함으로써 생긴다. '신속한 신뢰'는 상대방이 믿지 못할 존재로 판명될 때까지 상대방을 믿는 것을 의미한다. 신속한 신뢰는 미국 협상가들의 특징이다. 이와는 대조적으로 '느린 신뢰'는 상대방과 정보를 공유하기 전에 깊은 관계를 맺고자 하는 협상가들의 특징이다. 느린 신뢰는 상대방이 믿을 만한 존재인지를 증명할 때 생기는 믿음이다. 느린 신뢰 문화에서는 신뢰와 신용은 쉽게 얻어지는 것이 아니다. 점진적으로 쌓여가는 것이다.

미국 회사에서 일하는 프랑스 변호사가 모로코에서 사업을 하면서 느낀 회사의 이익에 대해서 나에게 이야기한 적이 있다. 그 회사의 모로코 담당 매니저는 현지 파트너를 발견하고 그와 비즈니스 관계를 쌓아갔다. 그는 미국 회사에 긴급한 사태가 벌어져 유럽 지역 매니저와의 미팅을 준비했다. 모로코 파트너는 유럽 담당 매니저를 정중히 환영하고 여러 가지 화제로 대화를 시작했다. 그리고 3시간 동안 점심식사 시간을 가졌다. 결국 그러다 보니 아무 성과도 없이 시간만 보내고 공항에 허둥지둥 가게 되는 사태가 벌어졌다. 유럽 담당 매니저는 아주 화가 났다. 아무런 성과도 못 만들어냈기 때문이다. 그러나 이런 일을 곁에서 지켜본 프랑스 변호사는 모로코 파트너 역시 매우 실망했음을 알아차렸다. 매니저 간의 미팅인데도 좋은 관계 형성이 전혀 일어나지 않았기 때문이었다. 친밀한 관계 형성 없이 비즈니스를 이야기하는 것이 모로코 파트너에게는 이해가 되지 않았다.

서구 문화에서 온 협상가들은 협상 초기에 이런저런 작은 이야기를 나누는 것을 시간 낭비라고 생각한다. 그러나 여러 아랍 국가에서 온 협상가들에게 관계 형성은 아주 중요한 것이 된다. 이런 소소한 이야기를 통해 상대방을 알아가고 그런 과정 속에서 신뢰를 만들어가는 것이다. 소소한 이야기 속에는 힘과 지위에 관한 정보가 들어 있다. 이런 대화를 통해 상대방의 위치를 파악하는 것이다. 이런 이야기 속에서 상대방이 전하는 숨겨진 뜻을 이해하지 못한다면 아마도 그는 신뢰를 받지 못할 것이다.

커뮤니케이션의 명쾌함에 대한 규범

규범이란 문화적 맥락에서 옳거나 옳지 않은 행동에 대한 기준이다. 규범이란 기능적이다. 왜냐하면 규범은 사람들이 어떻게 행동해야만 하는지에 대한 선택권을 줄이기 때문이다. 규범에 따라 우리는 해야 할 것과 하지 말아야 할 것을 정한다. 믿음과 마찬가지로 규범은 스스로 어떻게 행동해야 하는지, 그리고 다른 사람이 어떻게 행동해야 하는지에 대한 지침을 제공한다.

커뮤니케이션을 함에 있어 명쾌하게 해야 하는지, 조금 덜 명쾌하게 해야 하는지에 대한 규범은 상당히 중요하다. 특히 글로벌 협상에 있어서는 두말할 나위도 없다. 사람이 간접적인 방법으로 커뮤니케이션할 때, 같은 단어를 사용하더라도 상황에 따라 그 의미는 달라질 수 있다. 간접적인 커뮤니케이션을 하는 문화(높은 문맥 문화(high-context culture)라고도 한다.)에 사는 사람들은 말하는 사람의 간접적인 뜻을 이해한다. 왜냐하면 사회적인 문맥에서 그 단어가 가진 뜻을 공유하고 있기 때문이다. 반면에 직접적인 커뮤니케이션을 하는 문화(낮은 문맥 문화(low-context culture)라고도 한다.)에서는 정보가 명확하게 전달된다. 의미는 전달하는 메시지의 표면 위에 있고 문맥을 포함하고 있지 않다. 직접적인 커뮤니케이션 문화에서는 문맥이 아닌 사회의 구성원이 같은 단어의 뜻을 같은 방식으로 이해한다. 단어 그 자체의 뜻이 중요하지 특정 상황마다 바뀌는 문맥이 중요하지 않다. 물론 그들도 사회적으로 통용되는 그들만의 사회적 문맥이 있다. 하지만 커뮤니케이션을 하기 위해 그 문맥을 해석하려고 노력할 필요가 없다. 직접적인 커뮤니케이션 문화는 개인적인 성향이 강하다.

에드워드 홀(Edward T. Hall)의 연구를 통해서 비서구 문화(예를 들어 일본, 러시아, 아랍 국가들)는 간접적인 커뮤니케이션을 사용한다. 독일, 미국, 스위스와 같은 서구문화 국가와 구별된다. 일본에서 "예"의 의미는 "예"의 의미가 아닐 수 있다. 단순히 "예"의 의미를 완전히 동의하는 것으로 이해했다가는 낭패를 볼 수도 있다. 일본에서는 상대방이 불쾌감을 느낄 것을 걱정해서 "예"라고 하는 경우도 많기 때문이다.

낮은 문맥 문화에서 온 협상가와 높은 문맥 문화에서 온 협상가는 서로의 특징을 잘 간파하여 오해와 갈등을 줄이는 노력을 하여야 한다.

지식 구조

지식 구조는 인지적인 건축물이다. 이것은 불명확한 이론인데 정신적인 모델 같은 것이다. 사상이나 행동을 제어하는 특정한 영역을 위한 대본 같은 것이라 하겠다. 배우가 대본을 보고 연기하는 것과 마찬가지이다. 지식 구조는 아주 중요한 것인데 이 구조가 판단과 결정을 하는 데 큰 역할을 하기 때문이다. 이것은 협상과 같은 특정한 영역에 있어서 행동 지침이 된다. 협상가의 지식 구조는 질문에 대한 대답을 가지고 있다. 나와 같은 사람이 이것과 같은 상황에서 어떻게 행동하는가?

우리가 문화와 협상에 대해 질문을 해야 하는 이 시점에서 지식 구조를 이야기하는 것은 대단히 유용한 것이라 하겠다. 지식 구조는 특정한 협상 문맥과 연관이 있는 문화적 가치, 믿음 그리고 규범을 통합하기 때문이다. 앞의 질문은 두 가지 부분으로 구성된다. "나와 같은 사람은 이것과 같은 상황에서 어떻게 행동하는가?" 두 부분 모두 문화에 의존한다. '나와 같은 사람'은 가치, 믿음, 내가 속한 문화를 공유한 집단의 심리적인 요소를 내재한 문맥에 의해 규정된다. '이것과 같은 상황'이란 규범적 문화라는 이름의 렌즈를 통해 보이는 것과 같다. 즉 "이 상황에서 적절한 행동이란 무엇인가?"라는 질문과 같다.

협상 행동을 예견하는 문화적 가치를 사용하는 것은 아주 간단하다. 당신이 문화의 가치 원형을 알고 있다면 아주 직접적인 예견을 할 수 있다. 예를 들어 개인적인 성향을 가진 문화의 협상가는 오직 그의 이익에만 관심이 있을 것이라고 생각할 수 있다(물론, 이런 예상은 종종 빗나갈 수 있다). 협상 행동을 예견하는 지식 구조를 사용하는 것은 그렇게 간단한 일이 아니다. 왜냐하면 각 개인의 문화적 배경과 협상 상황에 대해 알아야 하기 때문이다. 나아가 다른 상황에서 그 문화에 있는 사람들이 어떻게 반응하는지에 대해서도 알아야 한다. 예를 들어 분쟁 해결을 위한 제3자로서의 매니저 역할에 대한 연구에서 미국과 일본의 제3자로서의 매니저는 각기 다른 태도를 보였는데 미국 매니저는 평등주의적인 성향을, 일본 매니저는 계급주의적인 성향을 나타내었다. 미국 매니저의 경우 협상에 참여하는 모든 사람들을 의사 결정에 참여시키는 경향을 보였다. 그가 팀장이건 단순히 팀원이건 의사 결정에 참여하는 것이다. 일본의 경우는 협상 당사자만이 의사결정에 참여하였다. 그러나 중국의 제3자 매니저는 팀장의 역할과 팀원의 역할에 따라 완전히 다른 방식으로 협상에 참여하였다. 팀장의 역할을 하는 사람은 일본 사람과 같이 행동하였고, 팀원의 역할을 하는 사람은 미국 사람과 같이 행동하였다.

협상 행동을 예견하는 지식 구조를 사용하는 것은 아주 어려운 일임에도 불구하고 매우 유용하다. 문화에서 나오는 여러 가지 영향을 통합하고 협상 문맥의 특징을 고려해주기 때문이다. 지식 구조는 글로벌 협상을 위한 계획을 세우고 전략적 선택을 위해 큰 도움을 제공한다.

문화적 가설

가정이란 검증되지 않은 추정이다. 가정은 문화적 빙산의 넓은 토대를 구성한다(그림 1). 이런 가설은 그 문화 구성원의 지식 구조와 깊은 관련이 있다. 문화적 제도 안에 내재된 이념과도 연결된다.

문화적 가설은 그 문화의 구성원에 의해 광범위하게 채용된다. 그러나 사람들 대부분은 그들의 행동에 지침을 주는 이런 가설에 대해 잘 모른다. 단지 다른 문화적 가설을 가진 사람들과 협상을 할 때만 이런 가설을 깨닫는다. 표 1에 있는 가설은 글로벌 IT 업계의 강자 인포시스(Inforsys)에서 일하는 일본 매니저에 의해서 분명해진다.

문화적 가설에 있어서의 차이점을 인식하는 것은 좋은 관계를 발전시키는데 첫걸음이 된다. 상대방의 문화를 존중하고 그 차이점을 잘 이용하는 것이 필요하다. 미국과 영국의 재무 서비스 부서팀과 함께 일할 때 일어났던 일들을 다문화팀의 팀원이 나에게 이야기했던 적이 있다. 문제가 발생했을 때 미국팀의 경우는 여러 가지 일들을 작게 분리해서 신속하게 처리한 반면, 영국팀은 보다 실용적인 접근 방법을 택했다. 즉 미국팀이 "이것을 하고 저것을 하고 하는 식으로 각 문제를 나누어서 진행하자."라는 방식이었다면 영국팀은 "서두르지 마라. 이것에 대해 생각하자."라는 진행 방식이었다. 처음에는 각기 다른 방식 때문에 갈등이 있었던 것이 사실이다. 그러나 시간이 가면서 문화적 차이점을 깨닫게 되고 상대방의 방식을 통해서 팀워크를 위한 균형과 더 정확한 확인 방법을 발견하였다.

우리는 이러한 방식을 "융합"이라고 이름 붙였다. 이는 동서양의 음식이 적절하게 섞이는 것과 같았다. 융합은 두 가지 문화가 공존할 수 있는 방식이다. 융합은 정치학자나 행정 관료들에게 큰 관심거리가 되었다. 어떤 나라를 막론하고 다문화는 사회적 현안이 되어 가고 있기 때문이다. 왜 인포시스가 "인도 IT 산업의 보석 같은 존재"가 되었는지를 알 필요가 있다. 그 이유는 일을 하기 위해 문화적 차이점을 인식하고 그 차이점을 잘 협의해 갔기 때문이다.

표 1 | 인도와 일본 소프트웨어 엔지니어에 대한 가정

가정	인도 엔지니어	일본 엔지니어
자아개념	나는 월등하다.	나는 열등하다.
고객	고객은 파트너이고, 어른이다.	고객은 신이거나 아이이다.
단어	단어는 마지막이 아니다. 어떤 것은 덜 중요하다.	단어는 마지막이다. 단어는 약속이다.
약속	내가 알지 못한다고 말할 수 없다.	내가 안다고 말할 수 없다.
커뮤니케이션	나는 말한다.	나는 듣는다.
전문 기술	10일 후에 난 전문가가 된다.	10년 후에 난 전문가가 된다.
팀웍	팀은 나를 위해 거기에 있다.	나는 팀을 위해 여기 있다.
의사결정	나는 결정한다.	팀이 결정한다.
시간	나는 나의 시간을 중시한다.	나는 당신의 시간을 중시한다.
협상	나는 당신을 설득한다. 나는 나의 입장을 제시한다.	나는 당신을 동정한다. 나는 당신의 입장을 제시한다.
침묵	침묵은 마음의 공허이다. (약함)	침묵은 마음이 합쳐진 것이다. (강함)
이해	나는 큰 그림에 집중한다.	나는 세밀한 것에 집중한다.
규칙	규칙은 적용될 수 있다. 어떤 것들은 덜 중요하다.	규칙은 규칙이다. 예외가 없다. 모든 규칙은 중요하다.
제안	아니오. 이것이 나은 방법이다. 내가 당신에게 해결책을 줄 것이다.	예. 그러나··· 아마도. 이것이 나은 방법이다. 당신은 어떻게 생각하는가?
위험	위험은 관리될 수 있다.	위험은 피할 수 있다.
감정	감정은 나누는 것이다.	감정은 숨기는 것이다. 또는 폭발하는 것이다.
질적인 것	나는 목표를 달성한다. 90퍼센트가 달성되었다.	나는 목표를 달성한다. 120퍼센트가 달성되었다.
관계	나는 그에게 한 번 이야기했다. 그는 나의 친구다.	나는 그에게 열 차례 이야기했다. 나는 단지 그를 안다.
일정	이것은 5일이 걸린다. 그러므로 일주일이 걸린다.	이것은 5일이 걸린다. 그러므로 일주일이 걸리지 않는다.
설명	이것은 정보다.	이것은 변명이다.
계급	나는 나의 상사를 따른다. 상사의 지시에 따라 행동한다.	나는 상사를 따른다. 하지만 다르게 행동한다.
논쟁	이것은 가치를 더한다. 이것은 즐거운 일이다.	이것은 관계를 훼손시킨다. 이것은 편하지 않다.
정보	나는 정보를 나눈다. 나는 양적인 정보를 좋아한다.	나는 필요한 정보만 나눈다. 나는 질적인 정보를 좋아한다.

Source: Used with permission of Junichi Yoshida and Infosys.

문화가 어떻게 협상에 영향을 미치느냐에 대한 사례

그림 3은 문화가 어떻게 두 명의 각기 다른 협상가에게 영향을 미쳤나를 보여준다.

그것은 각기 다른 문화에서 온 협상가들이 협상 테이블에 앉아 어떤 것을 우선시하고 그들이 추구하는 이익은 어떻게 다른가를 보여주는 것이기도 하다. 협상 중에 중요한 것이 무엇인지를 알아보는 것은 매우 흥미로운 일이 아닐 수 없다.

문화는 또한 협상가의 전략적 행동에도 영향을 미칠 수 있다. 협상 속에서 상대방과 대치하는 스타일, 사회적 동기부여, 협상을 호혜적으로 하느냐 경쟁적으로 하느냐에 대한 방식 등이 그것이다.

그림 3은 협상가의 전략이 협상에 있어서 만들어내는 상호작용의 형태를 보여준다. 이런 상호작용은 기능적으로 작용하고 합의를 위한 가능성을 활성화시킨다.

그림 3 | 양자 협상에 있어서의 문화

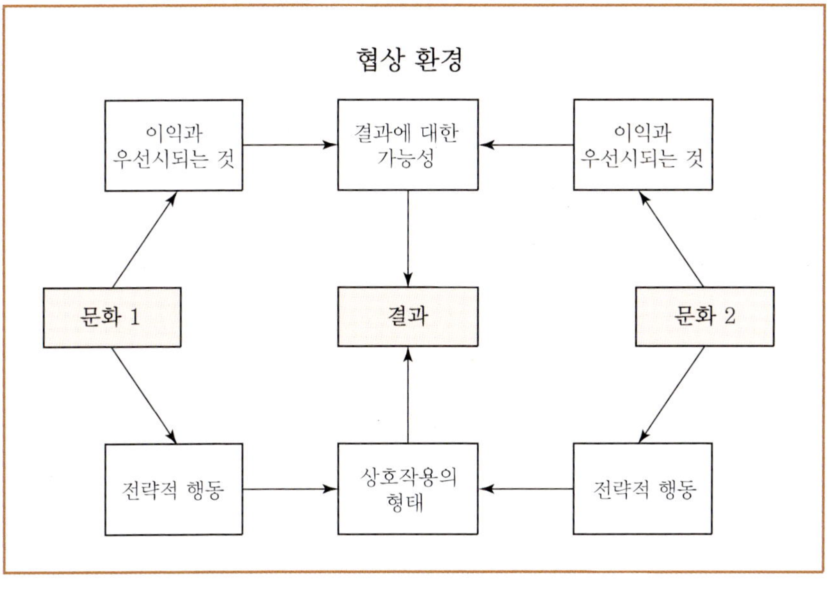

또한 그림 3은 글로벌 협상의 중요한 일면을 설명하고 협상 안에 내재된 환경을 보여준다. 환경은 협상의 문맥을 의미한다. 그리고 협상에 영향을 미치는 모든 압력과 당사자들을 포괄한다.

복잡한 연결

누군가 로마에서는 이런 전략을 쓰고 베이징에서는 저런 전략을 사용하라고 말한다면 문화와 협상 사이의 관계는 간단하고 직접적일 것이다. 그러나 지금까지의 연구 결과를 두고 보면 문화와 협상과의 관계는 복잡하다. 그림 2를 다시 보면 왜 문화와 협상의 관계 이해가 쉬운 것이 아님을 잘 알 수 있다. 그 문화에 속해 있는 모든 구성원이 모두 똑같이 행동하지 않기 때문이다. 같은 문화적 원형을 공유하고 있으면 모두 같은 행동을 보여야 하는데 그렇지 않다는 것이다. 문화적 특성은 겹치기도 한다.

문화와 협상의 관계가 복잡하다는 것은 문화가 단일한 특성으로 조합되지 않았다는 것을 의미한다. 문화는 여러 가지 특성으로 이루어져 있다. 단 하나의 문화적 특성은 중요할 수도 있고 중요하지 않을 수도 있다. 하나의 문화 속에서도 여러 가지 요소들이 복잡하게 얽혀 있기 때문이다.

문화적 차이점을 이해하는 협상가들은 여러 가지 문화적 가설을 이용함으로써 전략이 효율적으로 적용될 수 있도록 하고 그들의 이익을 극대화시키게 된다. 상대방의 문화를 이해하는 것이야말로 성공적인 협상을 위한 기본이라고 할 수 있다.

Reading 5.2

Tommy T. B. Koh

SECTION 05

미국인의 강점과 약점

미국인의 강점과 특성

두 가지 경고가 국가적 협상 스타일을 논하는 데 있어서 적절하다. 첫째, 각 나라나 사람에 대한 협상 스타일을 정의할 수 없다는 것이다. 유능한 협상가들은 국가나 문화적 배경과는 상관없이 공통되는 확실한 기술을 가지고 있다. 둘째, 미국인들이 가진 성격이나 좋은 특성이 인상적이라고 말할 수 있을지라도 많은 예외가 있다는 것이다. 사람의 협상 스타일은 전적으로 그 개인의 성격과 기질 그리고 사람을 대하는 태도와 관련이 있다.

미국의 협상가는 많은 강점과 특징을 가지고 있다. 먼 거리가 나의 마음속에 있는 애정을 더 키운다면 미국 사람에 대한 나의 인식은 비현실적으로 우호적이고 나아가 이상적인 것일지도 모른다. 참고로 싱가포르는 미국에서 12,000마일이나 떨어져 있다.

미국 협상가들의 특징으로는 첫째, 미국 협상가는 보편적으로 준비를 철저하게 한다. 그들은 협상 준비를 완벽하게 하여 협상에 임한다. 그들은 수치, 지도, 차트로 중무장한 채 협상이라는 전투에 참가한다. 미국의 국익이 무엇인지 알고 있으며 협상하는 목적에 대해서도 잘 알고 있다. 제3세계의 협상가들

Source: "American Strengths and Weaknesses," by Tommy T. B. Koh, from *International Negotiation* 1, no. 2., 1996, pp. 313-317. Brill Academic Press. Used with permission.

에게 이런 것은 언제나 보편적이지 않다. 그만큼 미국의 협상가들은 협상장에 들어서기 전부터 자신들이 무엇을 해야 하는지에 대해 잘 숙지하고 있다는 뜻이 된다.

둘째, 미국 협상가들은 말할 때 아주 명확하고 분명하게 말하는 습성이 있다. 나는 앵글로 색슨의 법적 전통 안에서 공부한 사람으로서 이런 것을 의무가 아닌 미덕이라고 여긴다. 그러나 분명하게 말하는 것을 미국 사람들이 선호하는 것은 간접적으로 말하는 것을 미덕이라고 생각하는 문화권에서 온 사람들로부터는 의도되지 않는 오해를 불러일으키기도 한다. 미묘한 어감의 맥락을 예의 바른 것이라 생각하고 다른 사람과 대립하는 것을 꺼리는 문화권에서는 직접적으로 명쾌하게 말하는 것은 반감을 불러일으킬 수 있다. 물론 절대적인 것은 아니다. 예외의 경우도 있기 때문이다.

셋째, 미국 협상가들은 교조적이기보다는 실용적이다. 그들은 원칙보다는 국가의 이익을 우선시하는 데 초점을 맞춘다. 그러나 레이건 행정부는 이런 성향에 비해 아주 이례적인 예로 꼽힌다. 해양법을 결정하는 제3차 U.N. 회의에서 레이건 행정부는 이익보다는 원칙을 중시했다.

넷째, 미국 협상가들은 일반적으로 협상을 제로섬(zero-sum: 쌍방의 득실의 차이가 0인 상태) 게임으로 보지 않는다. 유능한 미국 협상가는 상대방의 입장에서 상대방의 관점을 이해하려고 노력한다. 더 이상 줄일 수 없는 최소한의 이익을 포기하지 않는 한 상대방의 관점을 존중한다. 또한 협상을 주고받는 관계로 인식한다. 내가 모든 것을 다 얻고 상대방은 모든 것을 다 잃는다는 생각을 하지 않는다. 협상의 산출물을 상대방과의 협조를 통해 나누려고 한다. 합의된 결과를 존중하고 유지하는 것을 중시하며 이익과 손해의 상호성에 입각하여 협상을 진행한다.

다섯째, 미국 협상가들의 열린 자세는 결코 그들의 마지막 입장이 아니다. 그들은 상대방이 제안한 것에 대해 역제안해줄 것을 기대한다. 합의에 이르는 것을 열망하기 때문에 상대방에게 양보도 할 것이고 상대방 역시 양보를 통해서 합의에 이를 것이라고 생각한다. 그래서 때때로 상대방이 그들이 기대한 대로 행동하지 않는다면 격노하기도 한다.

여섯째, 미국인들은 아주 솔직하고 직설적이다. 이런 성향이 협상에도 그대로 반영된다. 미국인들은 교활하지도 않고 기만적이지도 않다. 미국 협상가들과 적어도 협상을 해본 사람들은 미국인들을 이렇게 인식한다. 내가 미국인들이 기만적이라고 느꼈던 사건은 딱 한 번이었는데 그때는 참 충격적이었다. 이 사건은 1981년 7월에 일어났는데 U.N.이 캄보디아에 대한 국제회의를 지원하고 있을 때였다. 이 회의는 ASEAN(Association of Southeast Asian Nations: 동남아시아국가연합)의해 시작되었는데 캄보디아 상황에 대한 해결책을 모색하는 것이었다. 모든 캄보디아의 당파들이 이 회의에 초대되었고 크메르 루즈(Khmer Rouge: 캄보디아의 급진 좌파)도 포함되었다. 베트남 역시 초대되었지만 회의를 거부했다. 알렉산더 헤이그(Alexander Haig) 국무장관과 모든 미국 파견단은 크메르 루즈가 연설을 위해서 강단으로 걸어 나올 때 그 회의에서 박차고 나와 버렸다. 이런 모습은 뉴욕타임즈의 1면을 장식했다.

그 다음 날 ASEAN 국가들과 중국(People's Republic of China)은 엄청난 대결 구도에 돌입해서 마음의 문을 닫아버렸다. 캄보디아의 문제를 해결하기 위해 발의된 크메르 루즈의 역할에 대한 모든 협상안들이 꽁꽁 얼어붙어 버린 것이다. ASEAN 국가들은 크메르 루즈가 벌인 대학살과 잔혹 행위를 용인해서는 안 될 일로 규정했다. 도덕적, 법적으로 도저히 용납될 수 없는 일이 캄보디아에서 크메르 루즈에 의해 자행되었기 때문에 그들이 다시는 권력을 잡을 수 없게 하는 것이 관건이었다. 결국 캄보디아에서의 총선거를 U.N.이 감독하자는 것이 결의되었다. 자유 선거를 보장하기 위해서 모든 무장 요소를 해제하라는 주장도 있었다. 중국은 이런 모든 것에 반대를 했다. 협상 그룹은 25개 파견단으로 구성되었으나 모든 협상의 원동력은 중국과 ASEAN 국가들, 그리고 중립 국가인 파키스탄을 중심으로 이루어져 갔다. 그러나 파키스탄은 정직하지 못한 중개인이었다. ASEAN의 입장을 약화시키는 수정안을 제출했기 때문이다. 나는 파키스탄이 중국과의 친밀함 때문에 중국을 위해서 앞장서는 것이라고 생각했다. 그러나 나중에 그런 행동이 미국을 위한 일이었다는 사실을 알고 놀랐다. 미국 파견단이 협상을 거부하고 회의장을 나갔음에도 불구하고 미국은 은밀하게 중국을 지원하고 있었다. 지정학적인 이유로 중국이 필요했기 때문이다. 이렇게 미국의 겉모습과 진짜 속내가 달랐던 일은 나를 충격에 빠뜨렸다. 국가 간에 서로 속고 속이는 일이 벌어졌던 것이다. 이것은

내가 아는 미국 협상가들의 첫 번째 기만적인 행동이었다. 물론 나는 이 일을 기억할 것이다

약점과 특이한 성질

미국인과 협상하는 데 있어서 첫 번째 문제점은 미국 파견단은 종종 관계 부처 간의 라이벌 의식이 있다는 것이다. 그들은 관련 부서 내에서 심각한 갈등이 있었다. 해양법 회의 동안에 미국 파견단은 서로 매일 아침에 만났다. 때로는 그들의 내부 미팅이 회의에서의 정식 미팅보다 오래 걸렸다. 정식 미팅보다 내부 미팅에 더 많은 시간을 할애한 것이다.

미국인과의 협상에서 두 번째 문제점은 행정부와 의회 사이의 힘이 나뉘어 있다는 것이다. 그러므로 합의에 이르렀다고 해도 상원의 비준을 받아야만 한다. 미국의 국익에 부합하는지를 의회는 늘 염두에 두고 모든 협상 과정을 주시하는 것이다

세 번째로 아주 특수한 성향이 있는데 미국의 민간 부문과 이익집단이 협상에 영향을 미친다는 것이다. 해양법 회의 동안 나는 미국의 공식 협상단과 의회 관계자를 만났다. 그와 동시에 해저광물 산업, 석유 산업 분야, 어업 분야, 해양과학 단체, 환경 단체의 대표자들을 만났다. 아울러 해양 포유류에 대한 보호를 주장하는 개인들과도 미팅을 가졌다. 미국에서의 정치적 현실은 여러 가지 조약에 대한 비준을 가로막는 장애라고 할 수 있다. 조약을 체결하기 위해서는 수많은 로비가 이루어지고 그런 로비가 진행되는 과정에서 수많은 민간단체가 개입을 하게 된다. 외국의 협상가들은 이런 미국의 특성을 이해해야만 한다. 어떤 측면에서 보면 성공적으로 협상을 수행하기 위해서는 미국 내의 문제에도 개입해야 하는 상황이 발생할 수 있다.

네 번째는 미국 미디어의 문제라고 할 수 있다. 이 문제는 상대방보다는 미국 협상가들에게 더 골치 아픈 문제가 된다. 솔직한 미국인의 성향은 협상가들이 기밀을 유지하는 데 어려움을 주기 때문이다. 아주 민감한 사항을 협상하는 과정에서는 작은 현안 하나까지도 협상의 성패를 좌우시킬 정도로 중요한

데 미디어에 알려지는 상황이 발생하면 큰 역효과를 감수해야 한다. 미국의 미디어가 국민들의 알 권리를 충족하는 데 큰 역할을 하는 것은 고무적일 수도 있지만 그것이 미국의 국익에 반하는 결과를 가져올 경우는 어떻게 설명해야 할까? 미디어에 종사하는 사람들은 미국민으로서의 충성심이 없는 것일까? 또한 미국의 국익을 보호하는 것에 관심이 없는 것일까? 알 권리와 언론의 자유는 미국의 더 큰 이익과 양립할 수 있는 것일까? 미국 언론을 통해 노출되는 정보의 측면으로 보면 미국의 협상 상대방은 승리를 얻기 위해 어느 정도 쉬운 협상을 이끌어 간다고 해도 과언이 아니다.

다섯 번째 약점을 말한다면 성급함을 들 수 있다. 미국인들은 "인스턴트 커피 콤플렉스(instant-coffee complex)"를 앓고 있다. 미국인들은 시간이 없다. 유럽이나 아시아인들이 시간을 향유하는 것과는 정반대다. 커피 원두를 사고, 매일 원두를 갈아 내려 마실 시간이 없는 것이다. 커피에서 풍기는 아로마 향을 즐기고 한 모금 한 모금을 음미할 시간도 없다. 미국인들은 업무에 있어 언제나 바쁘고 일의 진척이 없을 때는 극도로 좌절해 버린다. 미국인들은 결과 지향적이다. 결과를 만들어내기 위해서 한없이 노력하는 것이 미국인이다. 결과를 만들어내는 것은 협상의 매우 중요한 요소이기도 하다.

미국의 협상가가 ASEAN 국가 중 여섯 나라를 방문하여 각 나라의 외무장관들을 만나서 질문을 했다. "장관님께서는 캄보디아 문제가 잘 해결될 것이라고 생각하십니까?" 여섯 나라의 각 장관에게 모두 동일한 질문을 했다. 여섯 나라 장관들은 하나같이 "예."라고 답변했다. 다시 장관들에게 물었다. "얼마나 빨리 캄보디아 문제가 해결될 것 같습니까?" 그러자 모든 장관들은 대답했다. "그럼요. 이제 곧 해결될 것입니다." 다시 질문을 했다. "얼마나 빨리 된다는 것이죠?" 장관들은 이렇게 대답했다. "약 5년은 걸릴 것 같은데요." 미국 협상가는 충격에 빠질 수밖에 없었다. 왜냐하면 미국인의 관점에서 5년이라는 세월은 결단코 '곧'이 아니기 때문이다.

여섯 번째로 미국인의 다른 약점을 논하자면 문화적 무감각성을 들 수 있다. 미국인뿐만 아니라 모든 사람들은 이 점에 죄책감을 느낀다. 모든 이들은 다른 사람도 나와 비슷한 문화, 관습, 예절 방식을 가졌을 것이라고 가정한다. 그러나 전문적인 협상가라면 효율적인 협상의 준비로써 상대방의 문화에 대해 충분히 연구할 것이다. 적어도 행동함에 있어 실수를 줄이기 위해서 말이다. 상대방의 기질과 신체 언어를 잘 간파하기 위해서라도 사전 연구는 꼭 필요하다.

마지막으로 놀라운 일이 있다. 미국에서 열리는 각종 다자간 포럼이 전문적인 협상가가 아닌 아마추어 협상가들에 의해 진행되었다는 것이다. 미국에는 수많은 인재가 있는 것으로 알려져 있는데 이렇게 중요한 국제 협상이 아마추어 협상가들에 의해 부적절하게 대표되었다는 것이 놀라울 뿐이다.

결론

결론적으로 좋은 협상가란 확실하게 문제를 정의할 수 있는 기술을 가진 사람이다. 그에 걸맞은 적성과 기질을 가졌다면 금상첨화다. 그 협상가가 인도 사람이건 미국 사람이건 캐나다 사람이건 심지어 가나 사람이건 상관없다. 협상가의 성격과 인격은 효과성에 영향을 미친다. 어떤 미국 사람들은 타인에게 거부감을 주어 싫어하게 만든다. 또 다른 미국 사람들은 순조롭게 타인의 신뢰를 얻는다. 협상가를 고를 때는 발끈하며 쉽게 화를 내지 않는 사람을 골라야 한다. 협상 상대방의 신뢰를 얻을 수 있는 사람이면 더욱 좋다. 상대방으로부터 확신과 신뢰를 얻어내는 이런 특징은 무엇인가? 그것은 도덕적 자질과 리더십이다. 협상가가 리더라면 책임감과 신뢰성, 능력에 대한 명성을 가진 사람이어야 한다. 그래야 상대방은 리더십이라는 역할을 수행할 수 있는 사람으로서 그를 인정한다. 카리스마(Charisma)라는 말은 유용한 말이 아니다. 왜냐하면 이 말은 특정한 협상가나 상대방에게 리더십을 부여한다는 의미를 정확하게 나타내지 못하기 때문이다. 헨리 키신저(Henry Kissinger)는 카리스마가 있지 않았다. 그는 무표정했고 단조로운 목소리를 가졌다. 그러나 돋보이는 지력의 소유자였다. 1976년에 해양법 회의가 선진국과 개도국 사이에서 교착 상태에 빠졌을 때 국무장관이었던 키신저는 해양법에 대해 잘 알지 못했고 더구나 해저광물에 대해서는 아무것도 몰랐다. 단지 미국 파견단과 뉴욕에서 아침에 잠시 만났을 뿐이었다. 그러나 그는 77그룹(Group of 77:

U.N. 내의 개발도상국가들의 연합체)의 리더들과 오후에 만난 후 저녁에 각기 다른 나라들의 이익과 주장이 경쟁하는 것을 조정하기 위한 혁신적인 계획을 발표했다.

아마도 이런 것이 미국의 협상 스타일일 것이다. 이런 협상 스타일이 태도, 관습, 규약에 배어 있고 미국의 역사, 문화, 정치적 제도를 통해 전승되고 있다. 전체적으로 보면 미국의 협상가는 아주 긍정적이고 준비를 잘하며 합리적이고 능수능란하다. 어떤 관점에서는 존경받을 만하다. 정직한 중개인으로서 두 집단의 갈등을 완화하여 조정하려는 것은 이런 특징 중에서도 더 돋보인다고 하겠다. 또한 정중함과 남을 돕기 위해 무언가 기꺼이 하려는 마음은 낙관적이고 긍정적인 속성이라 할 수 있겠다.

NEGOTIATION

SECTION 06

차이점 극복하기

Holly Weeks

스트레스가 많은 대화에서 스트레스 빼내기

우리는 대화를 나눌 때 종종 감정이라는 함정에 빠진다. 이렇게 감정으로 상대방과 계속 이야기하다 보면 아주 안 좋게 끝나버린다. 그러나 그럴 필요가 없다. 여기에 감정에 빠지지 않고 이야기할 수 있는 테크닉이 있다.

우리는 대화를 하면서 산다. 대화가 없이 살 수는 없다. 인간이란 말하는 동물이다. 끊임없이 조잘거리고 때에 따라서는 고자질도 하고 남의 험담도 한다. 그리고 웃기 위해서 농담을 주고받는다. 그러나 때때로 부득이하게 스트레스 많은 대화를 하기도 한다. 서로에게 민감한 주제를 가지고 이야기하다 보면 상대방에게 상처를 줄 수도 있다. 그러나 스트레스를 주는 대화는 일상생활에서 불가피하다. 언제나 쉬운 대화를 할 수는 없다. 불편한 대화는 비즈니스 세계에서 부하직원을 해고하는 순간까지도 이어질 수 있다. 스트레스가 많은 대화는 일반적인 대화와는 다르다. 대화 속에 있는 감정적인 무게가 다르기 때문이다. 불편한 대화는 당황스럽고 혼란스럽다. 걱정스럽기도 하고 화가 나기도 한다. 고통스럽고 공포를 느끼게도 한다. 많은 사람들이 이런 감정적인 무게를 수반하는 대화를 피하려고 하지만 어쩔 수 없다.

스트레스가 많은 대화가 이렇게 일상적이고 아주 고통스러운 것임을 감안

Source: "Taking the Stress Out of Stressful Conversations," by Holly Weeks, from *Harvard Business Review*, July-August 2001, pp. 113-119. Harvard Business School Publishing. Used with permission.

해볼 때 이것을 보다 나은 방향으로 이끌기 위해 노력하는 것은 어떨까? 우리의 감정은 깊어질수록 헤어나기 힘든 곤경에 빠져서 얽히고설키는 습성이 있기 때문에 무엇인가 개선책을 마련하지 않으면 안 된다. 감정의 골로 깊게 빠져버리지 않는다면 우리는 갈등이라는 것이 아주 정상적이라는 것을 잘 안다. 이런 갈등은 해결할 수가 있거나 적어도 관리될 수 있다. 스트레스가 많은 대화를 관리만 잘 할 수 있어도 성공이다. 그러나 감정이 막 뒤섞이게 되면 우리는 균형을 잃게 된다. 마치 균형을 잡기 위한 추를 집어던지는 것처럼 말이다.

지난 20년 동안 나는 미국 굴지의 기업과 대학에서 스트레스가 많은 대화에 대한 강의도 하고 워크숍도 진행해왔다. 스트레스가 많은 대화에서 어떻게 커뮤니케이션하느냐가 나의 강의 주제였다. 내 강의실은 나의 실험실이 되었다. 강의실에서 많은 것을 배웠기 때문이다. 나는 대부분의 사람들이 민감한 현안에 대해서는 말을 못한다는 것을 발견했다.

나는 매니저들이 하기 어려운 대화를 우호적으로 만들 수 있다는 사실도 보았다. 물론 그들이 스스로를 자각하고 사전에 연습을 한다면 말이다. 나아가 세 가지의 입증된 커뮤니케이션 기법을 적용할 수 있다면 더 좋다. 사실 스트레스 많은 대화를 다룸에 있어 진부한 접근 방법은 결코 없다. 수많은 변수가 있고 강한 긴장이 대화에 깔려 있다. 어려운 상황에서 사람들 사이의 상호관계는 언제나 특이한 면모가 있다. 그러나 아직도 스트레스가 많은 대화는 기본적인 대화들의 혼합물처럼 보일 수 있다. 나와 상대방은 문제를 바라보는 다른 관점이 있는데 이런 상황에서 여러 가지 불편한 대화를 나누는 것이다. 이제부터 이런 문제를 어떻게 다룰 것인가를 알아보자. 일단 우선적으로 일상생활에서 자주 발생하여 우리에게 큰 장애가 되는 스트레스가 많은 대화를 살펴보자. 세 가지를 제시해 보겠다.

"너에게 나쁜 소식이 있어"

유쾌하지 않은 소식을 전달하는 것은 듣는 사람이나 전달하는 사람 모두에게 좋지 않다. 말하는 사람도 상대방의 반응에 긴장해야 하고 듣는 사람도 이야기가 어디로 향할지에 대해서 걱정하니까 말이다.

데이빗은 비영리 기관의 디렉터다. 그는 제레미라는 아주 야심 찬 기관 내 연구원과 대화를 나누어야 한다. 물론 유쾌하지 않은 대화이다. 제레미는 자신의 능력이 아주 대단한 것으로 생각하고 있고 학벌에 대해 자신감을 가지고 있다. 그래서 기관 내에서 자신이 더 높은 평가를 받아야 한다고 늘 생각하고 있다. 그러나 데이빗의 생각은 다르다. 물론 비영리 기관이기 때문에 다른 영리기업에 비해 큰 실적을 거두지 않아도 되는 상황이지만 제레미가 그다지 일을 잘한다고 생각하지 않기 때문이다. 데이빗은 제레미가 단지 학벌이 좋다는 이유만으로 높게 평가되고 있다고 생각하고 있다. 제레미는 자신의 능력과 학벌에 지나칠 정도로 자신감을 가지고 있다. 더구나 제레미는 유머 감각도 없고 심지어 다른 사람을 화나게 하는 언행을 자주 한다. 그래서 시간이 지남에 따라 많은 동료들이 그와 일하기를 꺼려하는 상황에 이르렀다. 그러나 그 누구 하나 제레미에게 이런 이야기를 하지 않는다. 누군가는 해야 하지만 제레미에게 충고하는 사람은 없다. 결국 동료들은 뒤에서 그를 험담하고 회사의 분위기는 더 나빠진다.

데이빗은 제레미와 이야기를 나누고자 마음먹었다. 그런데 이런 상황에서 어떻게 이야기를 꺼내야 할까? 처음부터 이야기가 잘 풀려서 제레미에게 제대로 된 충고가 전달이 되면 아주 좋겠지만 이야기가 꼬이게 되면 분위기가 아주 삭막해지는 최악의 상황이 될 수도 있다. 데이빗은 가벼운 이야기로 시작하려고 생각했다. 많은 사람들이 이야기를 시작할 때는 가벼운 주제로 시작하는 것이 보통이니까 말이다. 데이빗은 "제레미 자네가 응원하는 프로야구팀은 요즈음 어때?"라고 하면서 이야기를 시작했다.

제레미는 데이빗이 이야기하려는 것에 전혀 감을 잡지 못하고 아직도 약간은 거만한 상태를 유지했다. 우쭐거리는 평소의 태도를 보였다. 데이빗은 이렇게 해서는 안 되겠다고 생각했다. 보다 직접적으로 말하는 편이 낫다고 생각을 바꿨다. 대화는 곧바로 무서울 정도로 솔직하게 이어졌다. 데이빗은 제레미에게 하고 싶은 말을 다 퍼부었다. 마치 데이빗이 독백을 하는 것처럼 이야기가 이어졌다. 물론 제레미의 잘못된 부분을 지적하는 이야기였다. 제레미는 데이빗의 이야기를 듣고 바닥만 응시했다. 마치 얼어버린 것처럼 움직이지도 않았다. 그는 침묵하다가 그 자리를 떠났다. 데이빗은 약간의 안도감을 느꼈다. 데이빗의 관점에서 보면 이런 상호작용은 아주 고통스러웠지만 그래도 순식간에 이루어졌다. 그리 큰 논쟁이나 소동은 벌어지지 않았다. 그러나 이틀 후 제레미는 사직서를 제출했다.

"여기서 도대체 무슨 일이 벌어지고 있는 거야?"

스트레스를 많이 주는 대화는 종종 일상생활에서 생겨난다. 그리고 최악의 대화는 전혀 기대하지 않았던 곳에서 터져 나온다. 갑작스런 이러한 대화는 감정적인 긴장을 수반하며 모든 방향에서 전기가 통하는 것 같은 느낌이 든다. 마치 꼬여버린 논리가 먹구름처럼 몰려오고 우리의 감각도 쇠약해진다. 의미가 통하지 않아 서로 아무것도 이해하지 못하는 상태에 빠져버린다.

엘리자베스와 라파엘은 같은 컨설팅 회사에서 일한다. 그들은 같은 팀에서 일하며 프로젝트를 수행하고 있다. 그러나 예정된 일정대로 프로젝트가 진행되지 않자 새로운 일정을 세우기 위해 회의실에서 만나 이야기를 시작했다. 엘리자베스가 칠판에 여러 가지 안을 쓰고 지우기를 반복했다. 그리고 냉정한 어조로 라파엘에게 말했다. "이게 내가 만든 일정이야?" 라파엘은 "니가 그렇다고 하면 그런 거지 뭐."라고 말했다. 싹둑 잘라 말하듯이 간결하게 대답했다. 라파엘은 엘리자베스가 마치 자신을 지휘하고 있다고 생각했다. 그런 태도에 기분이 좋지 않았다. 엘리자베스는 라파엘이 왜 그런 시큰둥한 태도를 보이는지 이해할 수가 없었다. 엘리자베스는 뭔가 분위기를 완화시키기 위해서 "미안해. 내가 뭐 잘못 말한 게 있니?"라고 물었다. 그러자 라파엘이 "누가 너에게 그런 권한을 주었지?", "누가 너한테 나에게 일을 주라고 말했니?"라고 반박했다.

분명한 것은 라파엘과 엘리자베스는 아주 어려운 대화에 들어와 버린 것이다. 이런 상황에 빠져버리면 헤어나기 쉽지 않다. 상대방의 감정은 이미 극도로 나빠진 상태이다. 엘리자베스가 라파엘의 기분을 명백하게 나쁘게 한 것일까? 엘리자베스는 라파엘이 분개하는 것을 감지하고 사과하면서 말했다. "미안해. 우리의 업무를 어떻게 나누어서 하면 좋을까?" 동등한 관계가 갑자기 동등한 것 같지 않은 분위기로 빠져서 기분이 나빠졌다면 이것은 절대로 미리 예상하지 못한 것이다. 이런 감정적 대립이 있었지만 둘을 같은 팀에서 일을 수행하였다. 그러나 3개월 후 엘리자베스는 다른 팀으로 옮겼다.

"넌 지금 나를 공격하고 있어!"

이제 아주 호전적인, 글자 그대로 스트레스가 넘쳐나는 대화로 옮겨가보자. 상대방의 감정을 최악으로 만들 때에는 심리적이고 수사적인 표현을 씀으로써 상대방의 균형을 무너뜨린다. 상대방의 입장을 약화시키고 그들을 하찮게 여기는 방식도 쓴다. 이런 것을 "좌절시키는 전술(Thwarting tactic)"이라고 하는데 상대방을 모욕하거나 기만하고 나아가 소리를 지르는 형태를 취하기도 한다. 여러 가지 방법을 섞어서 상대방에게 큰 스트레스를 주는 것이 이 전술의 목적이다. 그래서 개인의 취약성을 최대한 건드리는 형태로 구사된다.

닉과 카렌은 IT회사에서 일하는데 같은 직급의 중견 간부다. 이 둘의 업무는 고객에게 프레젠테이션을 해서 제품을 알리고 질문을 받는 것이다. 어느 날 카렌이 회사를 방문한 고객에게 제품에 대한 프레젠테이션을 했다. 그러나 그것은 훌륭한 것이 아니었다. 준비도 엉성했고 고객의 질문에 제대로 답변을 하지 못했다. 고객은 인내심을 가지고 가만히 있었지만 표정을 보니 상당히 불만족스러운 것 같았고 화가 난 것처럼 보였다. 카렌의 답변은 부적절한 것이었고 기본적인 질문에도 답하지 못하는 최악의 프레젠테이션이었다.

닉은 카렌이 프레젠테이션을 하는 날 단순히 참관자로서 참여를 했는데 고객만큼이나 카렌에게 실망을 했다. 고객이 떠난 후에 닉은 카렌에게 도대체 무엇이 문제였냐고 물었다. 그러자 카렌이 방어적으로 외치듯이 말했다. "너는 나의 상관이 아니잖아. 그러니까 날 훈계하듯이 대하지 마." 닉이 어떤 말을 하려고 하면 그 말을 도중에 끊어버리고 "너는 내가 고객에게 실망을 안겨준 것이 고소하니?"라고 말하며 격한 감정을 드러냈다. 닉은 말했다. "카렌, 좀 진정하고 내 말을 진지하게 들을 수 없니? 넌 내가 하는 말을 전부 왜곡해서 듣고 있어." 그러나 카렌은 지속적으로 닉이 하는 모든 말에 대해서 화를 냈다. 닉은 마음을 가라앉히며 이야기하려고 했으나 카렌의 도전적인 말에 속수무책이었다. 카렌은 "너도 나 같은 경우를 당할 거야. 그때 내가 너를 조롱해주지."라고 말했다. 닉은 카렌이 화가 나서 이러는지 아니면 정말 그런 식으로 보복을 할 것인지 알 수 없었다. 닉은 마침내 고위 임원에게 이 일을 보고했다. 물론 화가 치밀어 올랐다. 그들의 이런 반목은 돌이키지 못할 큰 결과를 가져왔다. 그들 둘 다 고객을 제대로 응대하지 못한 책임으로 승진 기회를 날려버리고 말았다. 결론적으로 그들은 회사에 손실을 안겨주었기 때문이다.

스트레스가 많은 대화에 대해 미리 준비하기

위에서 우리는 세 가지 스트레스가 넘치는 대화를 보았다. 그런데 이런 상황이 발생하지 않도록 미리 대비할 수는 없을까? 좋은 시작은 당신 스스로의 약점과 상황을 아는 것이다. 데이빗, 엘리자베스, 닉은 상대방을 통제할 수 없었다. 상대방이 쏟아내는 감정적인 무게에 눌릴 수밖에 없었다. 그러나 이런 스트레스가 많은 대화는 그들 스스로의 취약성을 잘 안다면 충분히 경감될 수 있다. 상대방의 적대 감정에 내가 취약하다 것을 아는 것이 중요하다. 그리고 그들이 어떻게 반응할지를 아는 것도 중요하다. 그들은 적대적 감정을 더 표출할 것인지, 아니면 그런 감정 표출을 자제할 것인지, 또는 지금 당장은 잠잠하게 넘어갈 것인지, 나중에 정말 보복할 것인지를 파악하는 것이다. 상대방의 두 가지 반응 중에서 당신이 더 심각하게 받아들이는 것은 무엇인지를 파악하게 되면 어떤 태도에 당신이 더 취약한지를 알 수 있는 기회가 된다. 사람에 따라서 상대방이 무표정하게 현재의 상황을 넘어가는 것이 더 큰 스트레스를 주기도 한다. 상대방이 지금 당장 화를 내는 것이 더 편하다고 말하는 사람도 있고 눈앞에서 상대방이 격노하는 모습을 두려워하는 사람도 있기 때문이다. 어쨌든 이렇게 스스로에 대한 성향을 파악해 놓으면 스트레스가 많은 대화를 조절하는 데 큰 도움이 된다.

닉의 문제로 돌아가 보자. 그가 스스로에 대해서 더 잘 알았더라면 그냥 합리적인 태도를 고수했어야 했다. 닉이 던진 한마디에 카렌은 더 화가 났고 닉이 하는 어떤 말도 귀담아듣지 않는 상태가 되었다. 카렌의 갑작스런 비난과 공격에 닉은 전혀 예상하지 못했고 카렌은 닉의 말에 계속 공격적인 반박만을 늘어놓는 상황으로 악화된 것이다. 닉은 오히려 카렌이 심한 말을 할 때 잠시 말을 멈추는 것이 필요했다. 이런 상황에서는 말을 멈추고 차라리 마음을 가라앉히는 시간을 갖는 것이 좋다.

이런 방법이 좋다고 해서 끊임없이 스스로를 분석하라는 것은 아니다. 암묵적으로 우리는 이런 상황에 대해 지식을 가지고 있다. 예를 들어 지난 경험을 통해 아는 것이다. 아주 다루기 힘들었던 사람들과 힘들었던 대화에 대한 기억이 우리 머릿속에는 있다. 어려운 대화 속으로 빠져 들어갈 때 스스로에게 이런 상황이 있었는지, 그리고 이런 종류의 사람들과 대화를 했던 적이 있었는지를 물어보는 것이다. 예를 들자면 당신은 거만하고 고압적인 경쟁자와 직면했을 때 위협적으로 이를 드러내는가? 당신이 배제되었다고 모든 행동을 중단하나? 당신이 생각하는 스스로의 위험 지역을 알게 된다면 당신이 가진 약점을 알고 대응하는 방식을 개선하게 된다.

명확하게 스스로에 대해 인식을 하게 되면 감정에 이끌리기보다는 철저하게 당신의 필요에 따라 대화를 이끌어 가게 된다. 비영리 기관의 고위 간부였던 데이빗과 잘난 척하는 제레미의 이야기로 돌아가보자. 데이빗의 대화를 이끌어 가는 계획은 가볍게 시작하지만 그것이 잘 먹히지 않으면 강력하게 나가는 것이었다. 마치 고통스럽지만 아주 빨리 터져서 효과가 센 폭탄과 같은 것이었다. 데이빗에게 좋은 방식은 대화를 두 부분으로 나누는 것이었다. 첫 번째 미팅에서 제레미의 거만함과 실망스러운 능력을 제기하고, 두 번째 미팅에서 해결책을 모색하기 위한 대화 자체를 시도하는 것이었다. 대화를 점진적으로 늘여가면서 데이빗과 제레미 모두에게 양방향 대화를 할 시간을 확보했었어야 했다. 한 사람이 다른 사람에게 독백하는 것처럼 일방적으로 이야기를 쏟아내는 방식을 피해야 했던 것이다. 데이빗은 순식간에 전달하려는 이야기 주제를 쏟아낼 필요가 없었다. 그가 스스로에 대해서 더 많이 알고 있었더라면 마음에 들지 않는 갈등 요소에 의해서가 아니라 제레미의 성격을 감안해서 대화를 이끌어 갔을 것이다.

스트레스가 많은 대화가 생길 것 같은 상황을 잘 대처하는 아주 좋은 방법 중 하나는 중립적인 친구와 연습을 해보는 것이다. 당신과 같은 상황 커뮤니케이션 문제를 경험해보지 못한 친구를 고르자. 그 친구가 다른 사람의 이야기를 잘 듣는 성격이고 솔직한 사람이면 아주 이상적이다. 무엇인가를 판단하려는 사람이어서는 안 된다. 이제 내용을 가지고 시작해보라. 상대방에게 이야기하고 싶은 말을 친구에게 말해보라. 목소리 톤이나 특정한 문구 같은 것에 신경 쓰지 말고 그냥 말해보라. 짓궂게도 되어 보고, 소심하게도 되어 보라. 냉소적인 유머도 써보고 논쟁하는 동안 펄쩍펄쩍 뛰어도 보라. 그리고 솔직하게 이야기해 보라. 이제 그것을 면밀히 검토해보고 감정적인 부담이 없을 때 당신이 말한 것들을 생각해보라. 친구는 중립적으로 당신을 도울 수 있다. 왜냐하면 적어도 그 친구는 그런 상황에 대한 어떤 감정도 없기 때문이다. 친구와 함께 만들어 보았던 상황을 메모하기 바란다. 그렇지 않으면 나중에 잊어버릴 수 있으니까 말이다.

이제 사용하는 말투를 미세하게 조정해보라. 상대방에게 말한다고 상상할 때 당신은 부담을 느껴 말투가 바뀔 것이다. 그러나 그때 친구가 "어떻게 말하기를 원하는지 나한테 이야기해봐."라고 말하면 재미있는 일이 벌어진다. 당신의 말투는 훨씬 좋아지고 더 차분하며 쓸 만한 단어를 구사할 것이다. 당신이 말하고자 하는 것을 당신의 방식으로 말할 수 있음을 기억하라. 모범답안처럼 매끄럽게 말할 수는 없어도 친구에게 제스처 등 신체 언어를 사용하면서 연습하라. 눈썹을 오르내리기도 하고 자리도 좌우로 움직여보고 낄낄 웃어도 보는 것이다(스트레스가 많은 대화를 사전에 대비하는 방법은 뒤에 나올 "대화 관리의 DNA"를 참고하기 바란다).

대화 관리하기

스스로를 잘 파악하고 스트레스가 클 가능성이 있는 대화를 사전에 대비하여 연습하는 것도 중요하지만 이것으로는 충분하지 않다. 대화가 잘 진행되지 않을 때 무엇을 할 수 있는지를 살펴보자. 엘리자베스의 경우를 생각해보자.

스트레스를 주는 대화에 대응하기 위해 내가 발견한 기법들은 모두 성공적인 대화에 필요한 세 가지의 간단한 요소들 안에 포함된다. 이것은 명확성, 중립성, 자제력이다. 이 세 가지는 좋은 커뮤니케이션이라는 건물을 올리는 벽돌과 같다. 이 세 가지를 잘 배워서 상대방과의 대화를 잘 이끌어 가는 기회로 삼기 바란다. 최악의 대화에서조차 활용할 수 있을 것이다. 하나씩 이런 요소들을 살펴보도록 하자.

명확성은 모든 사람이 그 말을 오해 없이 정확하게 이해하여 같이 일할 수 있는 것을 의미한다. 비유적인 표현과 빙 둘러서 말하는 것을 피하라. 당신이 전달하고자 하는 것을 분명하게 말하라. "에밀리, 너의 가족들이 생각하는 관점에서 보면 서머셋 밸리 양로원은 아버님을 위해서는 가장 좋은 장소가 될 거야. 아버님이 받을 혜택의 모든 것을 포함할 수는 없지만 말이야." 불행하게도 전달하려는 뉴스가 나쁜 것일 때 말하기가 특히 어렵다. 부담을 느끼는 상황에서는 명확하게 이야기하지 못하는 경우가 많다. 진짜 이야기하고 싶은 것을 숨기는 경향이 있는 것이다. 나쁜 소식을 명확하게 이야기하는 것은 야만적인 일과 동일시될 정도다. 그래서 자주 이렇게 말한다. "글쎄, 다니엘. 이 직급에 어떤 일이 벌어질지 우리는 아직 잘 모르겠어. 그러나 미래에는 방심하지 않고 더욱 주의 깊게 지켜볼게." 이것은 완곡한 표현이다. 때에 따라서는 완전히 잘못된 방향으로 대화를 이끌어 갈 수도 있다. 승진을 기다리는 사람에게 이번에 승진을 못 했다는 것을 알리는 방식으로써는 말이다. 뉴스를 전달하는 데 그것이 야만적이거나 또는 인간적이거나 하는 것을 떠나, 이런 방식으로는 어떤 내용도 전달할 수가 없다. 전달하려는 메시지가 기술적으로 잘 전달될 수만 있다면 그것이 안 좋은 소식이라고 하더라도 내용 자체는 여전히 상대방이 좌절하지 않고 인내심을 가지고 받아들일 수 있다. 예를 들어 고위 임원이 부하 직원에게 직접적으로 "이번에 승진은 안 되었네. 다른 사람이 승진하게 되었네."라고 말하면 듣는 사람에게는 매우 유쾌하지 못한 것이 될 것이다. 정상적인 사람이 이런 말을 듣게 되면 슬퍼지거나 화가 날지도 모른다. 그러나 전달하려는 내용이 아주 명확하다면 듣는 사람은 정확하게 그 뜻을 받아들일 것이다. 적어도 명확하게 내용을 전달하는 것은 상대방이 느끼는 부담을 보다 편하게 만들어준다. 적어도 불안감을 깨우지는 않는다.

톤(tone)은 스트레스가 많은 대화에서 비언어적인 전달 부분이다. 톤이란 억양, 표정, 의식적이든 무의식적이든 움직일 때 나타나는 신체 언어 같은 비언어적인 것을 말한다. 중립적인 톤을 갖는 것은 사실 아주 어려운 일임에도 불구하고 중립성은 아주 바람직한 규범이 된다. 특히 극한 위기에 처한 커뮤니케이션

과정에서 더욱 그렇다. 스트레스가 많은 대화에서 중립성의 중요성은 두말할 필요도 없다. NASA(미항공우주국: National Aeronautics and Space Administration)의 커뮤니케이션 방법은 중립성으로 유명하다. NASA 내에서의 커뮤니케이션 방법은 전달하려는 메시지가 아무리 끔찍한 것일지라도 아무런 왜곡이 없는 톤으로 전달한다. "휴스턴, 우리는 지금 문제가 있어." 쉬워 보일지라도 이런 중립성을 확보하기 위해서는 상당한 연습이 필요하다. 대화가 스트레스를 주기 시작할 때 중립적인 톤은 가장 중요한 것이 된다.

온화한 말투(자제력)는 성공적인 대화를 이끌어 가는 세 가지 요소 중 마지막이다. 영어는 그 활용이 대단한 언어다. 아주 많은 방식으로 말하고 표현할 수 있다. 예를 들어 미국에서는 과격한 언어를 사용하는 것만으로도 소송을 불러일으킬 수 있다. "당신이 4월 23일까지 이 사실의 진위 여부를 나에게 알려주지 않으면 나는 내 변호사에게 의뢰할 수밖에 없어요." 지금 막 격론을 벌이는 상황에서 이런 말투는 대화를 긴장시킬 수밖에 없다. 그러나 우리가 점수를 따거나 적을 만들어내기 위해 격론을 벌이는 것이 아님을 기억하라. 특히 스트레스가 많은 대화에서 이런 식의 말투는 의미가 없다. 우리의 목표는 대화를 이끌어 가는 것이다. 정확히 듣고 정확하게 말하면 된다. 두 사람 사이의 기능적인 교환인 것이다. 다음부터 상대방에게 "나를 더 이상 방해하지 말아요."라고 말하기보다는 "잠시만 기다려줄 수 있어요? 생각한 것을 잊어버리기 전에 당신에게 말하고 싶어서요."라고 말하기 바란다. 온화한 말투는 스트레스가 심한 대화에서 중압감을 제거해주는 역할을 할 것이다.

그녀는 그녀가 직면한 상황을 논리적으로 생각할 수 없었다. 그녀도 그것을 알고 있었다. 그래서 쉽게 표현할 수 있는 말이 필요했다. 그 상황에 대처하기 위해서는 그냥 과묵하게 있기보다는 무엇인가 감정적인 말을 쏟아내야 한다고 판단했다. 그러나 그런 상황을 대처할 수 있는 전술을 알지 못했다. 우리가 심폐소생술과 같은 응급책을 배우는 방식과 마찬가지로 이럴 때 유용한 커뮤니케이션 기술을 배울 필요가 있다. 우리가 이런 응급책을 사전에 잘 숙지해두면 그것이 필요한 상황에서 쓸 수 있는 이치와 같다. 여기 세 가지의 증명된 좋은 묘안이 있다. 여기서 소개하는 특정한 어휘들은 당신의 대화 스타일과 어울리지 않을 수 있다. 그러나 중요한 것은 이런 묘안들이 어떻게 잘 작동하는가이고 당신이 편안한 말투를 선택하는 것이다.

당신의 파트너를 존중하라

데이빗이 제레미에게 보다 부드럽고 사려 깊게 이야기했다면 어땠을까? "제레미, 자네의 업무 능력이 많이 저평가되어 왔네. 자네의 동료들이 자네와 이야기를 하려는 것을 꺼리는 것은 자네가 그들의 유머를 잘 이해하지 못해서인 것 같아. 사실 나도 이런 문제에 책임이 있네. 자네와 이런 문제들에 대해서 마음을 터놓고 이야기를 했었어야 했는데 나도 좀 말하기가 거북스러웠거든. 나하고 오랫동안 일해 온 자네를 좋아하고 존경하는 사람으로서 말이야." 나 또한 책임이 있다고 말하는 것은 하나의 테크닉이 될 수 있다. 상대방을 화나게 하지 않고도 내가 말하는 것에 집중할 수 있게 해주기 때문이다. 특히 말하기는 어렵지만 꼭 상대방이 들어야 하는 이야기를 할 때 유용하다.

그럼 이런 것이 어려운 대화 상황에서 언제나 옳은 테크닉일까? 그렇지 않다. 언제나 좋은 테크닉이란 없다. 그러나 이 경우에 있어서는 데이빗의 대화 톤을 정하는 데 아주 효과적이다. 이것은 이 문제 자체를 존중하는 것이 되고 또한 제레미를 존중하는 것도 된다. 나아가 그들의 관계를 존중하며 심지어 데이빗의 책임을 존중하는 의미도 된다. 스트레스가 많은 대화에서 이렇게 상대방을 존중하는 기법은 큰 가치를 지닌다. 제레미가 조직을 떠난 사실을 생각해보면 더 그렇다. 조직을 떠난 제레미가 밖에서 여러 가지 험담을 늘어놓을 수도 있고 조직에서 얻었던 여러 가지 정보를 활용하여 경쟁자를 유리하게 할 수도 있기 때문이다. 데이빗과의 대화가 더 참기 어려워질수록 제레미는 조직에게 더 불리한 존재가 될 수도 있다. 다시 말하면 제레미로 인해서 제레미가 몸담았던 조직은 더 큰 비용을 치를 수도 있다.

당신의 의도를 다시 말해서 상대방의 마음을 누그러뜨려라

라파엘과 엘리자베스의 "여기서 도대체 무슨 일이 벌어지고 있는 거야?" 대화에서의 어려움은 엘리자베스의 말과 행동에 대한 라파엘의 잘못된 해석과 관계가 있다. 라파엘의 즉각적인 반응이 문제의 원인이 될 수 있다. 좌절해서 화가 나 있는 사람의 말을 계속 받아치다 보면 상대방은 더 화가 날 수도 있다. 라파엘은 과거에도 다른 사람과 이런 식의 대화를 경험한 적이 있을 것이다. 물론 그때는 다른 상황이었다. 엘리자베스는 라파엘의 정신 상태를 분석하기를 원하지 않는다. 라파엘의 내적인 심리를 알아봤자 현재의 험악한 상황을 악화시킬 뿐이다. 엘리자베스가 현재의 일방적인 상황을 진정시키기 위해서 무엇을 할 수 있을까?

엘리자베스가 라파엘의 강경한 반응에 내재된 이유를 이해할 필요는 없다. 하지만 알면 도움은 된다. "나는 내가 말한 것에 대해 네가 어떻게 생각하는지 알 수 있어. 라파엘, 그것은 내가 의미했던 바가 아냐. 우리 이 목록을 다시 한 번 함께 검토해보자." 나는 이것을 "명확화 기법(clarification technique)"이라고 부른다. 이 기법은 명백하게 상대방의 마음을 누그러뜨린다. 이것을 사용함으로써 엘리자베스는 서로 대치하는 상황을 합의하는 상황으로 바꿀 수 있다. 본인만의 관점을 가진 라파엘과 논쟁하는 대신에 오히려 그가 그의 관점을 설명하게 허락하는 것이다. 모든 것을 떠나 라파엘의 관점도 라파엘의 것이고 엘리자베스가 허락한 것도 라파엘의 관점이다. 엘리자베스는 그녀의 의도를 설명하느라 논쟁을 벌이는 대신에 그녀가 말한 것이 그녀의 관점을 잘 대변하고 있는가를 생각하는 게 필요하다. 이런 생각을 충분히 마친 후에 다시 대화로 돌아오는 것이다(우리가 의미한 것과 이야기한 것 사이의 끊김에 대한 이야기는 다음에 나올 "커뮤니케이션과 의도 사이의 격차"를 참고).

이 기법은 라파엘의 동기와는 관계없이 엘리자베스에게 도움이 될 것이다. 라파엘이 정말 순수하게 그녀가 말한 것을 오해했다면 그녀는 라파엘과 감정적으로 싸우지 않았을 것이다. 그녀가 말한 것에 대한 그의 의견을 받아들이고 수정해 나갔을 것이다. 라파엘의 동기가 원래 적대적이었다면 그녀는 단지 라파엘의 마음을 달래기 위해서 그의 제안을 받아들이지 않았을 것이다. 의도야 어쨌든 받아들이고 다시 생각한다면 누구도 체면을 잃지 않는다. 누구도 다른 사람보다 더 많은 점수를 잃지 않았다. 이것이 중요한 것이다.

전술과 싸우되 사람과는 싸우지 마라

라파엘은 엘리자베스를 당황스럽게 만들었을지도 모른다. 그러나 카렌은 닉에 대한 명백한 악의를 가지고 행동했다. 그녀가 고객과의 미팅을 완전히 망쳤

커뮤니케이션과 의도 사이의 격차

스트레스가 많은 대화에서 가장 빈번하게 일어나는 것 중 하나는 우리 모두 너무나도 많이 스스로의 의도에 의지한다는 것이다. 감정이라는 온도계의 수은주가 상승하면서 우리는 자동적으로 상대방이 우리가 의도하는 것을 이해한다고 추정한다. 예를 들어 우리는 우리가 의미하는 것을 사람들이 잘 안다고 가정을 한다. 이것에 대한 연구가 있었는데 연구 결과도 이런 사실을 입증했다. 연구 결과에 따르면 화자는 청자들이 화자가 좋은 의도를 가졌다고 믿는 것을 가정한다는 것이다. 그들이 무엇을 이야기했건 간에 말이다. 말하는 사람들이 듣는 사람들의 생각을 그저 긍정적으로 가정하는 것이다. 의도하는 것은 커뮤니케이션에 있어서 결코 이처럼 강력하지 않다. 특히 스트레스가 많은 대화에서는 더더욱 아니다.

내가 의미하는 것을 이해하기 위해서 당신에게 나쁜 방법으로 무엇인가를 취하지 말라고 말한 사람을 생각해보라. 이 말은 아주 진지하게 한 것이다. 그럼에도 불구하고 대부분의 사람들은 아주 경직된 반응을 보인다. 적어도 약간 화가 나거나 적대적인 반응을 한다. 스트레스가 많은 대화에서 사람들은 상대방의 의도를 크게 생각하지 않는다. 말을 통해서 상대방의 의도를 머릿속에 등록한다. 스트레스가 많은 대화에서는 실제로 말한 것이 강조가 된다. 우리가 의도했거나 느낀 것이 강조되지는 않는 것이다. 스트레스가 많은 대화에서는 참가한 사람들이 가치 있고 귀중한 의도와 느낌을 갖지 않았다는 말이 아니다. 그들은 아주 가치 있는 의도를 가졌다. 그러나 우리는 논쟁을 하여 스트레스를 많이 받는 대화를 진행할 때 사람 사이의 커뮤니케이션이 일어나는 것이지 의도에 대해서 이야기를 하는 것은 아니다.

우리는 우리가 명시적으로 밝히지 않았음에도 상대방이 우리가 의도한 것을 잘 간파하기를 원한다. 그러나 이런 것이 우리를 잘못된 길로 인도한다. 모든 대화에서, 특히 어려운 대화에서 우리는 우리가 의도한 바를 아주 정확하게 전달할 책임이 있다. 결론적으로 말해서 다음과 같은 상황을 생각해보자. 임원이 당당하게 걸어 나와 직원에게 말한다. "코리, 내가 자네를 위한 책상과 6주간의 아웃플레이먼트 서비스(정리해고될 사람들을 위해 회사가 마련한 새로운 직장으로의 취업 지원 서비스)를 만들었다네. 왜냐하면 자네는 7월 말 이후에 우리와 더 이상 일하지 않기 때문이라네." 이런 말은 당신의 의도를 명백하게 상대방에게 전달하였지만 필연적으로 일어날 일에 대한 번민을 더하게 만들 수도 있다.

을 때 말이다. 닉은 카렌이 상대방을 좌절시키는 전술을 구사했을 때 그것을 막지 못했다. 카렌은 예전에 이런 행동을 하여 상대방을 궁지로 몰았던 경험이 있었을 것이다. 그렇기 때문에 예전에 성공했던 이런 전술의 경험을 닉에게 다시 사용해본 것이다. 그러나 닉은 카렌의 성격과 행동을 분리할 수 있다. 예를 들어 닉은 카렌이 심한 말을 하는 것을 개인적인 성격이라기보다는 단지 그녀가 지금 이 상황에서 벗어나기 위해 닉을 공격하는 전략을 사용하고 있다고 생각할 수 있다. 닉이 카렌 자체를 왜곡이 심하고 적대적이며 위협을 가하는 사람이라고 생각한다면 결과는 어떻게 나올까? 다른 사람의 성격에 대해서 무엇을 할 수 있단 말인가? 그러나 닉이 카렌의 행동을 단지 그녀가 예전에 구사해서 성공을 거두었던 전술의 하나라고 여긴다면 닉은 그런 행동들을 누그러뜨릴 전술을 구사할 수 있다.

닉이 만약 "카렌, 우리는 오랫동안 함께 일해 왔지. 그것도 정말 잘 해왔어. 당신의 프레젠테이션이 잘못된 것에 대해서 어떻게 말을 해야 할지 나는 잘 모르겠지만 그리고 지금 어떤 상황인지도 잘 모르겠지만 내가 생각했던 것과는 많이 다르네."라고 말했다면 어땠을까. 아마 카렌과의 대화는 완전히 달라졌을 것이다. 그는 카렌을 공격한 것도 아니고 장기로 치면 졸조차 잃지 않은 것이 되었을 것이다. 그러나 위의 이야기에서 닉은 대화를 통해 카렌의 전술이 주된 문제가 되게 만들어 버렸다.

상대방의 전술을 알아차리는 것, 특히 호전적인 전술을 파악하는 것은 상대방의 마음을 누그러뜨리는 데 도움이 된다. 우리는 호전적인 상대방을 집요하고 끈질긴 존재라고 생각하지만 사실은 그렇지 않다. 사람들은 호전성에 단계를 가지고 있다. 그들이 편안함을 느끼는 "호전성의 단계"가 있는 것이다. 사람들은 이런 단계를 쉽게 올리려고 하지 않는다. 닉이 카렌의 전술을 파악하지 못했을 때, 카렌은 부지불식간에 그런 전술을 썼다. 만약 닉이 그것을 미리 간파하고 카렌이 쓰는 전술을 말했다면 그녀는 같은 전술을 계속 사용하기 위해 더 많은 공격과 호전성을 보여야 했을 것이다. 닉이 이미 카렌의 속내를 알아차렸으니 카렌은 더 화를 냄으로써 닉을 공격해야 맞는 것이 되기 때문이다. 그러나 카렌이 더 화를 낼 수 없는 "호전성의 경계선" 가까이 있다면 그녀는 더 화를 내지 못할 것이다. 더 화를 낸다면 스스로 불편해지기 때문이다.

감정적으로 더 불편해지는 선을 스스로 넘을 필요는 없다. 닉이 카렌의 공격적인 행동을 막을 수 없었을지도 모른다. 그래도 그녀 스스로 과격한 언행을 멈추었을 것이다.

사람들은 스트레스가 많은 대화는 필연적이라고 생각한다. 그러나 그것이 나쁜 해결책을 가져야 한다는 것을 의미하지는 않는다. 나의 고객 중 한 명인 재클린의 경우를 말해보겠다. 그녀는 엔지니어링 회사의 이사회에서 유일한 여성이다. 그녀는 비즈니스 세계에서 여성을 깔보는 듯한 언행에 아주 민감하다. 그녀는 이사회 구성원 중 이런 언행을 의도적으로 하는 아주 무례한 리차드라는 사람을 발견했다. 그는 그녀를 페미니스트라고 조롱했고 성차별주의자와 같은 농담도 했다.

이런 일은 한두 번이 아니었다. 재클린은 내적인 불협화음을 느꼈다. 그러나 이런 느낌은 그녀에게 스트레스를 많이 준다는 것을 알았기 때문에 그녀는 준비를 시작했다. 첫째, 그녀는 이사회 회의 중에 몇 분 동안 공공연히 농담을 걸고 다시 이야기해야 할 현안으로 돌아왔다. 리차드는 내색하지는 않았지만 새로운 전술을 구사하기 시작했다. 리차드는 "어이 재키(재클린의 애칭), 농담이야."라고 말하면서 재클린을 자극했다. 그러나 재클린은 단단히 자리를 잡고 서서 "리차드, 그런 종류의 농담은 아주 천박해 보여. 그러나 나에게는 별 생각이 안 나게 하는데."라고 말했다. 재클린은 더 이상 말할 필요가 없었다. 리차드가 계속 이런 언행과 행동을 한다면 그 스스로 체면을 잃을 수밖에 없는 상황이었다. 사실 나중에 그는 미안한 듯한 어조로 말했다. "내 아내가 나의 이런 나쁜 행동에 대해서 듣기를 원하지 않아." 그러면서 계면쩍게 웃었다. 재클린은 침묵했다. 그녀는 말하고 싶은 핵심만 전했다. 리차드를 당황하게 만들 필요가 없었다.

스트레스를 주는 대화를 풀어가는 것은 결코 쉽지 않다. 그러나 재클린같이 준비만 잘 한다면 대처할 수 있다. 스스로의 취약성을 파악하고 본인의 감정을 조절할 수 있는 기법을 발전시켜 나가면 된다. 이 글에서 제시되고 묘사된 조언과 기법은 스트레스가 넘치는 대화에서 긴장을 줄이는 데 큰 도움이 될 수 있다. 여러분 모두가 해야 할 것은 직접 이것을 시도해보는 것이다. 하나의 테크닉이 잘 먹히지 않는다면 다른 것을 시도해보라. 자연스러움을 주는 말투와 어법을 준비하라. 연습을 계속하라. 그러면 당신에게 가장 잘 맞는 방법을 찾을 수 있을 것이다. 가장 잘 맞는 방법을 찾는 것은 스트레스를 줄일 수 있는 첩경이 된다.

Reading 6.2

Elizabeth L. Jeglic
Alexander A. Jeglic

정신적인 장애가 있는 사람들과의 협상

상대방 협상가와 협상을 함에 있어 상대방이 합리적이고 논리적인 결정을 한다고 생각하는 것은 지극히 일반적인 생각이다. 상대방이 합리적이 않다면, 나아가 논리적인 능력이 없다면 어떻게 될까? 특정 연도를 정해서 조사를 해본 결과 18세 이상의 미국인 5명 중 1명은 정신적인 장애를 겪고 있다고 한다. 이것은 미국에서 약 4천 4백 3십만 명은 정신적인 질병을 가지고 있다는 것을 의미한다. 이 사람들은 심각한 장애를 가지고 있어 합리적인 협상을 할 수 없다.

이런 정신장애를 가지고 있는 사람들은 정보와 사실을 왜곡하거나 정확하게 처리할 수 없다. 나아가 현실과 전혀 동떨어진 생각을 할 수도 있고 아주 냉담해지거나 망상에 빠질 수도 있다. 이런 사람들은 그들이 타인들에게 얼마나 많은 피해를 주고 있는지 모른다.

더 큰 문제는 누가 정신적인 장애를 가지고 있는지 금방 알 수 없다는 데 있다. 신체적인 질병과는 달리 정신적인 질환의 증상은 바로 알아차릴 수 없기 때문이다. 신중한 협상가는 중요한 협상에 들어가기 전에 정신적으로 부적절한 사람이 협상에 참여하는지도 주의 깊게 살펴본다. 심각한 우울증,

---

Source: "Negotiating with Disordered People," by Elizabeth L. Jeglic and Alexander A. Jeglic, from *The Negotiator's Fieldbook*, with Andrea Kupfer Schneider and Christopher Honeyman (Eds.), 2006, pp. 335-341. American Bar Association. Used with permission.

양극성 장애, 주의결핍증, 정신이상, 정신분열증 같은 정신장애는 합리적인 협상을 진행하는 데 엄청난 영향을 미치게 된다. 이 글의 목표는 정신장애를 가지고 있는 사람이 협상을 진행했을 때의 영향을 정리하는 데 있다.

심각한 우울증

우울증은 아주 일반적인 정신장애 중 하나다. 18세 이상의 미국인 중 약 9.5퍼센트가 우울증을 앓고 있다. 1998년 인구통계조사에 따르면 1천 8백 8십만 명의 미국인이 심각한 우울증을 가지고 있다. 우울증에 빠지면 삶의 희망을 느끼지 못하고 심각하게 우울한 상태가 되며 어떤 즐거움도 느낄 수 없게 된다. 이러한 상태가 적어도 2주간 지속되면 일상생활을 하는 데 심각한 방해를 초래한다. 먹는 것을 조절하는 능력이 없어져 폭식이나 거식을 하는 증세도 수반한다. 또한 너무 과도하게 수면을 취하거나 거의 잠을 이루지 못하는 경우도 생긴다. 모든 신체적인 에너지가 고갈되며 정신적인 동요 현상이 수반된다. 죄책감에 시달리고 아주 무가치한 일에 집중하며 심지어는 자살 충동을 느껴서 실제로 자살하는 경우도 발생하게 된다.

우울증에 걸린 사람들은 세상을 부정적인 관점으로 본다. 스스로를 부정적으로 인식하고 이 세상과 미래를 부정적으로 바라본다. 아무런 근거도 없이 부정적인 결과를 도출해 버리는 것이다. 부정적인 결론을 도출하는 사람들과 협상을 한다고 생각해보라. 협상 자체에 엄청난 영향을 미칠 것이다. 상대방이 제시하는 각종 정보를 왜곡하고 잘못 해석해서 협상의 산출물 자체가 부정적으로 변할 것이다.

글로 쓰여진 문건에 집중하는 데 심각한 장애가 발생하고 상대방과 대화를 이어가는 데 큰 어려움을 겪게 된다. 협상에서는 상대방의 입장에서 생각하는 것이 아주 필수적인 일임에도 이런 과정들이 불가능해지게 되는 것이다. 이런 증세를 가진 사람과 협상을 진행하는 사람이 있다면 상대방에게 기본적으로 가질 수 있는 기대가 충족되지 않아 큰 의문에 빠지게 된다.

양극성 장애(Bipolar Disorder)

우울증과 비슷한 양극성 장애(조울증이라고도 알려져 있다.)는 기분이 순식간에 변하는 것이 특징이다. 2백만 명이 넘는 미국인이 이 장애를 가졌다. 미국 전 인구의 약 1퍼센트가 이 장애를 가지고 있는 것이 된다. 양극성 장애의 증상은 기분이 극히 좋아지고 활기 넘쳤다가 갑자기 슬퍼지고 모든 희망이 사라지는 듯한 느낌이 오는 것이다. 주기적으로 이런 극단적인 상태가 반복된다. 좌절의 순간을 맛보다가 기쁨의 극치를 느끼는 것을 계속 반복한다. 기분이 좋을 때는 과장된 언행을 하고 생각의 비약이 심하다. 반면 기분이 나쁠 때에는 신체적으로 피곤함을 느끼고 설명할 수 없는 통증을 하소연하는 경우도 발생한다. 평소보다 잠을 많이 자거나 반대로 불면증에 시달리기도 한다.

양극성 장애가 있는 사람과 협상을 하면 협상의 결과를 예측할 수 없게 된다. 상대방의 기분에 따라 협상의 결과가 얼마든지 달라질 수 있기 때문이다.

불안(Anxiety)

특정 연도를 조사한 결과 4천만 명이 넘는 미국인이 불안과 관련된 장애를 경험했다고 한다. 공황장애(Panic disorder), 사회 공포증(Social phobia), 외상 후 스트레스 장애(Post traumatic stree disorder: PTSD), 범불안장애(Generalized anxiety disorder: GAD), 강박증(Obsessive compulsive disorder: OCD) 등이 넓은 의미의 불안에 포함된다. 이 중에서 범불안장애와 외상 후 스트레스 장애가 가장 일반적이다. 많은 사람들이 정도의 차이는 보이지만 사회생활을 하면서 불안 증세를 보인다. 최근 연구에 따르면 불안장애를 가졌다고 진단된 사람들에게서 신경심리학적 장애가 발견되었다. 불안장애를 가진 사람들은 일상생활을 기억하는 것에 심각한 문제가 있다는 것도 밝혀졌다.

정신병질(Psychopathy)

정신병질(반사회적 태도 또는 반사회적 인격장애라고도 불린다.)은 사회적으로 받아들여질 수 없는 행동을 하는 것이다. 주 교도소 또는 연방 교도소에 수감된 범죄자의 15에서 20퍼센트가 정신질병인 것으로 알려졌다. 죄책감을 느낄 수 없고 회한의 감정도 부족하다. 충동성이 상당히 강하며 행동에 일관성이 없고 사회 규범을 지속적으로 어기는 행동을 반복하게 된다. 조직에 속해서 일상적인 생활을 영위하는 사람들을 "코퍼릿 사이코패스(corporate psychopath)"라고 부른다. 이들은 일반인과 함께 섞여 있어 외관상으로는 구분되지 않지만 심각한 정신적 장애를 가지고 조직생활을 하고 있는 것이다. 이런 코퍼릿 사이코패스가 회사를 대표하여 협상에 나왔을 경우에는 협상 자체가 길을 잃고 표류하게 되는 경우도 발생한다.

협상의 관점에서 보면 정신병은 다른 정신장애와는 확연히 구별된다. 우울증이나 불안장애를 가진 사람들은 협상 과정을 비논리적으로 바라보고 여러 가지 기본적인 정신 작용의 기능이 작동하지 않는 수준으로, 동료나 상대방을 해하지는 않는다. 그러나 정신병의 경우는 그들의 목표를 달성하기 위해서 큰 파괴 행위도 서슴지 않는다. 정신병을 가진 사람은 오히려 협상 과정에서 더 논리적이고 합리적으로 보일 때도 있다. 그렇지만 획득해야 하는 목표가 생기면 필요한 모든 수단을 이용하는 행태를 보인다. 그것이 반사회적 행동이어서 상대방의 신뢰와 호의를 저버리는 상황이 발생해도 전혀 개의치 않는다.

보통 정신병과 같이 나타나는 다른 성격장애가 자기도취증, 즉 나르시시즘(Narcissism)이다. 정신병과 구분되지만 나르시시즘은 여러 가지 측면에서 정신병과 비슷한 특징을 갖는다. 두 경우 모두 상대방에 대한 배려가 거의 없고 목표를 달성하기 위해서 최선을 다한다. 두 장애의 차이점은 정신병이 악의적인 행동을 하는 반면에 나르시시즘은 자신에 대한 자긍심 부족을 보상에 기인하여 발생한다는 것이다. 나르시시즘에 빠진 사람과 협상을 하게 되면 보통 순식간에 협상이 종결될 가능성이 높다. 왜냐하면 자신의 생각과 지위가 도전을 받는다는 느낌이 드는 순간 나르시시즘을 가진 사람들은 공격적으로 돌변하기 때문이다.

정신이상(Psychotic Disorders)

정신이상은 꿈꾸는 것과 현실을 구별하지 못하는 것이 특징이다. 보통 정신이상은 환각 증상을 수반한다. 환청과 환시를 경험하고 또는 다른 감각으로 실제 있지 않은 것을 있는 것처럼 느끼기도 한다. 망상증상도 나타나서 개인이 속해 있는 보편적인 문화적 개념과는 다른 신념을 갖게 된다. 정신이상은 정신분열증, 분열정동장애(Schizoaffective disorder), 망상장애(Delusional disorder)를 포함한다. 미국 국민 중 약 1퍼센트의 인구가 정신이상으로 고통 받고 있다.

정신이상은 명확하게 생각하고 올바른 판단을 내리며 감정적으로 적절하게 반응하는 인간의 능력을 무력화시킨다. 나아가 효과적으로 커뮤니케이션하고 적절한 행동을 하는 능력 또한 훼손시킨다. 정신이상에 걸리게 되면 협상가가 가져야 하는 기본적인 행동을 할 수가 없다. 그리고 일상생활에서 벌어지는 기본적인 요청에 대응하지 못한다.

결론

권한을 가진 개인이 권한을 가지지 못한 사람들보다 심리적으로 더 건강한 것으로 알려져 있다. 권한을 가진 지위를 획득하지 못한 사람이 심리적으로 더 약하다는 말이다. 그러나 이것이 사실이라고 해도 사회적 오명의 두려움 때문에 정신적인 문제를 가졌다는 사실을 알리지 못한다. 그래서 도움을 청하기보다는 문제가 없는 것처럼 위장한다. 그래서 정신적인 문제를 가진 사람이 누구인지 사전에 파악하는 것은 쉬운 일이 아니다.

협상을 할 때 상대방이 정신적인 문제를 가진 사람일 수도 있다. 상대편에 있는 협상 파트너가 정신적인 문제가 있다면 협상 과정은 어려움에 봉착할 것이다. 그러나 정신적인 장애를 가진 사람과도 협상 테이블에 앉을 수 있다는 생각도 해야 하는 것이 협상이다. 유능한 협상가는 이런 바람직하지 않은 상황마저도 당황하지 않고 대처하는 사전 준비를 해두어야 한다.

Reading 6.3

Deepak Malhotra
Max H. Bazerman

SECTION 06

파헤치는 협상

당신이 협상 후에 무엇인가 얻을 수 있는 가장 좋은 방법은 — 때로는 유일한 방법은 — 범죄 현장을 조사하는 것처럼 그 상황을 분석하는 것이다.

포천지 선정 500대 고위 임원에 들어간 크리스는 해결이 불가능해 보이는 협상의 교착 상태를 해결한 재능 있는 협상가이다. 아래의 거래에서 그의 능력을 보라.

몇 년 전 크리스의 회사는 작은 유럽 회사와 협상에 들어갔다. 새로운 건강 관리 제품의 원료를 구매하기 위한 협상이었다. 수백만 파운드의 원료를 구매하는 연간 계약에서 두 당사자는 1파운드당 가격을 18불로 합의하였다. 그러나 다른 조건에 대해서는 합의를 이루지 못했다. 유럽 회사는 미국 회사에게 독점적으로 원료를 공급하는 것에 거절 의사를 표시했고, 미국 회사는 독점적인 원료 구매 조건이 아니라면 큰 투자를 하고 싶은 생각이 없었다. 다른 경쟁자가 이 원료를 구매하여 경쟁 제품을 출시할 수도 있기 때문이었다. 이런 상황에서 미국 회사는 원료 구매 결정에 주저할 수밖에 없었다. 오랜 생각

Source: "Investigative Negotiation," by Deepak Malhotra and Max H. Bazerman, from *Harvard Business Review,* September 2007, pp. 73-78. Harvard Business School Publishing. Used with permission.

끝에 연간 최소의 구매할 양을 보장해주고 파운드당 단가를 더 올리는 방법을 제시하였다. 교착 상태에 빠진 거래를 좀 더 우호적으로 바꾸기 위한 노력에서였다. 그러나 이렇게 좋은 조건을 제시했음에도 불구하고 유럽 회사는 독점권을 부여하는 것에 부정적이었다. 연간 수백만 파운드를 구매하는 거래선을 찾는다는 것이 아주 어려운 일임에도 불구하고 말이다. 결국 두 회사의 거래는 결렬될 것처럼 보였다. 호의를 가지고 협상을 시작했으나 이제는 상대방에 대한 신뢰마저도 없어질 것 같은 최악의 상황이 되었다.

이런 큰 장애물을 만난 어려운 상황에서 미국 회사의 협상팀은 크리스를 투입했다. 관계 개선을 하기 위해서였다. 결론부터 말하면 이것은 대성공이었고 기대 이상의 성과를 만들어내었다. 크리스는 우선 현재의 사실에 대해서 경청한 후에 유럽 회사에게 간단한 질문을 던졌다. 질문은 "왜?"였다. "왜 독점권을 주지 않습니까?" 유럽 회사의 답변에 그는 놀랐다. 답변은 이러했다. "우리 회사 소유주의 조카가 연간 250파운드의 원료를 구매하고 있는데 귀사에게 독점권을 주게 되면 그 조카분과의 계약이 위반되기 때문이죠." 이 말을 듣고 크리스는 해결책을 제안했다. 연간 수백 파운드의 원료를 조카에게 공급하는 것을 예외로 하는 조건으로 독점권을 부여받는 것이었다.

돌이켜보면 이 해결책은 아주 명백했다. 그러나 협상에서 이런 경우는 사실 거의 없다. 실제 기업 간의 상거래뿐만 아니라 교실에서 협상 전문가와 함께하는 모의 협상에서조차 이런 사례를 발견하는 것은 아주 어려운 일이다. 왜냐하면 상대방이 가지고 있는 진정한 의중을 잘못 이해해서 상대방의 뜻을 더 알고 싶어 하지 않기 때문이다. 미국 협상팀은 초기부터 협상에 실패한 것이나 같았다. 그들은 단지 왜 이렇게 협상이 어려울까라고만 생각했다. 미국 협상팀은 유럽 회사가 더 높은 가격을 받아내기 위해 독점권을 거부하고 있다고 생각했고, 미래에 있을 다른 잠재 구매자와의 거래를 포기하고 싶지 않기 때문이라고 단정했다. 이렇게 지레 짐작하거나 단정함으로써 상대방이 가지고 있는 진정한 의중을 알려는 노력을 하지 않은 것이다.

당신은 이런 실수를 한 적이 있는가? 우리는 하버드 대학의 비즈니스 수업에서 이 사례를 발표했다. 수백 명의 기업 고위 임원 앞에서 말이다. 그들에게 이런 상황에서 어떤 전략을 만들어야 하겠냐고 질문하자 질문을 받은 청중의

90퍼센트 이상은 다음과 같이 답변했다. "더 많은 연간 구매 계약을 체결하는 것이죠.", "독점권에 대한 기간을 조금 줄여서 제안하죠.", "그 공급업체를 차라리 사버리면 어떨까요.", "파운드당 제안 가격을 더 높입니다.", "협상을 중단하겠다고 강하게 나가는 게 좋아요." 그들이 한 이런 제안들의 문제는 하나같이 문제의 본질을 정확히 진단하지 않은 것이라고 할 수 있다. 물론 이 중에서 한 가지 정도는 효과적인 전략이 될 수 있을 것처럼 보이지만 크리스의 해결책보다는 더 많은 비용을 지불하게 만든다.

크리스가 협상에서 성공을 거둔 이유는 상대방의 관점이 내재하고 있는 중요한 정보를 모으고 마음속에 품었던 기본적인 설정을 다시 생각했기 때문에 첫 번째 방법으로 소위 "파헤치는 협상"을 시도한 것이다. 마치 범죄 현장을 조사하는 조사관의 심정으로 문제의 본질을 파헤쳐 보고, 협상에 관련된 사람과 상황에 대해서 최대한 많이 알아 나가는 것으로 문제에 대처했다. 물론 크리스의 협상 방법이 모든 경우에 적용될 수 있는 것은 아니다. 하지만 적어도 복잡하게 얽혀 있는 문제에 대처하는 데 도움을 주는 것은 부정할 수 없다. 이 글에서 우리는 "파헤치는 협상"에 내재된 다섯 가지 원칙을 명료하게 서술해 보려고 한다. 그리고 이런 원칙들이 협상 중 벌어지는 교착 상태에서 어떻게 적용될 수 있는지 알아보려고 한다.

원칙 1 : 상대방이 원하는 것을 단순히 이야기하지 마라 — 그들이 원하는 것을 찾아라

이 원칙은 상당히 직접적인 협상에서 그 효과를 발휘한다. 앞서 나온 크리스 같은 경우에 적용된다. 그리고 복잡한 다자간 협상에서도 그 효력을 느낄 수 있다. 2000년 말에 리차드 홀브룩(Richard Holbrooke)이 직면했던 경우가 그렇다. 그는 U.N.에 파견된 미국 대사였다. 그가 재직하던 당시 미국은 U.N.에 1억 불의 미불금을 가지고 있었다. 그 1억 불은 U.N.에 지불되어야 했다. 그러나 미국은 U.N.이 여러 가지 개혁조치를 단행하지 않으면 이 금액을 지불할 수 없다고 했다. 결과적으로 이 미불금 때문에 미국은 각종 위원회 미팅에서 배제되었고 투표권도 행사할 수 없었다. 이런 상황에서 미국 상원의원들은 U.N.에서 철수할 것을 요청했다.

왜 이런 소동이 벌어졌을까? 수십 년 동안 미국은 U.N.의 정기 예산의 25퍼센트를 지불해왔다. 사실 이것은 아주 큰 분담금이 아닐 수 없다. 미국의 국회는 1억 불 지불을 마치 인질을 억류하는 것처럼 송금 유보하기로 했다. U.N.이 여러 가지 변화를 주도하고 미국의 분담금을 25퍼센트에서 22퍼센트로 줄이는 것에 합의할 때까지 말이다. 다른 U.N. 회원국들은 미국의 이런 조치를 사악한 전술이라고 여겼다.

홀브룩 대사는 도전에 직면했다. U.N. 규정에 따르면 의무적으로 지불해야 하는 분담금을 변경할 때는 189개국 모든 회원국들의 동의를 받아야만 하기 때문이었다. 엄격한 지불 시한은 빠르게 다가오고 있었다. 2001년 1월 1일이 되면 1억 불에 해당하는 연방 예산도 사라질 위기에 봉착했다.

홀브룩의 팀은 일본이나 다른 유럽 국가들이 미국의 분담금 일부를 조금씩 나누어 분담해 주기를 바랐다. 그러나 이미 두 번째로 많은 분담금을 내고 있었던 일본은 미국이 이런 생각에 주저 없이 거절을 표시했다. 유럽 국가들 역시 마찬가지였다. 홀브룩은 어떻게 이런 난관을 극복했을까?

지불 시한이 계속 다가오는 와중에 홀브룩과 그의 팀은 분담금 지침을 변경하려는 것에 대해서 회원국들의 동의를 얻는 설득보다는 그들의 관점을 이해하는 것에 더 많은 초점을 두기로 했다. 홀브룩은 그들과 논쟁을 하기보다는 왜 회원국들이 그들의 분담금을 더 올리는 것에 거부감을 가지고 있는지를 정확하게 발견하려는 데 노력을 기울였다. 곧 전혀 예상치 못했던 이유가 명백하게 밝혀졌다. 각 회원국들의 2001년 예산은 이미 처리가 되어 다시 추가적으로 미국이 덜 내는 만큼을 나누어 부담한다는 것이 불가능했기 때문이었다.

이러한 문제에 대한 명백한 인식은 돌파 가능한 해결책을 만들어 주었다. 홀브룩은 즉시 미 국회의 마감 기한에 맞추어 25퍼센트에서 22퍼센트로 분담금을 줄이도록 제안하였고 다른 회원국들로부터의 증가된 분담금 징수는 2002년까지로 늦추게 하였다(2001년의 예산 부족분은 CNN의 창업자이자 자선사업가인 테드 터너의 기부에 의해 채워졌다. 그는 U.N.에 3백 4십만 달러를 기부하는 데 동의했다). 협상가가 한곳에만 집착하지 않고 다각도로 문제를 파악하는 것은 아주 중요하다. 이렇게 할 때 협상 당사자 모두가 만족하는 결과를 보다 효율적으로 얻어낼 수 있다.

원칙 2 : 상대방의 압박을 이해하고 완화시키기 위해 노력하라

외부로부터의 압력은 효과적으로 협상하려는 우리의 능력을 제한할 수 있다. 외부로부터의 압력이란 다양하다. 변호사의 법률적인 조언도 외부적인 압력이 될 수 있다. 뿐만 아니라 양보를 금지하는 회사의 방침이나 위험한 선례를 남기는 것에 대한 공포심, 상대방이 규정한 규칙, 시간상의 압박 등은 모두 외부적인 압력이라고 할 수 있다. 그렇기 때문에 상대방의 압박은 중요하게 여겨져야 한다. 그렇지 않으면 협상 당사자 모두의 가치를 훼손할 수도 있기 때문이다. 그러나 종종 무시된다.

스마트한 협상가는 상대방의 압력을 발견하려고 노력한다. 그리고 그것을 극복하려고 한다. 상대방을 비합리적인 존재로 무시해 버리거나 협상 자체를 진행하지 않는 누를 범하지 않는다. 특히 문제를 파헤치는 협상가들은 절대로 상대방으로부터의 압력을 가볍게 여기지 않는다. 단순히 그들의 문제인 것처럼 치부해 버리지 않는 것이다.

가정용품을 만드는 회사인 홈스터프(HomeStuff)의 예를 들어보자. 이 회사의 CEO는 Kogs라는 부품업체와 협상을 하고 있었다. 이 협상에서 두 가지 중요한 안건은 가격과 배송 일정이었다. 홈스터프는 더 싼 부품 공급 가격과 동시에 즉시 배송을 원했다. Kogs는 더 높은 가격을 받고 싶었고 배송하는 데 더 많은 시간을 요구했다.

마침내 그들은 1천 7백만 불어치의 부품 공급을 3개월 안에 배송하는 것에 합의했다. Kogs 측은 "그런 배송 기한을 맞추는 것은 사실 어려운 일지만 한번 최대한 노력해 보겠습니다."라고 말했다. 홈스터프의 CEO는 협상이 종결되었다고 생각하고 더 이상 이야기하고 싶지 않았다. 기한을 맞추는 것은 공급업자의 문제라고 생각했다. 대신 CEO는 이 계약이 어떤 결과를 가져오는지 더 면밀하게 조사를 진행했다. 조사해본 결과 3개월 후에 배송을 받으면 거의 1백만 불에 가까운 비용이 추가되는 것과 같은 효과라는 것을 알게 되었다. 그래서 공급업체에게 1백만 불만큼 가격을 인하해주면 배송 기일 연기를 인정하겠다는 제안을 했다. 공급업체는 "그런 제안이 고맙지만 지금 그런 큰 가격 인하를 받아들일 수가 없습니다."라고 말했다.

공급업체는 "왜 3개월 배송이 당신 회사에게 그토록 큰 비용으로 작용하는지 모르겠습니다."라고 말을 이어갔다. 그러자 홈스터프의 CEO는 "당신 회사의 제조 과정을 저에게 자세히 설명해주기 바랍니다. 나는 왜 당신들이 배송 기일을 맞추는 것이 어렵다고 하는지 잘 모르겠습니다."라고 말했다. 그러자 공급업체는 "그건 우리 회사의 제조 과정상의 문제가 아닙니다. 우리 회사는 3개월 안에 당신 회사가 주문한 것을 만들 수 있습니다. 다만 저렴하게 그 제품들을 선적할 방법이 없을 뿐입니다. 그러다 보니 제품이 제시간에 도착하는 것이 어려워진 것입니다."라고 답변했다.

홈스터프의 CEO는 이 말을 듣고 깜짝 놀랐다. 왜냐하면 홈스터프는 아주 좋은 조건으로 계약을 맺은 배송 회사와 거래를 하고 있었기 때문이었다. 이 배송 회사는 늘 빠른 배송을 해주는 업체였다. 이 회사의 서비스를 받으면 3달 안에 충분히 부품 공급업체로부터 배송을 받을 수가 있었다.

홈스터프의 CEO는 다음과 같은 제안을 했고 공급업체는 즉시 그 제안을 받아들였다. 그 제안은 이런 것이었다. 홈스터프와 계약된 배송 회사의 서비스를 이용함으로써 배송 기일을 2달 반으로 줄이고 대신 공급 가격을 1천 7백만 달러에서 1천 6백 5십만 달러로 인하하는 것이었다.

이 이야기가 보여주는 것은 상대방의 문제가 바로 당신의 문제가 될 수 있다는 것이다. 상대방이 느끼는 어려움을 잘 이해하고 그것을 완화해 줌으로써 종국적으로 이익을 얻을 수 있음도 알아야 한다. 상대방이 느끼고 있는 압박을 잘 조사하는 것이 성공적인 협상을 앞당길 수 있다.

원칙 3 : 요청을 기회라고 해석하라

성공한 건설한 회사의 CEO가 크지 않은 사무실 빌딩을 짓는 거래 협상을 하고 있었다. 몇 달 동안의 긴 협상 끝에 이제 계약 체결 직전까지 왔다. 개발업자는 CEO에게 예정한 기일보다 한 달 이상 완공 일정이 늦어지면 위약금을 물어야 한다는 규정을 계약서에 넣으려고 했다. 물론 CEO는 이렇게 악랄할 정도로 몰아붙이는 행태에 화가 났다. 마지막까지 양보를 얻어내려는 그들의 행태가 싫었던 것이다.

이런 상황에서 선택할 수 있는 것은 두 가지다. 첫째, 그런 규정을 거부하는 것이고 둘째, 규정을 받아들이면서 위약금을 조금 낮추는 협상을 진행하는 것이다. 사실 개발업자가 원하는 것은 완공이 늦어지지 않고 제때에 건물이 완성되는 것이다. 그럼 건물의 완공이 계획보다 빨라지면 어떻게 될까? CEO는 이런 생각을 가지고 새로운 제안을 했다. 만약 건물의 완공 일자가 늦어지면 개발업자가 제시한 위약금보다 더 많은 위약금을 내겠다. 하지만 계획보다 건물 완공이 일찍 이루어지면 개발업자는 보너스를 제공해야 한다는 것이 그의 제안이었다. 이런 CEO의 새로운 제안에 개발업자는 동의했고 쌍방 모두 만족했다. 요약하면 실제 빌딩을 짓는 건설업자는 일정을 줄여서 보너스를 받는 것에 자신이 있었고, 개발업자 또한 완공 일정이 연기됨에 따라 발생하는 손해를 줄일 수 있었다.

상대방이 무리한 요구를 할 때 협상가는 방어적인 마음을 갖게 된다. "내가 어떻게 이런 무리한 요청을 회피할 수 있을까?"라는 생각을 한다. 이와는 대조적으로 문제의 본질을 파헤쳐서 살펴보는 협상가는 다른 방식으로 생각한다. "내가 상대방의 이런 어려운 제안을 통해서 무엇을 배울 수 있을까?", "이런 제안은 상대방의 니즈와 이익에 대한 어떤 것을 나에게 암시하고 있다.", "상대방이 제안을 통해 전달하는 이러한 정보를 가지고 나는 어떤 가치를 만들어 낼 수 있을까?"라는 식으로 생각하며 문제에 접근한다. 이처럼 건설회사의 CEO는 상대방과 의견 불일치로 대치하기보다는 상대방의 제안 속에 담긴 정보를 잘 파악하여 기회로 삼은 것이다.

원칙 4: 협상 상대방과 공통적인 요소를 만들어라

협상론을 가르치는 교수들은 종종 학생들에게 복잡한 협상 환경을 경험하게 해준다. 그것의 일환으로 다음과 같은 상황을 만들어 보았다. 한 학생이 10만 개의 꿩 알을 파는 판매자가 되고, 다섯 명의 다른 학생들은 그 알을 구매하는 잠재적인 구매자가 된다. 알 구매자들은 각기 다른 구매 목적을 가지고 있다. 예를 들어 구매자 중에는 건강식품을 제조하기 위해 알에서 나오는 화학물질을 채취하려는 사람도 있다. 또한 각 구매자는 구매 물량도 다르다. 그리고 구매자끼리 공동 구매하려는 계획도 있다. 물론 구매자끼리 연합하여 공동 구매하는 것이 가장 좋은 방법이지만 이 중에는 다른 세 명보다 좋은 조건을 제시하여 알을 사려는 두 명이 있다. 이들의 목적은 알을 구매하여 알에서 화학물질을 얻어내는 것이다. 문제는 이 두 명 중 한 명은 적어도 8만 개의 알이 필요하고 다른 한 명은 적어도 7만 개의 알이 필요하다는 것이다. 알은 10만 개밖에 없기 때문에 이 두 명의 구매자들은 서로 경쟁해야 한다. 사실 이런 모의 협상에 참가한 MBA 과정 학생이나 임원들 중 5퍼센트만이 해결책을 찾는다.

해결책을 찾기 위해서는 화학물질을 얻으려는 사람들은 서로를 경쟁자로 보면 안 된다. 상호 보완적인 존재로 인식해야 한다. 한 사람은 알의 흰자를 원하고 다른 한 사람은 알의 노른자를 원하고 있다면 결과는 어떻게 될까. 일단 이것을 알게 되면 두 사람은 알 구매 비용을 나누고 그들이 원하는 부분을 취하면 된다. 사실 참가자 중에서 이런 호혜적인 결론을 내는 사람은 거의 없었다. 서로의 필요성을 잘 파악하는 노력을 기울이면 서로 경쟁할 필요가 없어지게 된다. 그러나 보통 동종 업계에 있는 회사들은 서로를 경쟁자로만 인식한다. 상대방이 진정으로 원하는 것을 알려고도 하지 않는다. 상대를 단지 적으로만 인식하는 순간 협상은 교착 상태에 빠지게 된다.

원칙 5: 거래가 이루어질 것 같지 않아도 조사를 계속하라

당신의 제안이 거절되었을 때 당신은 얼마나 많은 거래를 마무리했는가? 당신이 평범한 사람이라면 당신이 제시한 최선의 제안이 거절되었을 때 당신은 더 이상 할 것이 없다고 판단할 것이다. 대부분의 경우가 그렇다. 그러나 이렇게 되어서는 안 된다. 당신이 계약을 못한 것이 잘못된 것이 아니고 효과적으로 협상을 못한 것이 잘못된 것이다.

협상에서 최종적으로 계약을 성사시키지 못했다고 하더라도 당신은 상대방에 대한 중요한 정보를 얻을 수 있다. 또한 이번 협상이 비록 실패로 끝났다고 하더라도 다음번에 있을 협상을 위한 것들이 많이 남아 있다. 이것을 파악하면 상대방이 진정으로 원하는 것이 무엇인지를 협상 테이블에서 얻어낼 수 있다. 비슷한 유형의 고객 정보와 동종 업계에 있는 다른 경쟁자에 대한 정보를 파악할 수도 있다. 당신이 더 이상 협상 파트너가 아니라면 상대방은 오히려 당신에게 보다 진실되고 솔직한 정보를 제공할 것이다. 당신은 더 이상 협상 테이블에서 제안을 하고 물건을 사거나 파는 존재가 아니기 때문이다. 협상장에서 거래가 종료되고 상대방은 당신에게 협상장을 떠날 것을 권유하지만 더 많은 것을 알아내려는 시도를 그만두어서는 안 된다. 알아낼 것이 아직 많이 남아 있기 때문이다.

사실 협상이란 정보 게임이다. 정보를 어떻게 얻는가를 아는 사람은 스스로 아는 것에 몰두하는 사람들보다 훨씬 더 협상을 잘 수행할 수 있다. 표면적인 것 이상을 알아내는 것이야말로 중요하다. 문제의 본질을 잘 파악하는 협상가는 종국적으로 신뢰를 형성하는 데에도 능숙하며 다른 사람이 찾지 못한 진정한 가치를 발견해낼 뿐만 아니라 상호 호혜적인 만족을 늘려간다.

의심 많은 협상가로부터 정보 얻어내기

협상은 위험을 수반한다

당신이 상대편에 속한 사람과 개인적인 정보를 공유한다면 그는 이 정보를 이익 창출에 이용할지도 모른다. 물론 상대방도 똑같이 생각할 것이다. 상대방이 정보를 숨기고 당신의 질문을 회피할 때 당신은 그들을 기만적인 존재로 인식할 것이다. 사람들은 정보 공유 꺼린다. 당신이 믿을 만한 사람인지 알 수 없기 때문이다. 다음의 세 가지 전술은 아직 신뢰가 충분히 형성되지 않았을 때 필요한 것들이다.

정보를 공유하고 상호 호혜주의를 일깨워라

당신이 과묵한 협상가와 어려움에 빠져 있다면 우선 정보를 공유하라. 그리고 호혜적인 행동을 기대하라. 예를 들어 당신은 이렇게 말할 수 있다. "우리가 이야기할 것들이 많이 있음을 압니다. 당신이 내가 원하는 것과 꺼려하는 것을 이야기해서 이번 협상이 빨리 진행되기를 바란다면 당신도 나와 똑같이 해주기 바랍니다." 그렇다면 이렇게 이야기하는 것이 협상을 더 빨리 진전시키는 데 좋은 방법일까? 이런 방식은 상대방의 걱정을 감소시킬 수 있다. 왜냐하면 쌍방은 서로에게 영향을 미칠 수 있다는 사실을 잘 알기 때문이다.

두 가지를 기억하기 바란다. 첫째, 기본적인 규칙을 명시적으로 말한다. 즉, "내가 시작할 것이다. 당신도 이 규칙을 따라야 한다."라고 말할 수 있다. 상대방이 반드시 상호 호혜적으로 행동할 수 있도록 규정해 주어야 한다. 둘째, 상대방이 아직도 당신을 신뢰하지 못하고 있다면 점진적으로 정보의 양을 늘리고 상대방도 그렇게 하도록 하라. 이렇게 하면 당신의 리스크를 줄일 수 있고, 상대방이 적극적으로 대응해오지 않는다 해도 일단 뒤로 물러설 수 있다.

여러 가지 안건들을 동시에 협상하라

대부분의 복잡한 협상에 있어서 협상 안건들은 하나씩 다루어진다. 당신은 가장 중요한 것을 먼저 이야기할 것이다. 예를 들어 가격과 같은 것이다. 가격과 관련된 사항이 마무리되면 다른 안건으로 넘어간다. 두 번째로 중요하다고 생각되어지는 계약 기간 같은 안건들로 말이다. 그러고 나서 독점권 같은 사항을 다룬다. 그러나 매 순간 하나의 안건만 협상 테이블에서 다루다 보면 쌍방은 모든 안건이 가장 중요한 것처럼 느끼게 된다. 두 번째로 중요한 안건도 협상하는 순간만큼은 가장 중요한 안건인 것 같다. 이런 상황이 계속되면 서로에게 있어 가장 중요한 안건이 무엇인지 가치를 매길 수 없는 상황이 되고 만다.

종종 여러 가지 현안을 동시에 진행하는 것이 나을 때가 있다. 모든 협상 안건을 동시에 협상 테이블에 꺼내 놓은 것이다. 그러고 나서 각 현안들에 대한 의견을 주거니 받거니 하며 제안과 역제안을 계속한다. 이런 식으로 상대방이 가장 중요하게 여기는 사항을 파악할 수 있게 되고 무엇이 가장 우선적으로 타결되어야 한다는 것도 깨달을 수 있다.

이제 상대방에게 무엇이 가장 중요한 것인지를 측정하기 위해 다음과 같은 신호를 눈여겨보기 바란다.

- 상대방이 계속해서 응답하는 안건은 어떤 것인가?
- 상대방이 어떤 안건 때문에 감정적으로 변하고, 긴장하고, 스트레스를 받는가?
- 단순히 듣는 것을 넘어 어떤 안건이 상대방으로 하여금 대화에 참여하도록 만드는가?
- 당신이 양보나 절충하자고 제안했을 때 상대방은 어떤 사항에 가장 완고하게 반응하는가?

동시에 여러 가지 제안을 해라

동시에 여러 가지 안건을 가지고 협상하는 것도 유용하고 동시에 여러 가지 제안을 하는 것도 아주 유용하다. 당신에게 똑같이 소중한 가치를 지니는 제안을 동시에 하는 것이다. 그러나 동시에 제안하더라도 각 제안이 가지는 세밀함은 조금씩 달리하는 것이 좋다.

사장과 전(前) 종업원의 경우를 예를 들어보자. 전 종업원은 본인이 아무런 이유 없이 해고되었다고 하면서 사장을 고소하겠다고 협박했다. 사장은 이런 작은 일로 소송까지 갈 생각은 없었다. 소송을 하게 되면 여러모로 많은 비용이 발생할 수도 있고 회사 이미지에 안 좋은 영향을 미칠 수도 있기 때문이었다. 그래서 그 종업원과 협상에 들어갔다. 그 종업원은 고소를 하지 않은 조건으로 자신에게 1만 5천 불의 현금을 주고 자신을 임시로 고용한 사람으로 여겨서 6개월 동안 의료보험을 책임져 달라고 했다. 사장은 이런 그의 주장이 터무니없는 것이라고 생각했으나 협상할 의향은 가지고 있었다. 그래서 사장은 우선 그 전 종업원에게 현금이 중요한지 아니면 의료보험을 회사에서 책임져주는 것이 중요한지 파악하려고 했다. 계산해보니 3개월 동안 회사에서

(계속)

의료보험을 책임져주는 비용은 2천 5백 불 정도였다. 결국 사장은 아래와 같은 두 가지 제안을 동시에 했다.

제안 X : 7천 5백 불 현금과 3개월 동안의 회사 의료보험 제공
제안 Y : 5천 불 현금과 6개월 동안의 회사 의료보험 제공

전 종업원은 이런 두 가지 제안에 만족하지 못했다. 그러나 제안 X보다는 Y에 더 관심이 있다고 속내를 털어놨다. 이것은 그 종업원이 현금보다는 회사에서 의료보험을 제공하는 것에 더 관심이 있다는 것을 의미했다. 두 가지 제안을 함으로써 그 전 종업원이 진정 원하는 것이 무엇인지를 파악한 것이다.

동시에 여러 가지 제안을 하는 것은 이렇게 훌륭한 전술이 될 수 있다. 상대방의 의중을 정확하게 파악할 수 있을 뿐만 아니라 당신이 유연한 사고를 가졌다는 것을 은연중에 보여줄 수 있는 기회도 된다. 또한 당신이 상대방의 입장을 배려하고 있다는 긍정적인 이미지를 줄 수도 있으며 상대방의 니즈와 이익을 수용할 준비가 된 협상가라는 것을 효과적으로 알릴 수도 있다.

NEGOTIATION

07 SECTION

요약과 정리

Reading 7.1

Roy J. Lewicki
Bruce Barry
David M. Saunders

SECTION 07

협상에 있어서 가장 바람직한 행동 원칙

협상이란 일상생활을 통합하는 것이다. 우리 주변에서 일어나는 모든 일이 협상이라고 해도 과언이 아니다. 어떤 사람은 타고난 협상가처럼 보이지만 사실 협상이란 근본적으로 분석과 커뮤니케이션을 통해서 연습되어지는 것이다. 이 섹션에서는 협상 분야의 기본적인 관점들을 정리하는 데 그 목적이 있다. 그리고 협상에 내재된 여러 과정의 깊이와 넓이를 고찰하고 예술과 과학으로서의 협상을 평가해본다. 10가지의 가장 바람직하고 훌륭한 행동 원칙을 제시함으로써 지속적으로 협상력을 키우려는 협상가에게 도움을 주고자 한다 (표 1을 참고하라).

1. 준비된 협상가가 되어라

준비는 아무리 강조해도 지나치지 않다. 협상을 하기 위해서는 많은 준비를 해야 한다. 준비를 하라는 말은 단순히 무엇을 할 것인가를 정하는 차원을 넘어 주어진 협상 상황에 알맞고 적절한 준비를 해야 한다는 것을 의미한다. 준비는 힘들고 시간이 많이 드는 과정이 아니다. 가장 적절한 방법을 찾아내는

Source: "Best Practices in Negotiation," by Roy J. Lewicki, Bruce Barry, and David M. Saunders, from *Negotiation: Sixth Edition*, 2009. McGraw-Hill/Irwin, a business unit of The McGraw-Hill Companies. Used with permission.

표 1 | 협상가를 위한 열 가지 바람직한 행동 강령

1. 준비된 협상가가 되어라.
2. 협상의 근본적인 구조를 진단하라.
3. BATNA를 찾아내고 그것을 위해 노력하라.
4. 기꺼이 협상장을 떠날 생각도 하라.
5. 모순적인 상황마저 지배하라.
6. 보이지 않는 요소마저 기억하라.
7. 적극적으로 연합하라.
8. 당신의 명성을 지키고 즐겨라.
9. 합리성과 공정함은 상대적인 것임을 기억하라.
10. 경험을 통해 끊임없이 배워라.

것이 본질이다. 잘 준비된 협상가는 여러 가지 이익을 얻을 수 있는데 상대방의 제안을 효과적으로, 그리고 효율적으로 분석하는 능력이 필요하다. 또한 상대방이 양보하려는 순간을 잘 파악해서 대처해야 한다. 잘된 협상 준비는 종국적으로 추구해야 하는 목표와 이익을 잘 설정하는 것이다. 그리고 상대방을 기술적으로 고무시켜 원하는 것을 얻어내는 것이다. 상대방이 원하는 것이 무엇인지를 이해하고 그에 맞는 준비를 해야 합의에 이를 수 있다. 준비가 완벽하게 되지 않은 상황에서 협상에 들어가는 일은 협상가가 삼가야 한다.

좋은 준비는 협상의 큰 뜻을 세우는 것을 의미한다. 높지만 성취할 수 있는 목표를 세우는 것이다. 목표를 너무 낮게 세우면 실질적인 합의에 이를 수는 있지만 최선이 아닌 차선의 선택을 할 수밖에 없고, 목표를 너무 높게 세우면 수많은 교착 상태에 빠져 좌절할 수도 있다. 협상 전에 미리 준비하는 것과 너무 과도하게 준비하는 것은 분명히 다르다. 각 협상에서 필요한 전술 수립에 너무 많은 시간을 소비하는 것은 좋은 방법이 아니다. 협상가 스스로의 강점과 약점을 이해하는 것이 더 중요하다. 협상가가 추구하는 이익과 니즈를 파악하는 것이 준비의 본질이다.

마지막으로 협상의 맥락을 넓은 시각으로 인식하는 것이 중요하다. 이런 넓은 인식을 통해서만이 준비를 더 효율적으로 할 수 있기 때문이다. 현재 상대방과 형성하고 있는 관계와 협상을 지켜보는 사람들은 누가 있는지를 알아야 한다. 나아가 연합을 형성할 수 있는 기회와 가능성, 팀 내 또는 팀 사이에서 벌어지는 협상도 살펴보아야 한다. 뿐만 아니라 다른 문화권에서 온 협상가와 협상하는 능력도 길러야 한다. 협상가는 넓은 맥락에서 파악한 요소들이 어떻게 협상에 영향을 미치는가에 대해서도 늘 고려해야 한다.

2. 협상의 근본적인 구조를 진단하라

협상가는 근본적으로 투쟁적인 협상을 할 것인지 호혜적인 협상을 할 것인지에 대한 의식적인 결정을 해야 한다. 투쟁적인 방법과 호혜적인 방법을 섞을 수도 있다. 이런 근본적인 결정에 따라서 전략과 전술을 고른다. 전략과 전술이 각기 따로 놀게 되면 최선의 결론을 도출해낼 수 없다. 예를 들어 쌍방이 호혜적인 상황에서 투쟁적인 전술을 사용하게 되면 상대방은 마음의 문을 닫고 정보를 공유하는 것을 꺼려하게 된다. 이렇게 되면 협상은 의도하지 않는 교착 상태에 빠질 수도 있다. 더 큰 비용이 발생하게 되고 눈앞에 있던 기회도 사라지게 된다. 마찬가지로 투쟁적인 상황에서 너무 호혜적인 전술로 나가는 것도 바람직하지 않다.

협상가는 투쟁적 협상과 호혜적 협상이 동시에 이루어질 수 있음도 명심해야 한다. 협상의 과정 속에서는 수많은 현안들이 다루어지는데 각 현안별로 투쟁적이 될 수도 있고 호혜적이 될 수도 있다. 그리고 한 단계에서 다음 단계로 협상이 전이되는 순간을 주의 깊게 살펴보는 것이 필요하다.

마지막으로 수용하거나 회피하거나 절충할 때가 있는데 이런 상황에서 적절한 전략을 구사해야 한다. 능수능란한 협상가는 언제 수용하고 언제 회피하고 언제 절충해야 하는지를 잘 구별한다. 그리고 그에 맞는 적절한 전략과 전술을 구사한다.

3. BATNA를 찾아내고 그것을 위해 노력하라

협상에 있어서 가장 강력한 힘의 원천은 협상가에게 주어진 대안이다. 비록 상대방과 합의를 이루지는 못했지만 대안을 가지고 있다는 것은 매우 중요하다. 합의를 이끌어내는 최적의 대안(BATNA)은 합의가 이루어지지 않았을 때 사용할 수 있어서 특히 중요하다. 협상가는 그들만의 BATNA에 아주 민감하다. BATNA가 없는 협상가는 좋은 합의를 이끌어낼 수가 없다. 상대방은 무서울 정도로 협상을 승리로 이끌기 위해 노력할 것이기 때문이다. 최적의 대안을 제시하지 못하면 결국 상대방의 의견에 따라갈 수밖에 없으며 그것은 만족스러운 결과를 가져다주지 않는다.

협상가는 상대방의 BATNA도 주의 깊게 살펴보고 그것이 당신의 것과 어떤 차이점이 있는지를 비교해야 한다. 상대방보다 더 우수한 BATNA를 가졌다면 협상에서 우위를 점할 수 있게 된다. 하지만 상대방의 것과 나의 BATNA의 차이가 거의 없다면 협상을 지배할 힘은 그만큼 줄어든다. 상대방의 BATNA와 관련하여 협상가가 해야만 하는 세 가지가 있다. (1) 상대방의 BATNA를 주의 깊게 살펴보라. 다른 협상가의 대안에 대한 당신의 비교 우위를 이해하고 유지하라. (2) 당신의 BATNA가 어떤 이익을 주는지에 대해서 상대방에게 알려라. (3) 미묘한 방법으로 다른 협상가의 BATNA가 당신의 BATNA보다 강력하지 않음을 알게 하라(이렇게 하는 데 두 가지 방법이 있다. 당신의 강점을 강조하는 긍정적인 방법과 상대방의 약점을 들추어내는 부정적인 방법이 그것이다).

4. 기꺼이 협상장을 떠날 생각도 하라

모든 협상의 목표는 가치 있는 결과를 얻는 것이다. 물론 합의를 이루면 좋겠지만 그렇지 못한 경우도 많다. 능력 있는 협상가는 가치가 없는 협상을 하느니 차라리 협상 자체를 하지 않는 것이 낫다는 것을 잘 안다. 종종 협상의 과정이 너무 호전적이어서 협상을 더 진행하는 것이 가치가 없을 때도 마찬가지다. 그래서 협상을 기꺼이 포기하는 상황도 벌어지게 된다. 그러나 말이 쉽지 실제로 협상에 임하는 협상가는 합의를 도출해내기 위해 최선의 노력을 다한다. 때문에 때때로 진정한 목표가 무엇인지를 잊을 때도 있다. 협상가는 사전에 준비했던 목표가 제대로 진행되고 있는지 늘 지켜보아야 한다. 진행되는 단계를 정기적으로 계속 비교해 봄으로써 목표 대비 진척 상황을 알 수 있는 것이다.

협상을 진행하면서 목표가 제대로 달성되고 있지 않다면 협상장을 떠날 준비를 하는 것도 좋다. 추가적인 협상의 진행이 준비 단계에서 수립한 계획에 많이 벗어나 있다면 말이다. 그래서 협상을 깨고 걸어 나올 상황을 미리 적어 두는 것도 도움이 된다. 팀으로 협상을 하는 상황이라면 이런 상황을 동료와 늘 커뮤니케이션해야 한다. 점점 협상이 무의미해지는 방향으로 갈 때는 동료와 공유하고 있는 것이 매우 중요하다.

5. 모순적인 상황마저 지배하라

탁월한 능력을 보유한 협상가는 협상에 많은 모순들이 산재해 있음을 안다. 상반되는 요소들이 함께 뒤섞이고 모순적인 일들이 발생한다. 여기서 협상가가 직면하는 다섯 가지의 보편적인 모순들을 이야기해 보려고 한다. 협상 중에는 많은 긴장 요소들이 있다. 대안을 선택하는 데 있어서 모순적인 상황이 발생하게 된다. 그러나 이런 모순적인 상황의 긴장을 잘 대처하는 것이 유능한 협상가의 능력이기도 하다.

가치를 주장하는 것 vs. 가치를 창조하는 것

모든 협상은 가치를 주장하는 단계를 가지고 있다. 누가 무엇을 얼마나 취하느냐에 대한 것이다. 그러나 또한 많은 협상은 가치를 창조하는 단계도 가지고 있다. 협상 중에 가치를 함께 극대화시키는 일을 하는 단계이다. 이런 두 가지 속성을 대처하는 기술과 전략은 각기 다르다. 투쟁적인 기술은 가치를 주장하기 위한 것이고 호혜적인 기술은 가치를 창조하기 위한 것이 된다. 가치를 창조하는 단계는 가치를 주장하는 단계에 선행한다. 이 두 단계의 균형을 이루는 것이 중요한데 호혜적인 단계에서 투쟁적인 단계로의 전이를 잘 인식해야 한다. 이런 단계를 명확히 구분 짓게 하는 확실한 무언가가 있는 것은 아니다. 그러나 가치를 주장하는 단계로 넘어가기 전에 지금까지 창조적으로 가치를 확대함으로써 얻어진 산출물을 확인할 필요는 있다. "우리는 좋은 생각과 대안들에 대해서 기본적으로 같은 생각을 가지고 있는 거 같습니다. 지금까지 얻어진 산출물을 공정하게 배분하느냐를 결정하는 단계로 어떻게 넘어갈 수 있나요?"라고 공개적으로 말함으로써 단계가 전이되는 시점을 공개적으로 말하는 것도 좋다. 연구를 통해 밝혀진 사실이지만 협상가는 협상이 가치를 창조하는 것보다는 가치를 주장하는 것이라는 편견을 가지고 있는 경우가 많다. 이렇게 가치를 주장하는 단계와 가치를 창조하는 단계는 서로 모순적으로 작용할 수 있지만 이런 상반되는 가치를 적절하게 균형을 이루게 하는 것이 유능한 협상가의 능력이라고 할 수 있다.

당신의 원칙을 고수하는 것 vs. 탄력적으로 대응하는 것

협상의 흐름을 들여다보면 여러 가지 재정적인 안건을 가지고 말다툼을 하다가 원칙에 비추어 봐서 무엇이 정말 공정하고 옳은 것인가라는 문제로 옮겨가는 경우도 생긴다. 이런 전이 과정에서 협상가는 두 번째 모순을 보게 된다. 한쪽으로 보면 협상가는 변화하는 상황에 따라 유연하게 대처해야 하며 각 상황을 새롭게 평가해야 한다. 다른 한쪽으로 보면 기본 원칙이라는 것이 있어서 이것을 절대로 훼손해서는 안 된다는 생각도 있다. 어떤 것이 옳을까? 협상가는 이런 두 가지 모순을 늘 염두에 두어야 한다. 복잡한 협상일수록 이런 상황이 더 많이 발생한다. 유능한 협상가는 상대방으로 하여금 기본적인 원칙은 고수해야 하지만 특별한 상황에서는 쌍방을 위해 유연하게 생각할 필요가 있다는 것을 잘 전달한다. 타협하지 말아야 할 것과 타협해도 되는 것이 공존하기 때문에 협상은 어려운 것이다.

전략을 고수하는 것 vs. 새로운 방법을 채용하는 것

새로운 정보가 입수되면 협상가는 생각이 많아진다. 입수된 새로운 정보에 의거해서 전략을 수정할 것인가 아니면 기존의 전략을 고수할 것인가에 대한 고민에 빠지는 것이다. 새로운 상황에 대처하기 위해 기존에 수립된 전략을 바꾸는 것이 과연 옳은지가 큰 문제로 떠오른다. 긴 준비 과정을 거쳐서 수립된 전략이라면 더 그렇다.

이런 상반되고 모순적인 상황에 빠지게 되면 잠시 협상을 멈추고 새로운 상황에 대한 다른 사람들의 의견을 경청해보는 것이 좋다. 동료나 친구, 전문가들의 의견은 큰 도움이 된다. 기존 원칙을 고수하기 위해서 극단적으로 조심스러울 필요는 없다. 많은 협상에서 예측하지 못했던 새로운 상황이 전개되기 때문이다. 실제 비즈니스에서는 현금 보유량의 변화, 과도한 재고, 시장 상황의 갑작스러운 변화 때문에 기존에 수립했던 전략이 변화하는 경우가 많다. 유능한 협상가는 이런 갑작스러운 변화에서 새로운 기회를 발견하고 위험을 줄이는 방법을 늘 고려해야 한다.

솔직함과 열림 vs. 닫힘과 불투명함

협상가는 늘 솔직함에 대한 딜레마에 봉착한다. 그리고 “상대방에게 솔직해야 하는가?”라는 질문을 늘 던진다. 상대방에게 나의 의중을 솔직하게 전달하는 협상가는 상대방에게 이용당할 위험을 감수해야 한다. 연구에 의하면 상대방에 대해 너무 많은 정보를 가지면 그것이 오히려 최선을 찾게 도와주는 것이 아닌 차선을 찾는 것으로 협상을 이끈다고 한다. 반면에 너무 감추는 것은 당신의 명성에 부정적인 역할을 한다. 너무 정보를 감추게 되면 합의를 위한 기본적인 토대를 만들 수 없다. 이것은 분명 바람직하지 않은 것이다. 실용적인 관점으로 보거나 아니면 윤리적인 관점으로 보거나 정보를 어느 정도로 공개하고 감추어야 하는지는 서로 큰 모순관계를 형성한다. 유능한 협상가는 상대방이 정보 공개에 관하여 편안하게 느끼는 때를 잘 간파한다. 얼마나 많은 정보를 공개해야 상대방이 만족하는지를 알고 있는 것이다. 우리는 협상가에게 협상이란 계속 진행되는 과정이라는 것을 기억할 것을 제안한다. 보다 긍정적인 방향으로 협상이 진행될 때 협상가는 상대방에게 신뢰를 줄 수 있으며 정보를 공개하는 상황에서 보다 편안함을 느낄 것이다. 물론 협상이 잘 진행되고 있는 것과는 무관하게 상대방에게 절대로 공개하지 말아야 할 정보들이 있다. 예를 들어 투쟁적인 협상에서 최후의 마지막 대안 같은 것이 그것이다.

신뢰 vs. 불신

협상가는 신뢰의 딜레마에 빠진다. 이것은 상대방에게 얼마나 솔직하게 말하느냐의 문제다. 상대방을 믿고 모든 것을 이야기하는 협상가는 상대방에게 이용당할 가능성이 높고 상대방을 믿지 않는 협상가는 합의를 만들어내기가 참으로 어렵다. 우리는 협상가에게 협상이란 시시각각 진화해가는 과정이라고 제안한다. 첫째, 이미 이야기해 왔듯이 신뢰는 솔직함에 의해서 구축되고 상대방과 정보를 교환함으로써 공고히 된다. 내가 솔직하게 대응하면 상대방도 마음을 열고 호혜적인 방법으로 우리와 커뮤니케이션할 것이다. 물론 신뢰는 개인적인 차이가 있다. 처음에는 적극적으로 신뢰를 보이다가 나중에 상대방의 반응에 따라 신뢰하는 것이 줄어드는 경우도 있고, 처음에는 의심이 많아서 상대방의 말을 믿으려 하지 않지만 점점 마음을 여는 경우도 있다. 중요한 것은 무엇이 옳고 그른지 말하기 어렵다는 것이다. 유능한 협상가는 이런 두 가지 딜레마를 잘 인식하고 있다. 그는 꾸준히 이런 상황을 살펴보고 어떻게 문제를 풀어갈까 늘 생각한다.

6. 보이지 않는 요소마저 기억하라

협상 중에 보이지 않는 요소를 기억하는 것은 아주 중요한 일이다. 보이지 않는 것들의 잠재적인 효과에 주시하는 것이다. 보이지 않는 요소들은 부정적인 방법으로 영향을 자주 미치며 보통 협상가의 인식 밖에서 움직인다. 보이지 않는 무형의 것들이란 이기는 것, 손해를 피하는 것, 상대방에게 강하게 보이는 것, 약하게 보이지 않는 것, 공명정대한 것 등을 포함한다. 예를 들어 승진하기 위해 서로 경쟁하는 상대방이 바로 옆 책상에 앉아 있다면 직장 상사 바로 앞에 앉아 있는 당신과 무엇인가를 가지고 협상하는 것은 참으로 어려운 일일 것이다. 승진을 앞둔 상황에서 직장 상사 앞에서의 모든 행동은 여러 가지 고려 대상이 될 수도 있기 때문이다. 그렇다면 어떤 사람의 행동을 제약하는 보이지 않는 무형의 힘에 주목할 필요가 있다.

예를 들어 특정한 기간 동안 자동차 열 대를 판매하면 그에 대한 보상으로 근사한 곳에 가족 해외여행을 보내주는 자동차 대리점이 있고 고객들은 이런 사실을 모른다고 생각해보자. 이럴 경우 판매사원은 자동차를 팔기 위해 여러 가지 판촉물을 고객에게 제시하고 심지어 가격 할인을 제안할지도 모른다. 그런데 만약 고객이 다른 사람을 통해서 판매사원의 이런 혜택을 알게 된다면 어떻게 될까. 고객은 더 많은 것을 얻어내기 위해서 판매사원과 협상하려고 할 것이다. 이럴 경우 판매사원이 자동차 열 대를 팔아 얻게 되는 이익은 눈에 보이지 않는 요소가 된다. 물론 이것은 협상에 영향을 미치는 요소이다.

얼마 전 새로운 직장 상사를 맞이한 상대방이 있다. 그 상대방과 직장 상사는 서로 사이가 좋지 않다. 이럴 경우의 협상은 어떻게 진행될까. 상대방은 어떤 협상 결과를 가져가도 직장 상사에게 비난받을 것이라고 걱정한 나머지 협상을 잘 수행하지 못할 가능성이 있다. 눈에 보이지는 않지만 이것은 큰 영향을 미치는 요소가 된다.

상대방에게 영향을 미치는 눈에 보이지 않는 요소를 발견하는 두 가지 방법이 있다. 첫 번째 방법은 질문을 하는 것이다. 왜 상대방이 주어진 상황에만 집착하는지 물어봄으로써 상대방이 처한 분위기를 간파할 수 있다. 눈에 보이지 않는 것의 근원에는 강한 감정적 요소가 있음을 기억해야 한다. 상대방이 무서워하거나 걱정하는 감정적 요소를 파악해보는 것이다. 물론 질문할 때는 아주 정중하게 그러나 비공식적으로 해야 한다. 질문이 공격적이거나 직선적으로 보여지게 되면 상대방은 더 방어적으로 나올 수 있기 때문이다. 나아가 감추어진 다른 요소들과 섞여서 효과적인 협상 진행을 저해할 수 있다.

두 번째 방법은 그 협상에 입회인을 동석시키는 것이다. 그 입회인은 상대방의 감정적인 목소리, 제스처와 같은 비언어적 행동을 통해서 상대방의 생각을 읽어낼 수 있다. 무엇이 현 상황을 교착 상태로 이끄는 요인인지 파악하고 객관적인 입장에서 상대방의 관점을 이해하려는 시도도 한다. 입회인의 활용은 보이지 않는 것을 살피고 나아가 새로운 제안이나 질문을 개발하는 데도 도움이 된다.

협상가는 스스로의 행동에 영향을 미치는 무형의 요소를 기억할 필요가 있다. 우리 스스로 왜 화가 나고, 방어적이 되며, 어떤 생각에 질투심을 느끼는지 생각하는 것은 보편적이지 않다. "당신은 상대방이 당신을 존중하지 않기 때문에 상대방과 함께 있는 것이 어렵습니까?", "당신은 부하직원에게 교훈을 주려고 시도합니까?", "당신은 다른 매니저보다 더 잘 보이고 싶어서 이 협상에서 이기기를 원합니까?" 우리는 이런 질문을 협상가에게 던져 보았다. 그리고 협상가 스스로의 열망과 행동에 영향을 미치는 무형의 요소를 생각할 것을 강하게 제안했다. 유능한 협상가는 눈에 보이는 요소와 보이지 않는 요소가 어떻게 협상에 영향을 미치는가를 인식한다. 그리고 협상의 산출물을 논할 때 이 두 가지 요소를 잘 평가한다.

7. 적극적으로 연합하라

연합은 협상 과정과 산출물에 아주 중요한 영향을 미친다. 협상가는 세 가지 형태의 연합과 그 잠재적인 효과를 잘 알고 있어야만 한다. (1) 당신과 반대하는 사람과의 연합, (2) 당신을 지지하는 사람과의 연합, (3) 당신과 반대하는지, 당신을 지지하는지 잘 규정되지 않는 사람과의 연합이다. 유능한 협상가는 연합의 영향력과 강점을 평가하고 이익을 증가시키기 위해 연합의 강점을 극대화한다. 이런 것이 불가능한 상황이라면 적어도 상대방이 연합하는 것을 방해하는 전술을 쓴다. 일단 연합이 형성되면 연합한 파트너와 커뮤니케이션을 하여 연합으로 발생하는 힘을 잘 활용한다. 연합한 사람들의 대표자 또는 대리인이라면 이런 과정을 특히 더 중요시하여야 함은 물론이다.

상대방이 연합하여 당신을 공격하는 상황이 발생하면 " '나누어서 정복하는' 전략('divide and conquer' strategy)"을 구사하는 것이 좋다. 연합 안에 존재하는 의견 불일치를 조장해서 증가시키는 것이다. 이렇게 함으로써 당신을 공격하는 연합 내의 불일치를 키운다. 상대방이 어떤 형태로 연합하여 당신과 반대되는 의견을 개진할지는 아무도 모르는 일이다. 하지만 당신이 연합하여 상대방을 공격하지 못한다면 상대방의 연합을 붕괴시키는 전략은 효과적일 수밖에 없다.

연합은 많은 공식적인 협상에서 일어난다. 어떤 특정 산업 연합에서 환경평가를 하거나 정책 결정을 할 때 발생한다. 연합은 팀이나 가족과 같은 비교적 덜 공식적인 환경에서도 벌어진다. 같은 이익을 공유하지 않는 여러 하위조직 같은 곳에서도 이루어진다. 연합을 관리하는 것은 특히 중요한 일인데 협상가가 상대방에게 합의된 사항을 실행시킬 필요가 있을 때가 그러하다. 연합해서 합의된 사항을 잘 실행하는 것이 연합한 것의 성공 여부를 결정하는 주된 요인이 되다. 유능한 협상가는 주도적으로 연합을 관리하고 주시한다. 연합하기 위해서는 많은 노력과 시간이 들어가는데 실행단계에서 연합 효과를 충분히 되찾기 위해서는 더더욱 그렇게 해야만 의미가 있다.

8. 당신의 명성을 지키고 즐겨라

명성이란 달걀과 같은 것이다. 즉 깨지기 쉽다. 명성을 만드는 것은 아주 중요한 일이지만 쉽게 깨져버리는 것도 명성이다. 한 번 깨져버린 명성을 다시 세우는 것은 아주 어려운 일이다. 명성은 아주 빠르게 퍼지는 존재이다. 당신이 생각하는 것보다 훨씬 빠르게 움직여서 많은 사람들이 당신의 명성을 알게 된다. 긍정적으로 형성된 명성을 가지고 협상을 시작하는 것은 아주 중요하다. 그래서 명성을 지키는 일에 늘 주의를 기울여야 한다. 약속을 어기거나 진실되지 못하다는 명성을 가진 사람은 미래에 있을 협상에 어려움을 겪는다. 사람들은 진실된 사람과 협상하기를 원하기 때문이다. 두 가지 대조되는 명성을 생각해보자. "어려우나 공명정대한" 대 "어렵고 정정당당하지 못한" 것이 있다. 협상가는 이런 대조적인 명성을 인식하고 각기 다른 방법으로 상대방과의 협상을 준비한다. "어려우나 공명정대한" 협상가와 협상을 한다면 상대방은 어려운 협상에 대비하여 많은 것을 준비할 것이다. 그러나 그들의 행동 방침은 합리적이고 공정할 것이다. 반면에 "어렵고 정정당당하지 못한" 협상가와 협상을 한다면 언제나 더러운 술수들(dirty tricks)에 민감할 것이고 정보를 공유하는 것에도 특별히 조심할 것이다.

당신은 어떤 협상가로 인식이 되는가? 상대방에게 당신의 명성은 무엇인가? 어떤 명성을 당신은 가지고 싶은가? 당신이 가장 존경하는 협상가와 그들의 명성을 생각해보라. 당신의 존경하는 그들의 행동은 무엇인가? 아울러 나쁜 명성을 가지고 있는 협상가를 생각해보라. 당신이 가지고 있는 그들의 나쁜 이미지를 바꾸기 위해 그들은 무엇을 해야 할까?

협상가는 일관되고 공정한 방식으로 행동함으로써 그들의 명성을 만들고 강화시킬 수 있다. 일관성은 상대방으로 하여금 당신의 행동을 분명하게 예측할 수 있게 해주고 당신의 명성이 유지될 수 있게 해준다. 공정함은 당신이 원칙을 지키고 합리적이라는 메시지를 상대방에게 전해준다. 유능한 협상가는 상대방이 당신을 어떻게 인식하고 있는지 정기적으로 경청하고 그것을 통해 얻는 정보를 업계에서 그들의 명성과 신뢰를 강화시키는 데 적절하게 이용할 줄 안다.

9. 합리성과 공정함은 상대적인 것임을 기억하라

협상가의 인식과 인지에 대한 연구는 아주 분명하다. 사람들은 세상을 자신의 관점으로 바라보고 "합리적"인 것과 "공정한" 산출물 또는 과정을 정의한다. 그들에게 이익이 되는 관점으로 바라보니 상당히 이기적인 것이 될 수가 있다. 우선적으로 협상가는 이런 성향이 스스로와 상대방 모두에게 있다는 것을 알 필요가 있다. 또한 협상가는 이런 성향을 주도적으로 잘 관리할 필요가 있다. 다음의 세 가지를 특히 인식해야 한다. 첫째, 협상가는 아주 분명한 원칙을 가지고 그들의 공정함에 대한 인식을 질문할 수 있다. 둘째, 그들은 공정한 산출물을 제안하는 외부의 예를 발견할 수 있다. 마지막으로, 협상가는 상대방에 의해서 제시된 공정함의 정의를 부가시킬 수 있고 주어진 상황에서 적용되는 공정함의 기준에 대한 합의를 이루기 위해 이야기할 수 있다.

게다가 협상가는 협상 과정의 한 부분으로써 무엇이 옳고 공정한지에 대한 정의를 집단적으로 내리는 경우가 있다. 대부분의 상황에 있어서 어느 쪽도 무엇이 절대적으로 옳고 합리적이며 공정한지 결정할 수 없다. 어떻게 문제를 바라보는 것이 옳은 것인지, 공정한 과정을 결정하는 기준은 무엇인지에 대한 인식은 각기 다르다. 협상에 들어가기 전에 이런 원칙들에 대한 것들을 더 많이 준비해야 한다.

10. 경험을 통해 끊임없이 배워라

협상은 평생 동안 학습해야 하는 것으로 요약된다. 최고의 협상가는 경험을 통해 끊임없이 배운다. 그들은 협상을 진행할 때 수없이 다른 변수와 뉘앙스가 있음을 안다. 또한 같은 협상은 단 하나도 없다는 것 역시 안다. 이렇게 같은 협상이 단 하나도 없다는 사실을 통해 언제나 예리하게 각 상황을 주시하고 정기적으로 협상의 기술과 과학을 연습할 필요가 있다. 게다가 최고의 협상가는 협상에서 결론을 도출한 후에도 각 협상 과정을 분석하는 시간을 갖는다. 무엇을 얻었으며 협상을 통해서 배운 것은 무엇인지를 다시 고찰한다. 우리는 다음의 세 단계 과정을 추천한다.

- 각 협상 후에 개인적인 느낌과 반향을 계획에 반영하라.
- 정기적으로 트레이너 또는 코치로부터 "전문 교육"을 받아라.
- 강점과 약점에 대한 개인적 목록을 작성하고 약점을 개선할 계획을 수립하여 발전시켜라.

이런 분석 때문에 시간을 많이 소비할 필요는 없다. 중요한 협상 후에 하면 된다. 그러나 그런 분석은 "무엇을"과 "왜"라는 의문사를 가진 질문 형식이어야만 한다. 협상 후에 무엇이 발생하였나, 왜 그런 일이 발생하였나, 내가 무엇을 배웠냐라는 것이 핵심이 되어야 한다. 협상가는 이런 분석을 통해 미래에 있을 협상에서 내가 더 예리한 판단을 해야 하며 협상 기술을 더 세련되게 개선해야 함을 발견할 것이다.

게다가 모든 종목에서 가장 훌륭한 선수도 코치를 가지고 있다는 말이 있듯이 협상가도 전문적인 강의를 듣기 위해 시간을 할애할 필요가 있다. 더 많은 전문 서적을 읽고 각종 세미나에 참석해서 스스로의 협상 기술을 되돌아보고 연마할 필요가 있는 것이다. 이 책에서는 당신이 협상 기술을 연마하는 데 필요한 각종 방법을 제시하고 당신이 협상의 기술과 과학을 끊임없이 배울 수 있게 독려한다. 당신이 미래에 있을 협상에서 최선의 결과를 얻기를 바란다.

찾 | 아 | 보 | 기

기타